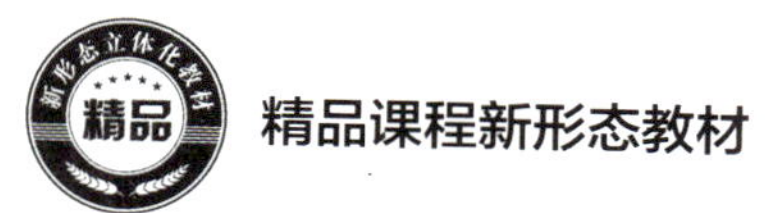

精品课程新形态教材　　“双创”型人才培养优秀教材

大学生职业生涯规划

主编　曹海英

内容提要

本书突出职业生涯学科知识的系统性和社会职场层面的特色，通过职业生涯规划理论牵引，帮助同学们进行自我认知、环境认知和职业认知，确立符合自己特点的职业生涯发展目标，制订切实可行的大学生职业生涯规划方案，通过行动提升进入职场的职业道德、职业素质和职业能力、就业能力等，能够让读者更广泛和深入地了解职场知识，学习有关方法，是一本有着突出特色和很高实用价值的“大学生职业生涯管理”类课程的教材。

图书在版编目（CIP）数据

大学生职业生涯规划 / 曹海英主编. —上海：上海交通大学出版社，2023. 9

ISBN 978-7-313-29107-3

Ⅰ. ①大… Ⅱ. ①曹… Ⅲ. ①大学生-职业选择 Ⅳ. ①G647. 38

中国国家版本馆 CIP 数据核字（2023）第 134556 号

大学生职业生涯规划
DAXUESHENG ZHIYE SHENGYA GUIHUA

主　　编：曹海英
出版发行：上海交通大学出版社
印　　制：三河市鑫鑫科达彩色印刷包装有限公司
开　　本：787mm×1092mm　1/16
字　　数：328 千字
版　　次：2023 年 9 月第 1 版
书　　号：ISBN 978-7-313-29107-3
定　　价：45. 80 元

地　　址：上海市番禺路 951 号
经　　销：全国新华书店
印　　张：15. 5
印　　次：2023 年 9 月第 1 次印刷

《大学生职业生涯规划》编委会

主　编：曹海英

副主编：屈　越　付　洋　赵玉莹　宋春晓

前言

在大学生就业形势越来越严峻的今日，职业生涯规划已成为大学生就业中的重要利器之一。对企业而言，要体现“以人为本”的人才理念，关注员工的人才理念，关注员工的持续成长，职业生涯规划是一种有效的手段；而对个人而言，职业生命是有限的，如果不进行有效的规划，势必会造成时间和生命的浪费。

做好职业生涯规划并不简单，它是一个很庞大的概念。职业生涯规划不仅是单一的人生目标的确立，也不仅是单一的生活事件，而是个人面临许多生涯角色、生活目标的选择与建立，是人生一系列认知活动与行动的历程。它是在个人与组织的结合下，对个人整个人生的主观、客观分析，结合实际情景确定个人的最佳发展方向与目标，并为实现这个目标做出合理的行动方案。

党的二十大报告指出，完善人才战略布局，坚持各方面人才一起抓，建设规模宏大、结构合理、素质优良的人才队伍。加快建设国家战略人才力量，努力培养造就更多大师、战略科学家、一流科技领军人才和创新团队、青年科技人才、卓越工程师、大国工匠、高技能人才。这为大学生职业生涯规划指明了方向，规划了前景。国家出台了新型城镇化、“十四五”规划和2035远景目标等事关国家和民族未来的建设规划，推进发展模式的转变，进一步促进产业结构转型升级，实行创新驱动发展战略，这些都对大学的职业人才培养提出了新的要求，同时也给大学生的职业生涯规划提供了宏大的时代背景。

从大学生走进大学那一刻开始，就应当好好地想想自我的未来道路。面对大学这个熔炉，常问问自我，听听自我内心的声音，做真正的自我。首先要学着去问自己四个问题。一是“我是谁?”，以认识自我。人生最难认识的是自我，需要扪心自问是不是真的了解自我的需求、目标、实力。二是“我在哪?”，以了解环境，融入周围的环境。三是“我去哪?”，以确立目标。在人生地图上圈出目的地，发动生命的引擎。四是“我怎样去?”，制订规划。

本书突出职业生涯学科知识的系统性和社会职场层面的特色，通过职业生涯规划理论牵引，帮助同学们自我认知、环境认知和职业认知，确立符合自己特点的职业生涯发展目标，制订切实可行的大学生职业生涯规划方案，通过行动提升大学生进入职场的职业道德、职业素质和职业能力、就业能力等，让大学生或读者更广泛和深入地了解职场知识，学习有关方法。本书特色鲜明，是一本具有很高实用价值的“大学生职业生涯管理”类必修课的教材，本书还可以供人力资源工作者和一般职场人士就职业生涯规划发展与管理问题学习和参考。

希望本书能对读者有所帮助，也希望读者提出更多的修改建议，以便进一步修改和完善。此外，编者还为广大一线教师提供了服务于本教材的教学资源库，有需要者可致电13811187534或发邮件至3004394696@ qq. com。

编　者

2023 年 9 月

目录

第一章　职业生涯规划导论

知识与能力目标

1. 了解职业理想及作用，明晰职业理想和职业生涯规划之间的关系。

2. 掌握职业、职业生涯、职业生涯规划的概念，厘清三者之间的关系，扩充学习内容，提高职业适应能力。

3. 了解大学生职业生涯如何规划，制订科学的学习计划，不断提升自己的竞争能力，快速实现职业成长。

思政目标

通过梳理职业、职业生涯规划、职业理想等相关概念，确定大学生职业生涯规划的内容和作用，引导大学生树立正确的世界观、人生观和价值观，坚定文化自信，鼓励学生积极探索适合的学业目标和职业目标。

导入案例

我该何去何从？

关于职业的问题不停地出现在我的脑海中。这是一个重要又紧迫的问题。很多时候我感到迷茫、焦虑：我究竟喜欢什么职业？对什么工作感兴趣？很多时候自己都无法回答，一直很困惑。

今年我大二了，到了下学期，突然觉得时间过得很快，一转眼就是大三，然后就大四毕业了。毕业之后该做什么呢？我是学公共事业管理的，什么都能做，什么却又都不能做。同专业大多数人的发展有两条道路：一是考研，继续深造；二是考公务员。而我对这两条路都不是很喜欢，觉得应该还有其他的职业适合我。我的父母希望我考公务员，但我清楚自己做不来公务员。至于考研，我不知道对自己的专业还有多少热情可以继续下去。无疑这两条道路都很安定，而我所谓的其他职业，可能很不安定，而且也不一定真的能做自己想做的。所以，当我再思考这件事情的时候，就觉得头疼。

我的同学们都很努力，他们很认真地考英语四、六级，GRE，TOEFL，口译证书，等等。跟他们在一起时，我发现自己很差劲，他们执着于英语当中，而我背单词老是忘，这个时候虽然我觉得心里很难过，但表面上还要装成无所谓。

对于前途的迷惘，对于现状的失落感，给我带来了巨大的心理压力，随着自己一次又一次的自责，压力越来越大。

思考：为什么“我”有那么多的困惑？这和大学生的职业生涯规划有什么关系？

第一节　职业生涯规划概述

“凡事预则立，不预则废。”生活中，面对一次旅行，人们通常要预先规划，而成功的人生旅程更需要尽早谋划。大学生对未来所要从事的职业也是如此，每个人对自己未来的职业都有一定的期待，当这个期待与现实相碰撞时，会呈现三种不同的状态。第一种状态，始终对自己的工作不满意，“累”“烦”成为描述工作最常用的两个字。第二种状态，对工作表现得很顺从，能很好地完成工作任务，因为这份工作能够很好地解决生存问题，并且在一定程度上实现了自己的价值。第三种状态，热爱自己所从事的工作，工作让自己更加充实，工作满足了自己的需求，不是为工作而工作，而是为了自己的目标去奋斗。上述三种不同状态的人，其未来的发展会有所不同。第一种状态的人工作流动性强，换工作的频率会比较高；第二种状态的人工作相对稳定，生活相对平静；第三种状态的人工作专一且充满热情，能够享受工作的乐趣，离成功最近。已经经过了小学、中学，作为一名大学生的你，希望自己的职业状态是哪一种呢？希望自己未来从事什么样的职业呢？你有职业理想吗？规划过自己的职业生涯吗？规划职业生生涯对个人发展有什么意义？通过本章的学习，你将认识到职业生涯规划对干好一份工作和人生发展的重要意义，而制订科学的职业生涯规划，就是在绘制自己人生宏伟大厦的蓝图。

一、职业生涯规划的含义

职业是自我展现的重要领域。大学生的职业生涯规划不仅影响个体的心理健康，也影响个人一生的发展。要制订职业生涯规划首先要了解什么是职业生涯规划，了解工作、职业、生涯、职业生涯这些与职业生涯发展规划相关的概念。在日常生活中，人们常把工作、职业与职业生涯混为一谈，以为工作就是职业，从事了某种职业就拥有了职业生涯。诚然，工作、职业与职业生涯是密切相关的概念，但它们并不完全是一回事。

（一）工　作

工作是指在某一行业中的具体职位，是有目的、有结果、需要投入时间和精力并持续一定时间的活动。例如，教师的教学工作。工作不仅是谋生的手段，而且可以满足人的多种需要，如表 1-1 所示（Herr & Cramer，1996）。

表 1-1　工作可以满足人的不同需求

经济需求	社会需求	心理需求
物质需求的满足	一个与人们会面的地方	自我肯定
对未来发展的安全感	潜在的友谊	角色认定
可用于投资的流动资产	人际关系	秩序感
可以保证休闲和自由时间的资产	工作者与家庭社会地位	可信赖感
购买物品和服务	受人尊重的感觉	胜任感
成功的证明	责任感	自我效能
	被人需要	投入感
		个人评价

（二）职　业

职业是介于“工作”和“生涯”之间的概念，是由一系列相似的职位所组成的一个特定的专业领域，即指一系列的工作。例如，教师、医生、律师、快递员、公务员等就是职业。

什么是职业？职业在《现代汉语词典》中的解释是：“个人在社会中所从事的作为主要生活来源的工作。”按照这种解释，职业就是“工作+收入”，它强调的是职业作为一种谋生手段以满足人的基本需求。但这仅是职业的狭义概念。

国内外学者从不同的角度对职业的概念进行了论述。

我国学者姚裕群认为职业是一个中性的概念。从社会学的角度，职业是指人们为了谋生和发展而从事相对稳定的、有收入的、专门类别的社会劳动。从个人的角度，职业则是指个人扮演的一系列工作角色。

美国教育家、哲学家杜威把职业概括为可以从中得到利益的一种活动。美国社会学家塞尔兹认为职业是一个人为了不断地取得收入而连续从事的具有市场价值的特殊活动，这种活动决定着从事它的那个人的社会地位。日本劳动问题专家保谷六郎认为职业是有劳动能力的人为了生活所得而发挥个人能力，向社会做贡献而连续从事的活动。

综上所述，职业是参与社会分工，利用专门的知识和技能，为社会创造物质财富和精神财富，获取合理的报酬作为物质生活来源，并满足精神需求的工作。

职业具有以下几个特点：

（1）专业性。常言道“隔行如隔山”，每种职业都有一定的技术含量和技术规范要求。人们在从事某种职业之前，一般要接受特定的专业知识教育，并进行专门的技能或操作训练。随着经济社会的发展，职业对专业技术的要求越来越高。

（2）多样性。俗话所说的“三百六十行”就说明了职业种类的丰富多样。随着社会分工越来越细，人们的生活需求越来越多样，职业种类也越来越多，呈现更加多样化的特点，这为大学生规划自己的未来提供了更为广阔的空间。

（3）时代性。职业的产生和演变与时代的发展和变化紧密相关。高科技时代催生了一批又一批新的职业，一些传统职业则不断地被淘汰。这就要求我们适应时代的要求，不断地更新自己的知识，根据时代的变化调整自己的职业生涯规划。

通过职业，每个人得以发挥潜能、扮演社会角色、实现生活理想、享受工作的快乐，甚至实现自我。职业活动让人们拥有了远比经济价值更加丰富的内容，如才能的发挥、权力、地位、名誉等。

案例分析

《中华人民共和国职业分类大典（2022 年版）》（公示稿）遵循客观性、科学性、创新性原则，对《中华人民共和国职业分类大典（2015 年版）》（后言语中将《中华人民共和国职业分类大典》简称为《职业分类大典》）确立的 8 个大类总体结构不做调整，对社会各方面反映的意见建议，秉承求真务实、理性实证的科学精神研究论证，写实性描述各职业（工种）的具体内容，优化更新大典信息描述，以充分反映经济社会和科技发展带来的实际业态变化。具体来说，围绕数字经济、绿色经济、制造强国和依法治国等要求，专门增设或调整了相关中类、小类和职业。与此同时，根据实际，取消或整合了部分类别和职业。例如，将报关专业人员和报检专业人员 2 个职业，整合为报关人员 1 个职业；取消了电报业务员等职业。据统计，《职业分类大典（2022 年版）》包括大类 8 个、中类 79 个、小类 449 个、细类（职业）1 636 个。与《职业分类大典（2015 年版）》相比，增加了法律事务及辅助人员等 4 个中类，数字技术工程技术人员等 15 个小类，碳汇计量评估师等 155 个职业（《职业分类大典（2015 年版）》颁布后发布的新职业）。

《职业分类大典（2022 年版）》的一个亮点，就是首次标注了数字职业（标注为 S）。数字职业是从数字产业化和产业数字化两个视角，围绕数字语言表达、数字信息传输、数字内容生产三个维度及相关指标综合论证得出的。标注数字职业是我国职业分类的重大创新，对推动数字经济、数字技术发展以及提升全民数字素养，具有重要意义。《职业分类大典（2022 年版）》中，共标注数字职业 97 个。《职业分类大典（2022 年版）》沿用《职业分类大典（2015 年版）》的做法，标注了绿色职业 133 个（标注为 L）。在《职业分类大典（2022 年版）》中，既是绿色职业又是数字职业的有 23 个（标注为 L/S）。

（资料来源：中华人民共和国人力资源和社会保障部网，网址：http://www.mohrss.gov.cn/）

思考：

1. 上述资料体现了职业哪些特点？

2. 请结合自身实际，说说本专业行业所属的职业类别。

（三）职业生涯

1. 生涯

生涯不仅是工作和职业。“生涯”一词由来已久，在中文里，“生”原意为“活着”，“涯”原意为“边际”，“生涯”连起来是一生的意思。在英文里，“生涯”是 career，是指古代的战车，在西方人的概念里，使用“生涯”一词就如同赛场竞技，含有未知、冒险、克服困难的精神，后来逐渐引申为道路，即人生的发展道路。

目前大多数学者所接受的“生涯”定义来自美国心理学家唐纳德·舒伯（Donald Super）：生涯是生活中各种事件的演进方向和历程，它统合了个人一生中的各种职业与生活的角色，由此表现个人独特的自我发展历程。

2. 职业生涯内涵

“职业生涯”是指个体从正式进入职场开始直到退出职场这段时间内的与工作有关的经历、态度、需求、行为等过程，是一个人的终身职业经历，包括就业的形态、工作的经历以及与职业相关的活动等。在职业心理学领域，“职业生涯”这一概念有两种经典性定义：舒伯认为，人的一生所经历的职业及非职业活动都应视为职业生涯的内容，职业生涯除了职业角色外还包括各种生活角色；美国组织行为专家道格拉斯·霍尔（Douglas T. Ha11）主张，职业生涯只包括一个人一生中与其职业相关的活动与经验。前一种是广义的定义，在时间范围上与生涯的概念等同；后一种是狭义的定义，认为职业生涯仅从任职前的职业学习和培训开始直至退休结束。但无论哪种定义都淡化了职业作为谋生手段的作用，而指向个体的生命意义。在这里，职业成为个体实现个人价值、追求理想生活的重要途径。

与职业不同，职业生涯是一个发展的概念，是一个动态的过程。它不仅包括一个人的过去、现在和未来那些可以实际观察到的、连续从事的职业发展过程，还包括个人对职业生涯发展的见解和期望。具体地讲，职业生涯是以心理开发、生理开发、智力开发、技能开发、伦理开发等人的潜能开发为基础，以工作内容的确定和变化，工作业绩的评价，工资待遇、职称、职务的变动为标志，以满足需求为目标的工作经历和内心体验的经历。

职业生涯是多方面相互作用的结果，每个人的职业生涯发展轨迹都不尽相同，其内在特性具有如下几个特点：

（1）发展性：职业生涯是生活中各种事态发展演进的动态过程，具有一定的逻辑性。

（2）阶段性：职业生涯有着不同的发展阶段，在不同的阶段有着不同的任务和目标，各个阶段之间具有递进性。

（3）独特性：每个人都拥有自己的职业理想、职业抱负、职业选择和职业条件，因而有着区别于他人、独特的生涯历程。

（4）整合性：职业生涯除了职业角色外，还包括任何与工作有关的经验和活动，而不仅仅局限于工作或职位。

（5）互动性：职业生涯是个人与他人、个人与环境、个人与社会互动的结果。个体自我认识的深化、个体的主观能动性、个体所掌握的技能，对于生涯发展有着重要影响。

3. 外职业生涯和内职业生涯

美国著名职业指导专家施恩（Edgar H. Schein）教授最早把职业生涯分为外职业生涯和内职业生涯。他指出，外职业生涯是指经历一种职业（由教育开始，经工作期，直到退休）的道路，包括职业的各个阶段：招聘、培训、提拔、奖惩、解雇、退休等。内职业生涯更多的是注重于所取得的成功或满足的主观感情，以及工作事务与家庭义务、个人消遣等其他需要的平衡。

（1）外职业生涯：是指从事职业时的工作单位、工作地点、工作内容、工作职务与职称、工作环境和工资待遇等因素的组合及变化过程。它的构成因素通常是由别人认可和给予的，也容易被别人否认和收回。外职业生涯发展是以内职业生涯发展为前提条件的。

（2）内职业生涯：是指从事一个职业时所需具备的知识、观念、心理素质、经验、能力、身体健康状况、内心感受等因素的组合及变化过程。它的各项因素的取得，可以通过别人的帮助而实现，主要还是要依靠自身的努力追求而得以实现。与外职业生涯的构成因素不同，内职业生涯的构成因素一旦取得，别人便不能收回或剥夺。内职业生涯是真正的人力资本所在，提高内职业生涯而取得的工作成绩会转化为外职业生涯。

4. 无边界的职业生涯和随机应变的职业生涯

随着工作世界的变化，职业生涯的性质也在改变，其结果是以新的眼光来看待职业生涯和职业生涯的管理问题。无论是企业的总体环境，还是具体到某一家企业，到处都存在着不确定性，人们在自己的职业生涯中要学会适应这种环境。在现代职业生涯理论中，有两个得到最广泛承认的概念：一个是无边界的职业生涯，另一个是随机应变的职业生涯。

（1）无边界的职业生涯：是由米切尔·阿瑟及其同事在20世纪90年代在其著作中提出的。无边界的职业生涯表示在现代组织中的人的工作情况，不太强调内部边界（诸如等级制度和职能划分），而要求与别的组织和个人之间建立起跨越组织和金字塔网络边界的通道。其突出特点是摆脱了传统组织对职业生涯的安排，而在各个组织间频繁地流动。无边界的职业生涯所包含的内容是具体的跨界行为，这种行为产生于个人对这个世界的看法。人们早已运用无边界职业生涯这个概念指导自己在全球范围内谋求职业的行动了。

（2）随机应变的职业生涯：道格拉斯·T. 霍尔在其著作《组织中的职业生涯》中这样描写随机应变的职业生涯：对其进行管理的是个人自己，而不是组织，职业生涯受自我实现思想的引导。其特点在于那些希望获得心理满足的人对自己实行自我指导，他们能顺势而为、灵活多变，而且富于创造性。它的两大维度一是自我定向，二是价值驱动。把随机应变的职业生涯看作是职业的一种导向、一种态度或一种方法，而不是职业的某种实际结构，是很有意义的。它反映的是一种心理方向，尽管它能产生具体的职业行为。

知识窗

职业生涯的五个阶段

成长阶段：职业准备。一般从 14 岁或 15 岁开始，有的延续到 18~28 岁。主要任务：发展职业想象力，对职业进行评估和选择，接受必需的职业教育。

探索阶段：就业与择业。一般集中在 18~28 岁。主要任务：在获取足够信息的基础上，尽量选择一种合适的、较为满意的职业，并在一个理想的互动组织或机构中获得一份工作。

确定阶段：职业生涯初期。一般从就业后一两年到 40 岁。主要任务：学习职业技术，提高工作能力；了解和学习组织纪律和规范，逐步适应职业要求，适应和融入组织；为未来的职业成功奠定基础。

维持阶段：职业生涯中期。一般为 40 岁及之后工作的一二十年时间。主要任务：需要对早期职业生涯重新评估，强化或调整自己的职业理想；调适职业方向，努力工作，有所成就。

下降阶段：职业生涯后期。一般为退休前几年。主要任务：继续保持已有的职业成就，与青年人分享工作经验，准备退休。

（四）职业生涯规划

职业生涯规划源于 20 世纪 60 年代的西方发达国家，在 20 世纪 90 年代传入中国。在西方发达国家，职业生涯规划起步很早，人们从幼儿园开始就接受职业生涯规划教育。在我国，系统的职业生涯规划教育和辅导体系尚处于探索阶段。

美国著名管理学者哈罗德·孔茨和西里尔·奥康奈对规划的定义：“规划是为实施既定方针所必需的目标、政策、程序、规则、任务委派、采取的步骤、使用的资源以及其他要素的复合体，它们通常要有必要的安全和经营预算的支持。”由此可见，规划的本质在于选择目标及实现目标的最佳方案。

职业生涯规划，简称生涯规划，又叫职业生涯设计，是指个人与组织相结合，在对个人职业生涯的主客观条件进行测定、分析、总结研究的基础上，结合自身的条件和现实环境，确立个人的职业生涯目标，选择职业道路，制订相应的培训、教育和工作计划，并按照职业生涯发展的阶段实施具体行动以达到目标的过程。

职业生涯规划的目的绝不只是协助个人按照自己的资历条件找到一份工作，更重要的是帮助个人真正了解自己，并详细评估内外部环境的优劣、机会与限制，为自己定下事业大计，筹划未来，拟定一生的、合理可行的职业生涯发展方向。由于职业生涯贯穿人的一生，因此，对职业生涯的规划，就是为自己的未来人生绘制理想的蓝图。

二、职业生涯规划的作用

古人云：人无远虑，必有近忧。我们今天站在哪里规划职业生涯并不重要，重要的是下一步迈向哪里。职业生涯规划既可以使我们充分地认识自己，客观地分析环境，科学地树立目标，正确地选择职业，又为我们提供职业理想走向成功的行之有效的技巧与方法，并帮助我们克服职业生涯发展中的困难，让我们少走或不走弯路。

在现实中，有很多人付出了很多努力却没能取得事业的成功，原因并非他们没有职业生涯知识和才能，而是没有设计和采用最适合他们成长与发展的职业生涯规划。对自己的职业生涯做好设计和规划，就是将自己的理想转化为现实的统筹安排，把对未来事业发展的预期转变为明确的行动步骤。职业生涯规划已成为个人就业、择业、从业、创业不可或缺的重要手段。

对于新时代的大学生，职业生涯规划的作用主要体现在以下四个方面。

（一）有助于大学生正确认识自我，避免盲目就业

通过职业生涯规划，大学生能够正确地认识自身的特性和潜在优势，能对自己进行正确的定位。许多大学生由于对自己并不了解，尤其不了解自己的优势和劣势，在职业选择过程中具有比较大的盲目性和不切实际性。

通过行之有效的规划，可以使大学生认识到自身的个性特征、现有和潜在的资源优势，以弥补自身的劣势；可以使大学生认识到自身的价值并使其持续增值；可以促使大学生发展自身的优势，着力培养某些职业特质，满足职业要求，树立职业理想和职业生涯目标，尽早消除大学生就业过程中的错误观念；可以使大学生及早转换角色并对自己的大学生涯做出规划，为理想职业做好各种准备，从而避免在就业过程中高不成、低不就的现象。

（二）有助于大学生进一步了解社会，提升社会竞争力

社会发展促使职业选择成为一项复杂的社会历程。生活在校园里的大学生常缺乏对

社会、职业环境、职业信息的了解。通过职业生涯规划，大学生不断地获得信息，这些信息包括社会、职业、礼仪等多方面；获得的信息越多，心理准备越充分，在制订规划时就能够根据社会需要，兼顾眼前利益和长远利益，合理规划自己；要在激烈的竞争中使个人处于领先地位，就要找到一个适合自己发展的平台，尽可能避免到处求职、频繁跳槽。职业生涯规划有助大学生未雨绸缪，找到一个适合自己的工作，将其作为职业生涯的起点。

（三）有助于大学生培养自信心，提高自身的综合素质

职业生涯规划的过程是大学生不断学习的过程，随着知识的积累，接受培训和教育的增加，参加社会实践活动的增多，对自我以及职业认识的加深，就会不断地建立起自信心。同时，是否具备社会需要和认可的综合素质是大学生能否取得职业生涯成功的重要影响因素。职业生涯规划使大学生明确职业目标，将自己所学与社会需要、职业要求相结合，增强实际应用能力和动手能力，增强合作意识和沟通能力，使大学生拥有健康的身心和生活方式，拥有丰富的知识和良好的人际关系，学做一名合格的职业人和社会人。

（四）有助于大学生实现职业成功，促成自我实现

每一个人都希望自己的职业生涯成功，特别是受过良好教育、自身素质较高的大学生对未来的职业道路有很高的期望，并愿意为之付出努力。但是，职业生涯的成功仅靠主观努力是不够的，还要看是否选择了正确的方向。有效的职业生涯规划为大学生职业成功提供方向保障。面对人生的舞台，每个人都渴望实现自我价值，职业生涯规划可以帮助大学生在基本需求得到满足并继续增加的同时，通过提高需求层次，获得别人的赞赏和尊重，获得地位和荣誉，实现自身价值的升华，从而实现人生目标。

三、职业生涯规划的特点

大学生正处于职业的学习、准备和起步阶段，因此，与已工作了一段时间的职业者的职业生涯规划相比较，大学生的职业生涯规划有其一定的特点，基本上可以概括如下。

（一）个性化

个性化是职业生涯的最重要特点。职业生涯规划针对的是个人，不同的学生有不同的特点与个性，每个人的生涯发展都是独一无二的，职业生涯也是独一无二的。这是因为每个人的个性特点、兴趣爱好和特长、专业素养和知识结构等都有所不同，大学生在进行职业生涯设计时应根据自身不同的兴趣、能力、自身所处的阶段等制订不同的设计方案，注意充分发挥自己的个性特长，做到因人而异，从而使职业定位准确、设计方案科学。

（二）阶段性

职业生涯目标的制订与实现不是一蹴而就的，在进行职业生涯规划的过程中，需要将总统目标分解为阶段性目标，并为此制订相应的具体措施。

（三）连续性

就广义而言，职业生涯贯穿人的一生，在个体走上工作岗位之前的所有阶段都是个体为职业做准备的时期，而大学期间进入了专业学习阶段，尤其显示该阶段作为职业预备期的特点。因此，大学生职业生涯规划不只是大四阶段的工作与任务，而应当贯穿大学四年，分阶段、分任务逐级做好大学生的职业生涯规划。

（四）动态性

职业生涯规划是一个不断反馈、不断调整、不断修订的过程，随着环境的变化和个体的自省，职业发展方向需不断地重新定位，实现路径需不断地重新调整。

（五）预期性

职业生涯规划体现个人对未来职业发展的一种心理预期。大学生今后的生涯道路和即将面对的职业世界是非常广阔的，高校作为教育教学单位应着眼于学生的充分发展，引导学生制订职业生涯规划，对未来的职业发展进行展望。大学生在自我定位和选择职业生涯发展道路之前，必须知道摆在面前的职业生涯道路的各种可能性，知晓未来的职业世界。只有这样，他们才能在自我认识的基础上做好自我定位并选择一条适合自身特点的职业生涯发展道路。

（六）系统性

大学生的职业生涯规划涉及学校各职能部门和教学环节，是一项系统性工作。个体的自我评估是做好职业生涯规划的前提和基础，然而进行自我评价是比较困难的，尤其是建立一个切合实际的、客观的、正确的自我评估更难。它建立在个体的自我体察、他人的评价和科学的心理测评之上，需要有专业职业辅导教师的指导。自我定位、生涯道路的选择、人生设计和规划都需要职业生涯规划理论的指导。只有开设相关的课程、传授职业生涯规划理论，在理论的指导下才能让大学生做好职业生涯规划。因此，让大学生做好职业生涯规划需要整合学校各方面的力量，利用各方面的资源。职业生涯规划具有系统性的特点。

（七）目标性

大学生职业生涯规划是通过设计目标，确定实现路径，指引学生有计划、分阶段地实现个体目标。职业生涯目标的设定，是职业生涯的核心。一个人事业的成败，很大程度上取决于有无正确、适当的目标。目标设定是在职业生涯路径选择后，对人生目标做出抉择。其抉择是以学生的最佳才能、最优性格、最大兴趣、最有利的环境等信息为依据的，职业生涯目标一旦确立，就会成为学生追求成功的推动力和鞭策力，学生将会努力排除干扰、集中精力，为实现目标而奋斗。

（八）实践性

大学生职业生涯规划是一套解决学生个体能力与职业发展需求之间矛盾的操作方案，在确定行动方向、行动时间、操作方法时必须结合学生个体特点，具有可行性和易操作性。

四、职业生涯规划的原则

（一）与社会发展、时代需要相结合原则

大学生应将个人的成长与社会发展紧密结合，适应时代的需要。大学生应该从社会理想的高度来认识职业生涯规划的意义，增强历史责任感，培养良好的道德情操、广泛的兴趣爱好和过硬的专业素质，努力在为社会服务的过程中实现自己的职业理想。

（二）专业匹配原则

大学生都经过一定的专业训练，具有某一专业的知识和技能，这是每个大学生的优势所在，也是大学生职业生涯规划的基本依据。新时代需要知识面广、业务能力强、综合素质高的人才。用人单位对毕业生的需求，一般首先选择的大学生是具有某专业方面的特长。如果职业生涯规划离开了所学专业，无形当中增加了许多负担，个人的价值就难以实现。需要强调的是，大学生对所学的专业知识要精深、广博，即除了要掌握宽厚的基础知识和精深的专业知识外，还要拓宽专业知识面，掌握或了解与本专业相关、相近的若干专业知识和技术。

（三）兴趣与能力匹配原则

职业生涯规划要与个人的性格、气质、兴趣、能力和特长等方面相结合，充分发挥个人的优势，扬长避短，体现人尽其才、才尽其用的要求。这里重点谈个人的兴趣、能力和特长与职业生涯规划的关系。大学生在做职业生涯规划时应适当考虑自己的兴趣与爱好。兴趣是个体积极探究事物的认识倾向，这种倾向常有稳定、主动、持久等特征。如果一个人对某种工作产生兴趣，他在工作中就会具有高度的自觉性和积极性，在工作中往往容易做出成绩。反之，一个人对工作没有兴趣，就不可能将自己的精力都投入到工作中去，往往也很难在工作上取得成功。一个人对某项工作感兴趣时，即便工作本身可能是枯燥无味

的，他也会兴致勃勃、兴趣盎然。一些专家通过调查研究发现：如果一个人对自己的职业感兴趣，能发挥他的全部才能的80%~90%，并且长时间保持高效率而不感到疲劳。如果一个人对所从事的工作没有兴趣，那么只能发挥其全部才能的20%~30%，且容易疲倦。众多的调查研究结果一再表明，兴趣与成功概率有着明显的正相关性。

（四）阶段性原则

国外职业生涯规划起步较早的国家，在职业生涯规划的教育与指导方面相较于我国积累了许多成功的经验。将职业生涯规划的教育与指导贯穿大学教育的全过程就是我们值得借鉴和学习的经验之一。具体做法：针对不同年级，明确目标、突出重点、分步实施、各有侧重，逐渐形成比较完善的职业指导体系，使教育阶段既分出层次，又相互贯通有机连接。

大一学生重在适应大学生活，初步进行生涯规划。通过具体的问卷调查、职业兴趣测定、参加专场讲座等，系统了解专业与职业之间的关系，职业性质对大学生的素质要求，认清自己将来所要从事的工作和自身的不足，进而制订学习目标、确立职业目标。

大二学生主要是职业道德和职业知识的教育，重在自我认知和做好从事职业前的心理准备，努力建立扎实的基础知识和合理的知识结构，在参与实习、兼职、暑期工作或志愿者活动中获得一些工作经验。

大三学生主要是进行职业适应，落实职业规划。通过参加人才市场招聘、搜集求职信息、撰写简历、参加面试等实践活动进行职业分析、准备，有计划地学习一些职业技能，培养创新能力、创新精神以及独立思考和继续学习的能力，完善自己的知识结构，全面提升个人综合素质，为将来职业发展做好各项准备。

大四学生进行就职前的培训以及转变角色，以适应社会，这是实施行动的阶段。通过某些岗前技能培训，进一步认识自我，探讨工作选择和职业发展，为即将从事的工作积极搜集信息和材料，利用所有可能的机会，参加面试。同时，强化毕业生的角色意识，教育他们安心本职工作，虚心学习，勇挑重担，乐于奉献等，以便更快地适应社会，更好地实现由“校园人”到“社会人”的转变。

（五）可行性原则

职业生涯规划要有事实有依据，要根据个人特点、组织发展需要和社会发展需要来制订，不能是不切实际的幻想。大学生在进行职业生涯规划之前，要充分认识到职业对个体发展、社会进步所起的重要作用。在规划职业生涯时，大学生不能只考虑工作的工资收入、工作条件、工作环境、地点等因素，更要考虑自身的综合素质、胜任能力，还要考虑职业是否适合自己的性格和处世态度、是否有发展潜力，要以发展的眼光来审视这项职业能否帮助自己实现个人的人生观、价值观和职业观。对那些工作条件、环境虽然不太理想，但发展空间较大，并能让自己充分发挥作用的单位应优先考虑；对那些经济发展水平不太高，但发展潜力大的，有一的定发展空间、机会比较多的工作也要给予重视。

第二节　职业理想

一、职业理想的概念

职业理想是人们在职业上依据社会要求和个人条件，借助想象而确立奋斗目标，即个人渴望达到的职业境界。它是人们实现个人生活理想、道德理想和社会理想的手段，并受社会理想的制约。

职业理想是人们对职业活动和职业成就的超前反映，与人的价值观、职业期待、职业目标密切相关，与世界观、人生观密切相关。

知识窗

信念是一粒种子

很久以前，为了开辟新的街道，伦敦拆除了许多陈旧的楼房。然而新路却久久没有开工，旧楼房的地基仍在那里，任凭日晒雨淋。

有一天，一群自然科学家来到了这里，他们发现，在这一片多年来未见天日的地基上，这些日子里因为接触了春天的阳光雨露，竟长出了一片野花野草。奇怪的是，其中有一些花草却是在英国从来没有见到过的，它们通常只生长在地中海沿岸国家。

这些被拆除的楼房，大多是在罗马人沿着泰晤士河进攻英国时建造的，花草的种子大概就是那个时候被带到了这里。它们被压在沉重的石头、砖瓦之下，一年又一年，几乎丧失了生存的机会。令人感到意外的是，一旦它们见到了阳光，立即恢复了勃勃生机，绽开了一朵朵美丽的鲜花。

小小的种子真令人惊叹，它们是如此的柔弱却又如此的坚韧，即使在沉重的砖瓦下被压了数百年，依然能够保持自己鲜活的生命。一旦阳光照耀、雨露滋润，它们便又焕发出勃勃的生机。一粒种子，即使被埋没数百年，依然蕴藏着生的希望。那么一个人，当他处于困境时，又当如何呢？

有一年，一支英国探险队进入撒哈拉沙漠的某个地区，在茫茫的沙海里跋涉。阳光下，漫天飞舞的风沙像炒红的铁砂一般，扑打着探险队员的面孔。口渴似炙，心急如焚——大家的水都没了。这时，探险队长拿出一只水壶，说：“这里还有一壶水，但在穿越沙漠前，谁也不能喝。”

一壶水，成了穿越沙漠的信念之源，成了求生的寄托目标。水壶在队员手中传递，那沉甸甸的感觉使队员们濒临绝望的脸上露出坚定的神色。终于，探险队顽强地走出了沙漠，挣脱了死神之手。大家喜极而泣，用颤抖的手拧开那壶支撑他们的精神之水——缓缓流出来的，却是满满的一壶沙子！

炎炎烈日下，茫茫沙漠里，真正救了他们的，又哪里是那一壶沙子呢？他们不曾泯灭的信念，已经如同一粒种子，在他们心底生根发芽，最终领着他们走出了“绝境”。

事实上，人生从来没有真正的绝境。无论遭受多少艰辛，无论经历多少苦难，只要一个人的心中还怀着一粒信念的种子，那么总有一天，他就能走出困境，让生命重新开花结果。

人生就是这样，只要种子还在，希望就在。

（资料来源：文若河：信念是一粒种子．2015-11-03. https://m.sohu.com/a/39368028_123442?strategyid=000142）

二、职业理想的作用

新时代大学生正处在中华民族发展的最好时期，既面临着难得的建功立业的人生际遇，也面临着“天将降大任于斯人”的时代使命。理想远大、信念坚定，是一个国家、一个民族无坚不摧的前进动力。作为新时代中国特色社会主义的建设者和接班人，新时代大学生要树立远大的理想，而职业理想作为人生理想的重要组成部分，不仅体现人们的职业价值观，也影响着人们的职业选择。确立正确的职业理想，对个人发展和社会发展有着重要的意义，需要科学、合理的职业生涯规划做基础。

（一）职业理想对个人发展的意义

理想是前进的方向，是心中的目标。人生发展的目标是通过职业理想来确立的，并最终通过职业理想来实现。俄国的托尔斯泰曾说过：“理想是指路的明灯，没有理想就没有坚定的方向，就没有生活。”可见，“志不立，天下无可成之事”。职业理想就像一盏指路的明灯，不仅照亮了我们的职业发展之路，也照亮了我们的人生之路。有了明确的、切合实际的职业理想，再经过努力奋斗，人生发展目标必然会实现。

1. 职业理想确立人生的总体定位

职业理想是个人对未来职业的向往和追求。职业理想并不是虚无缥缈的，而是具体、现实的，是与社会发展密切联系在一起的。从宏观角度上，需要从新时代坚持和发展中国特色社会主义的总目标、总任务这一大的背景来认识我们所处的时代，即从实现社会主义现代化和中华民族伟大复兴的历史视角来树立我们的职业理想。从微观角度上，就是要确定努力的具体方向，指向具体的工作岗位，并可能有更具体的逐步晋升的岗位阶梯。同时，这种理想不是脱离实际的空想，而是有实现的可能性，并且要根据周围环境的变化不断地做出调整。

习近平总书记寄语广大青年：只有把人生理想融入国家和民族的事业中，才能最终成就一番事业。希望你们珍惜韶华、奋发有为，勇做走在时代前面的奋进者、开拓者、奉献者，努力使自己成为祖国建设的有用之才、栋梁之材，为实现中国梦奉献智慧和力量。

“你们正值如花的年龄，也正是充满梦想的时候。但是，仅仅停留于做梦是不够的，我希望你们要树立理想，并努力为实现理想而奋斗。”袁隆平院士对大学新生的寄语，敲响了无数中国青年的心房。

职业生涯占据人生的绝大部分，人们对美好生活的向往和追求要通过职业活动来实现。所以，职业理想的确定，就等于为自己确立了人生最主要的奋斗目标，确立了人生的总体定位。大学生应当充分认识社会大环境，根据自身的客观条件，树立正确的职业理想，并按照职业理想的指引来规划自己的人生。

2. 职业理想确定人生的具体目标

职业理想，能够帮助大学生明确人生的总体定位，还能助力大学生实现在选定职业领域未来某时所要达到的具体成就，即在职业领域将理想具体化。立志是人生的起跑点，反映了一个人的理想、胸怀、情趣和价值观，影响着一个人的奋斗目标及成就的大小。可以说，职业理想是一个“远景规划”，有了这个规划，秉持发展向上的信念，大学生可以据此确定职业发展的阶段性目标。

同学们请设想一下，你在校期间要达到什么目标？工作 5 年后要达到什么目标？30 岁时的目标是什么？这样就能够把职业理想落到实处，把一个长期的任务分解成一个个比较小的任务，使个体能够更好地规划和实施每个阶段的行动。

3. 职业理想是个人成长的动力

马克思在《青年在选择职业时的考虑》一文中指出：“在选择职业时，我们应该遵循的主要指针是人类的幸福和我们自身的完美。”那么，青年怎样才能实现人类的幸福？这是一个宏伟远大的目标，实现这个宏伟远大的目标，对每个人的完美与幸福都很重要，没有个人的幸福和完美就不会有全人类的幸福，而自身的完美与幸福也一定要通过职业这一有效途径来实现。由此可见，一个人选择什么样的职业，为什么选择某种职业，通常都以其职业理想为出发点。大学生树立了职业理想，才有努力奋斗的方向、学习和工作的动力；只有不断地锐意进取，才能在平凡的工作岗位上勤勤恳恳、任劳任怨，创造出不平凡的业绩，才能实现自身的完美，追求人类的幸福这一伟大理想。一个人在能力所及的范围内，追求的目标越高，学习、做事的动力也就越大，潜力就越能得到充分的发挥。

大学生应该客观地评估自身的职业素质力能和社会所需，树立正确的职业理想，并据此激励自己、鞭策自己，平衡生涯承诺和组织承诺，才能使自己能够更快更好地成长，为即将开始的职业生涯做好准备。

4. 职业理想促进人生价值的实现

职业理想是指人们在一定的世界观、人生观、价值观的指导下，对未来从事的专业、工作部门、工作种类和事业成就大小的向往和追求，反映了个人的职业追求和价值取向，是人生理想的重要组成部分。

人生价值可分为自我价值和社会价值两个层面。无论从哪个层面去实现人生价值，总要依托某一职业，因此对职业理想的追求必然会促进人生价值的实现。

新时代大学生的职业理想要符合社会主义核心价值观，从根本上走出自身价值的困境，树立正确的职业理想、科学的职业价值观，时刻心系祖国，心中有国，崇尚真善美的精神境界，做到自立自强，时刻将个人理想与社会需要紧密结合，真正做一名能为社会做贡献的新时代大学生，才能热爱社会、热爱工作、热爱生活，活出自我，实现个人价值，同时创造社会价值，回馈社会，践行对社会的责任。

在我们的职业生涯中，职业理想就是我们的职业信念，只有坚定信念，才能在职业旅途中创造出自己的人生辉煌。

案例分析

梦想成真

任正非，华为技术有限公司创始人、总裁。1944 年 10 月 25 日出生于贵州安顺地区镇宁县一个贫困山区小村庄的普通家庭，家中兄妹 6 人，父亲是乡村中学教师。知识分子的家庭背景，父母对知识的重视和追求是任正非人生成功的决定性因素。1987 年，年满 43 岁的任正非因工作不顺利，在深圳的一个“烂棚棚”里集资 21 000 元人民币创立了华为公司。接下来，任正非凭借持续创新创业的精神，怀揣着在电子信息领域实现自我价值的梦想，锲而不舍地艰苦追求，引领华为不断地创造商业奇迹，从一家定位于中国深圳特区的民营企业，稳健成长为世界 500 强公司，走出中国，走向了世界。

创业是艰辛的。任正非说：“当问题集中到自己这里，自己不拿主意就无法运行时，才知道 CEO 不好当。”创业之初，任正非每天工作十多个小时，但公司仍内外矛盾交织。2002 年，公司差点破产，任正非有半年左右时间经常从噩梦中惊醒。但他依旧保持着年轻人的冲劲和锐气，心怀梦想，带领着几十万华为人努力实现着心中这个梦想，把企业带向一个“相当高度”。任正非曾幽默地称他在华为最大的权力就是思想权，认为“只有有了正确的假设，才有正确的思想；只有有了正确的思想，才有正确的方向；只有有正确的方向，才有正确的理论；只有有正确的理论，才有正确的战略……”有理想，有思想，有抱负，成就了任正非，成就了华为！

经历了物质极度短缺、技术壁垒，内忧外患，任正非都没有被打垮，反而愈挫愈勇，坚定向前，只用了短短两年的时间，凭着一个梦、一双手，跨越沟坎，带领华为实现了技术积累、人才积累、客户积累、品牌积累。

今天的华为公司已经是世界著名的通信企业，在5G等领域领先世界。在华为人的执着努力下，梦想终成现实。

思考：

1. 任正非为什么能够克服困难，带领华为走向成功？
2. 你认为职业理想对任正非的职业生涯发展有什么作用？

（二）职业理想对社会发展的作用

习近平总书记指出：今天，新时代中国青年处在中华民族发展的最好时期，既面临着难得的建功立业的人生际遇，也面临着“天将降大任于斯人”的时代使命。新时代大学生生逢其时，也重任在肩。处于新时代的大学生拥有实现人生价值最丰富的资源、最宽广的平台，也面临着最艰巨的使命。

美丽的中国梦是全国各族人民的共同理想，也是青年一代应该牢固树立的远大理想。新时代的大学生要正确认识时代责任与历史使命，牢固共产主义远大理想和中国特色社会主义共同理想，自觉地把个人职业理想融入国家和社会的发展进程中，肩负起国家和民族的希望，才能勇担重任，实现经济腾飞和中华民族伟大复兴。

1. 职业理想是社会进步的助推器

人具有社会属性，每个人都是社会这部大机器中的一个螺丝钉，这部社会机器的良好运转需要每一个人的努力，因此，每个人的职业发展都与社会发展密切相关。造福人类也是个人职业理想的最高追求。职业的形成与发展是人类社会发展的缩影，职业本身就是为协调社会生活、为发展社会而存在的，它的本质是从属于社会的，而不是从属于个人的。在目前和相当长的一段时间内，职业还是人们谋生的手段。树立了正确的职业理想的人，总是能通过自身职业理想的实现来造福人类，因而他们也会受到人们的尊敬。例如，“三过家门而不入”的大禹，解决了水患，使农田变成了米粮仓，人们又能筑室而居，过上幸福富足的生活；居里夫人以蚂蚁啃骨头的精神，从堆积如山的矿渣中提炼出放射性物质——镭，推动了物质领域研究的新发展；袁隆平头顶烈日，不畏风雨，奔波于田间地头数十年，终于培育出优质高产的杂交水稻，解决了十几亿人的吃饭问题。

正确的职业理想有利于促进社会的进步。正确的职业理想能够让人发挥自己的特长，人的潜能也会得到最大限度的发挥。职业只有与适应其特殊需要的人相匹配，才能发挥出它应有的社会功能。每个职业人都树立了正确的职业理想并实现了职业理想，一定会推动经济发展，促进社会进步。

2. 职业理想是构建和谐社会的基础

职业活动是促进社会稳定的重要手段。从业者通过自己创造性的劳动，为社会的发展做出贡献。经济社会发展了，又能创造更多的就业岗位，为更多的人创造就业机会，为从业者增加报酬，从而有助于从业者及其家庭物质和精神生活水平的提高。这一理想的社会状态，来自每个社会成员都有自己的职业理想。如果每个人都能通过正当的职业活动去追求职业理想，就一定能在社会需要的工作岗位上发挥聪明才智，为社会发展做出贡献。

3. 职业理想助力“中国梦”成为现实

中国梦不仅是国家的梦，整个民族的梦，也是每一个人的梦，中国梦指引着新时代大学生职业理想的方向与目标。只有祖国强大了，民族繁荣了，社会才能够给学生提供更稳定的发展平台和就业机会。中国梦与个人的梦，与大学生的职业理想是紧密联系在一起的，大学生的职业理想包含在中国梦中，中国梦的实现也必然为大学生的职业理想实现提供机遇和条件。同时，新时代大学生是实现中国梦的主力军，其职业理想的实现也将推进中国梦的实现。远大的职业理想不仅促进个人发展，也将推动社会进步。将中国梦融入大学生的职业理想中，使得大学生懂得在实现国家富强和民族振兴的过程中，自身也能收获幸福与美满，从而让大学生更加深入地了解职业理想的内涵。

职业理想作为人生理想的重要组成部分，不仅关系到个人理想的实现，而且关系到社会理想的实现，更关系到中国特色社会主义的建设和中国梦的实现。作为即将走上工作岗位的大学生，应明确自己肩负的社会责任，不断地追求个人进步，为了国家和社会的不断发展，尽早确立自己的职业理想，让职业理想指引我们实现自己的人生价值和社会价值。

案例分析

“禾下乘凉梦”

“杂交水稻之父”袁隆平一生致力于水稻研究，他开创了杂交水稻和超级杂交水稻，让水稻产量有了大幅提升，确保我国粮食安全。“杂交水稻之父”、中国工程院院士袁隆平话语铿锵：“作为一个粮食人，我肯定要当仁不让地担负起这个责任，而且一刻都不会松懈。”同时，他还致力于把自己的研究成果推广到世界，解决那些欠发达地区的粮食短缺问题，造福全人类。

袁隆平有个梦——“禾下乘凉梦”。这是对杂交水稻高产的一个理想追求，是袁隆平的中国梦。他梦见水稻长得有高粱那么高，穗子像扫把那么长，籽粒像花生米那么大，而他则和几个朋友坐在稻穗下面乘凉。如今，这个极为夸张的梦想正在一步步走向现实。

1953 年，袁隆平从西南农学院遗传育种专业毕业后，就立下誓言：“作为新中国培育出来的第一代学农大学生，我下定决心要解决粮食增产问题，不让老百姓挨饿。”同年，他被分配到偏远落后的湘西雪峰山麓安江农校教书，20 世纪 60 年代的三年自然灾害，亲眼目睹有人饿倒或饿死在路边、田埂边和桥底下，深深刺痛了他，立志用农业科学战胜饥饿，于是他由红薯育种转向了国家最需要的水稻育种工作。这一转身，改变了他的一生，也影响着中国乃至世界的生存境遇。

为了圆自己的“禾下乘凉梦”，袁隆平几十年如一日，废寝忘食，殚精竭虑，苦心孤诣，攻关不止。他一年中有超过三分之一的时间都在农田里劳作、观察和研究。功夫不负有心人，梦想终于实现了，袁隆平及其团队不断取得振奋人心的新突破：超级杂交稻亩产突破 1 000kg 大关；“海水稻”试种成功，中国 15 亿亩盐碱地都可以“变废为宝”，种植粮食。2022 年 10 月 19 日，“巨型稻”在韶关市武江区龙归镇试种成功，个头超过 2.2m，亩产能达 1 500 斤。

袁隆平院士的禾下乘凉梦，成真了！

“禾下乘凉梦”，一梦逐一生。这是袁隆平的梦，也是后来者的梦。

思考：

1. “中国梦”和袁隆平的“禾下乘凉梦”是什么关系？

2. 我们应该怎样为实现“中国梦”而努力？

三、职业生涯规划促进职业理想的实现

职业生涯规划有助于职业理想的实现。如果对自己的职业生涯没有科学的规划，那么再正确、再崇高的职业理想也会成为空中楼阁。做好职业生涯规划，就是为了更好地实现职业理想，更充分地发挥职业理想的导向作用和动力作用。

通过规划个人的职业生涯，可以更明确自己的阶段发展目标，对努力的方向心中有数；通过规划职业生涯，可以细化实现目标和理想的具体措施，能够自我督促、自我激励；通过规划职业生涯，可以将实现职业理想的步骤更明确化，使其更具有可操作性，使职业理想不再是空洞的口号，而转化为实实在在的行动。

正如习近平总书记所讲：“青年有着大好机遇，关键是要迈稳步子、夯实根基、久久为功。”为了实现职业理想，大学生应当从现在开始，着手规划自己的职业生涯，一步一个脚印，朝着自己的职业理想不断迈进。

第三节　大学生职业生涯规划

“读书的目的不在于其本身，而在于一种超乎书本之外的、只有通过细心观察和体会才能获得的处世智慧。”所谓“纸上得来终觉浅”，就是这个道理。大学教育可以提高大学生的文化知识水平，全面系统的教育能使大学生变得更富有方向感，可以让大学生无论遭遇什么样的困境都能应付自如。从某种意义上，大学教育意味着一种投资，一种个人力量的投资，受教育者从这种投资中获得一种知识创造的力量。这种力量包含两方面：思考

的能力和意志的力量。大学通过教育和辅导，开发受教育者的思维能力，使受教育者变得善于思考，而且思维开阔，同时懂得如何用个人的智慧和学识为自己的人生目标服务。

对于年轻人来说，大学教育实现了从一个自我到另一个自我的转变。英国作家约翰·罗斯金曾发表过一个著名的评论："教育并不意味着教人们知道他们原本不知道的东西，而是要教导人们去做他们原本不会做的事。"大学学习与职业生涯发展和每个人的人生规划相生相伴。人的一生短暂而又漫长。大学与职业生涯占据着人生最宝贵的时间，是人生发展历程中不可或缺的重要部分。因此，分析大学教育与职业生涯规划，对帮助大学生树立职业生涯规划意识，关注自身职业发展有着重要的意义。

一、大学与大学生

"大学"在古代有两种含义：一是指博学，也指儒家基本经典之一《大学》；二是指聚集在特定的地点传播和吸收高深领域知识的团体。现代"大学"是指提供教学和研究条件并授权颁发学位的高等教育机关。

大学生指的是正在接受高等教育、还未毕业或受过高等教育已经毕业走进社会的一群人。作为学习新技术、新思想的前沿群体和国家培养的高级专门人才，大学生代表年轻、有活力一族，是具有开拓性建设与创造的主力军，是推动社会进步的主要人群。通过大学期间的学习和教育，大学生要有正确的人生观、价值观、审美观，要有高尚的道德情操和良好的人文素养；要有扎实的专业知识和能力；要有健康的体魄和良好的心理素质。

二、大学生的职业生涯规划

了解了职业、职业生涯规划、职业理想等的内涵，同学们更加关心的是这些概念与自身大学阶段学习、发展的关系。下面具体分析说明本科生开展职业生涯规划的基本思路。

（一）黑箱理论

"迷茫"是同学们刚进入大学时的普遍感受。度过了最初的迷茫期后，同学们开始结合自身的情况认真思考自己未来可能的选择。虽然尚未掌握实际的方法，难以立即做出切合自身特点的选择，但对未来的预期在很大程度上消除了刚入大学时的不安与惶恐。不少高校已经尝试为大学新生提供关于未来职业发展方向等方面的引导，帮助新生明确目标，重新找到努力的方向和前进的动力。

这个时代造就了很多风云人物，在二三十年前，他们都是风华正茂的大学生，他们在大学时代的表现不尽相同，但具有共同的特点：将绝大部分时间花在自己感兴趣、对社会有意义的学习和活动上。大学生活为他们后来在各自领域的成功发展奠定了坚实的基础。

从这些成功人士身上能学到什么？成功人士是如何炼成的？这里，借用人们熟知的黑箱理论进行分析。

黑箱又称黑匣子，是指那些既不能打开又不能从外部直接观察其内部状态的系统，只能通过信息的输入、输出来确定其结构和参数。黑箱方法从综合的角度为人们提供了一条认识事物的重要途径，尤其是对某些内部结构比较复杂的系统，以及迄今为止人们力量尚不能分解的系统，黑箱理论提供的研究方法是非常有效的。

黑箱理论认为，在自然界没有孤立的事物，任何事物间都是相互联系、相互作用的。即使人们不清楚黑箱的内部结构，仅注意到它对信息刺激做出何种反应，注意到它的输入、输出关系，也可对它做出研究。如果能设计出一个系统，在同样的输入作用下，其输出和所模拟对象的输出相同或相似，即可确认实现了模拟的目标。在此，信息的输入就是一个事物对黑箱施加的影响，信息的输出就是黑箱对其他事物的反作用。

事实上，人们在对信息进行分析和综合时，很少追求结构上的相似性，往往只是把握信息及行为功能。比如，父母在教育孩子时说："你看人家小华多用功，期末数学考了100分；你才考了80多分，还天天想着出去玩。"虽然孩子认为自己其实是因为考试时粗心大意而没拿到高分，跟平时是否出去玩关系不大，但也无法反驳父母。以至于一篇帖子"别人家的孩子"在网上走红——这个孩子从来不玩游戏，不聊QQ，不喜欢逛街，天天就知道学习。

父母为什么会这样教育孩子？因为人的大脑是个典型的"黑箱"：人们无法准确判定大脑中的信息处理过程，只能从信息的输入（不玩游戏，不聊QQ，不喜欢逛街，天天就知道学习等行为）与输出（数学考了100分，考上省里最好的中学，让父母感觉很有面子等结果）来判定两者之间的关系。

在大学这一相对自由的时期，同学们可以参加多种活动：学习、自习、做实验、参加社团活动、实习/兼职、锻炼身体、旅游、谈恋爱、玩游戏、读课外书、逛商场、闲聊等。四年后，毕业生可能具备以下部分或全部素质与能力：专业知识、社会知识、人际交往能力、实践能力、创新能力、外语技能、计算机技能、道德诚信、自信心、责任意识、游戏技能等。

仔细分析毕业前找工作时用人单位要重点考核、衡量的素质与能力，其实与同学们大学时参与的各项看上去风马牛不相及的活动有着"输入—输出"关系：学习能让大学生获得专业知识、提高英语及计算机水平，旅游、读课外书、实习/兼职可以帮助大学生获得社会知识，闲聊、参加社团活动有助大学生提升人际交往能力，等等。

由于大学时代要学习的内容很多，学习特点也与中学时代不同，学生要掌握新的学习方法，有效地学习。研究表明，学习方法不同，取得的学习效果是不同的。中小学期间，学生主要的学习方法是阅读、听讲、观察等，学习效率最多能够达到50%。进入大学，学生需要尽快学会通过参与讨论、实践等活动更有效地学习。

什么样的大学生活最精彩？请同学们先确定自己所希望具有的"输出项"，再反推

"输入项"，根据自己的目标进行规划，采取正确的学习方法，以期有一个精彩的、不留遗憾的大学生活。

（二）大学生职业生涯规划的内容

进入大学后，每个大学生对自己的未来职业都有一种期待，期待和对未来的迷茫相互碰撞，大学生就会思考读大学的意义以及如何安排自己的大学生活。

可以上大学是在践行父母、老师对我们的许诺：上大学就不那么累了。上大学意味着可以恣意享受自己十二年辛苦付出的成果。如果你带有这样的想法，那么大学定会让你失望。一纸文凭，无真才实干，即使学历再高，也不能保证你获取一份令人满意的工作。

上大学是为了真正地学会学习。从小学到高中，虽然一直都在学习知识，但我们却不懂什么是真正的学习。因为中学时代的学习，是在老师监督、父母要求下的学习，而非自愿。但大学的学习不一样，没有老师监督，父母也远离了学生，需要大学生独立去学习，通过大学生活把青春的力量激发出来，学习专业文化知识，增强自己的能力和才干，走向优秀和卓越。

上大学是为了提高大学生的思维和格局。读大学可以增加大学生的见识，丰富大学生的知识面，得到更多的知识。除此之外，还能拓宽大学生的视野。一个人的视野决定了你未来的走向，而走向则决定了你以后的人生。视野开阔，会使人的思维发生转变，从单方面思考变为多方面思考，让人的思考方式和看待问题的角度更加丰富。"心有多大，舞台就有多大"，这就是格局的重要性。读大学能够认识更多优秀的人，使你心中的目标升高，格局变大，对未来的成长和发展，有着非同一般的好处。

上大学是希望利用大学的专业优势，为将来在个人感兴趣的领域成为专家打下良好的基础。那就需要大学生及早确认自己的兴趣，了解自己所感兴趣的岗位对从业人士的要求，向专业课教师请教，最好能够在本科阶段参与导师的研究实践，而且可能要做好攻读硕士甚至博士学位的准备。

上大学可以结交志同道合的朋友。大学是一个更大更广的平台，有更优质的师资教育，还有来自五湖四海的同学。大学生通过参加一些社会工作、学生会活动，抑或是多选修一些其他院系、专业的课程，结识不同背景、专业的同学、老师和校友。

上大学是为了缓解家庭压力，尽早实现经济独立。没有经济上的独立，单纯谈论人格独立是不现实的。大学生可以利用学校资源和自身优势去赚取属于自己的生活费，为父母减轻经济压力；还可以通过努力学习争取学校各类补助以及奖学金、助学金；可以勤工俭学，可以做家教，可以校外兼职，等等。在这过程中不仅能够丰富自己的知识储备，还能够见识更多不一样的事物。

上大学是为了"毕业时能找到一份好工作，有较高的社会地位且收入不菲"，或者"将来在社会上找到最适合发挥自己能力的位置/职位"。那么你要做的事情就太多了：首先，要全面了解自己的性格、兴趣、能力、特长；其次，要了解哪些职业既有较高的社会地位又收入不菲，最适合发挥你的能力与特长；更重要的是，你需要了解如何通过自己的努力满足这类职位对应聘者的要求，通过何种途径才能让招聘者发现你、认可你。

以上都是大学生上大学的意义，也是大学生进行职业生涯规划要考虑的事情。

在现实中，大学生选择的专业很多是听从老师、父母或者朋友的建议，根本没有考虑自身的性格特点、家庭背景，也没有考虑大数据分数段、学科优势，等等，仅凭借一腔热情或者对某位崇拜的人所从事职业的向往而选择专业/职业，却忽视了专业的发展前景，那么很有可能因为错误的选择而影响了未来的人生。

专业的选择和职业的选择是一样的，首先要明确自己的职业倾向，其次要结合自己的个性特征。每个人对择业、就业的态度不尽相同，这和人的个性特征有很大的关联。如果你的性格是桀骜不驯的，那么你对以后的工作可能常会表示不满，可能认为工作就是“累”或者“烦”的代名词；如果你的是性格温顺的，对待工作的表现是顺从的，能够很好地完成工作任务，既能解决生存问题，还能在一定程度上实现自己的价值；如果你的个性沉稳中透着执着、向上，那么你会选择自己热爱的工作，为目标而工作，会让自己充实而有价值。大学生规划个人的职业时，应该全面了解自己的个性特征并明确自己的职业倾向，尽快找到能帮助自己实现职业理想的平台，确定自己毕业后的专业目标。

清楚自己可能从事的职业的方向后，还要考虑如何以最佳的方式实现自己的职业目标等问题。应该尽早地了解自己的目标职业的任职资格，分析具体岗位所要求的素质能力中，哪些属于生理、遗传及早期教育所形成的个性特征，是难以改变或调整的，哪些是可以通过自己的学习、实践培养得到提升的。这样，就可以在大学期间有针对性地参加相关的活动。

完成了这一切，同学们也临近毕业，该找工作了。目前我国大学生就业采用的是求职者与用人单位双向选择的模式，同学们可以通过校园招聘会了解用人单位需求、投送简历，也可以通过社会招聘会、公司网站及亲友介绍等获得招聘信息、争取面试机会。求职本身也需要相应的技能，需要大家提前了解和练习。

本书旨在帮助大学生理解职业生涯的内涵，全面了解自己的个性特征，发现自身的优势，认知外部世界，明确职业生涯规划的具体内容，明确自己的职业目标，根据目标规划多姿多彩的大学生活，提升综合素质，避免学习的盲目性和被动性。在进行职业选择时，可根据职业生涯规划进行职业探索、社会实践，加深对职业的理解，选择一个适合自己、符合自己期望的工作，找到与自己的个性、能力最匹配的职位，为自己未来的事业发展打下坚实的基础。

衷心希望同学们能够尽早明确个人大学时期的学习目标，探索自己与未来职业的匹配度，了解最适合自己的职业是什么，科学地规划大学生活，尽可能早地去体验不同的职业环境，让自己的大学生活精彩又有意义，毕业时都能找到满意的工作，逐步实现自己的人生理想。

课后练习题

一、选择题

1. 下列几种情况中属于职业的是(　　)

A. 小王从农村来到城市，通过劳动服务公司介绍成为给居民住户做家政服务的小时工

B. 张老板开了个印刷厂专门印制盗版书牟取暴利

C. 刘某为一家旅游公司在街头发放、张贴小广告

D. 周某刻图章做办证业务，什么证章都给刻，什么证都给办

2. 如果一个人喜欢帮助别人解决问题，喜欢服务他人，且具有良好的人际交往能力，你认为下列哪个职业比较适合他？(　　)

A. 工程师　　B. 教师　　C. 作家　　D. 会计

3. 职业理想是(　　)

A. 个人对未来工作部门、工作种类及业绩的和向往和追求

B. 个人对未来的物质、精神、文化方面消费性生活的向往和追求

C. 个人对未来社会制度和政治结构的向往和追求

D. 个人对未来所从事的职业的向往和追求

4. 职业生涯是指一个人一生的(　　)

A. 自学经历　　B. 求学经历　　C. 职业经历　　D. 生活经历

5. 生涯是个人依据自己的人生理想，为了自我实现而逐渐展开的一种独特的生命历程，不同的个体有不同的生涯。这里指出了生涯的什么特点？

A. 综合性　　B. 阶段性　　C. 发展性　　D. 独特性

6. 职业生涯的特点不包括(　　)

A. 自觉性　　B. 发展性　　C. 独特性　　D. 阶段性

7. 关于外职业生涯，下面表述哪项是正确的？(　　)

A. 外职业生涯即职业生涯的外在表现

B. 外职业生涯即职业生涯的外部行动

C. 外职业生涯即从事职业时的工作单位、工作地点、工作内容、工作职务、工作环境、工资待遇等因素的组合及其变化过程

D. 外职业生涯即职业生涯发展的外显层面

8. 通常，大学生在入学时就会选定一个专业，而职业生涯设计也往往围绕着所学专业展开，这体现了职业生涯设计的什么原则？(　　)

A. 阶段性原则　　　　　　　　　　B. 可行性原则
C. 专业匹配原则　　　　　　　　　D. 兴趣与能力匹配原则

9. 生涯是一个动态的发展历程，个人在不同的生命阶段中有不同的企求，这些企求会不断地变化，个人也就不断地成长。这体现了生涯的什么特性？(　　)

A. 自觉性　　B. 发展性　　C. 独特性　　D. 阶段性

10. 志不立，天下无可成之事。这里的“志”指的是(　　)。

A. 职业规划　　B. 职业理想　　C. 职业道德　　D. 职业生涯

二、判断题

1. 职业是人们在社会中所从事的作为主要生活来源的工作。(　　)

2. 职业是人们从事的体力劳动，必须具备专门的知识、专门的能力，符合本职业要求的职业道德。(　　)

3. 成功的职业生涯规划有助于职业理想的实现。(　　)

4. 对大学生来说，大学期间学业是最重要的储备。如果因追求爱情而荒废了学业，既减少了职业选择的机会和事业成功的条件，爱情的美好也会大打折扣。(　　)

三、思考题

1. 爱默生名言：一个心向着自己目标前进的人，整个世界都会给他让路。请思考，职业生涯中，有理想、有目标到底对你的人生意味着什么？

2. 在实际生活中，现实往往与职业理想发生矛盾。很多人不能按照自己的理想标准选到合适的职业，于是有的人索性不就业，坐等理想职业的出现；有的人随便谋个有收入的职业混日子；也有的人对与自己的职业理想不相符的工作怨天尤人、无所作为。你认为出现这种情况的原因是什么？

3. 职业生涯规划与实现职业理想有什么关系？

4. 制订科学的职业生涯规划对大学生的学习和将来的就业有什么帮助？

5. 根据本章内容规划一下你的大学生活。

第二章　职业生涯理论

知识与能力目标

1. 了解职业生涯发展的各种理论。
2. 掌握霍兰德的人格类型理论和施恩的职业锚理论。
3. 熟悉职业生涯发展各种理论的基本观点。

思政目标

通过对职业生涯发展各种理论的学习，了解经济社会发展、科技进步对职业演变的影响；明确在校学习与终身学习、职业生涯发展的关系，不断丰富职业发展理论，确立终身学习的理念。

第一节　职业生涯阶段理论

一、舒伯的生涯发展理论

舒伯（Donald E. Super）是职业生涯发展研究领域最具权威的人物之一，是全球最有影响力的生涯发展研究者。舒伯根据比勒（Bühler，1933）的生命周期和哈维格斯特（Havighurst，1953）的发展阶段论，发展出一个新的诠释职业和生涯发展的模式。以下为舒伯职业和生涯发展理论的主要内容。

（一）理论观点

舒伯从发展、测评、职业适应以及自我概念等领域入手进行综合研究，提出了一系列有关人—职关系的假设，成为职业发展的理论基础。这些主张如下：

（1）人的发展是前进的，一般是不可逆的。

（2）人的职业发展，由于具有一定的秩序与形式，是一个可以预测的过程。

（3）人的职业发展，是个人与环境相互作用的过程。

（4）自我概念从青年期以前就开始形成，进入青年期后进一步明确，逐步成为职业语言上的自我概念。

（5）现实的因素（个人性格特征的现实、社会存在的现实等）将随着人的年龄增长，对人的职业选择起着越来越重要的作用。

（6）父母或长辈自小开始给予的“平等对待”态度，对个人作用的合理发展以及个人行为的一贯性与协调性产生影响（对个人的职业规划有相关作用）。

（7）个人从某种职业向另一种职业水平的移动（且是朝着上升方向的移动）及速度，与个人的智力、家庭的经济水平与地位，个人的价值观、兴趣、处理人际关系的技能水平、社会经济的供需状况等有关联（职业变动的内因与外因）。

（8）个人选择的职业与个人的兴趣、需求、价值观，父母长辈的期望和平等对待的状况，可利用的地域社会资源（如文化、教育设施等）、学历程度、所在地区社会的职业构成与职业动向、个人对职业的态度等有关（职业选择方向的因素）。

（9）各种职业对人的年龄、兴趣、性格等特征类型具有相当大的通融性。

（10）个人能否从职业中获得满足感，取决于个人是否找到了适合自己的能力、兴趣、价值观、性格特征等的职业。

（11）从职业中获得满足的程度是与个人自我概念的实现程度成正比的。

（12）某一职业的从事者多数为男性或女性的话，那么该职业就可能成为其成员人格重塑的焦点。

（二）五个生涯发展阶段

舒伯（1953）根据自己“生涯发展型态研究”的结果，参照比勒（Bühler）的分类，将生涯发展阶段划分为成长、探索、确立、维持与衰退五个阶段，其中有三个阶段与兹斯伯格（Eli Ginzberg）的分类相近，只是年龄与内容稍有不同。

舒伯对人的职业发展过程，提出了以“成长、探索、确立、维持、衰退”为中心的五个阶段模型，每个阶段都有要面对的课题，具体内容如表 2-1 所示。

表 2-1　生涯发展阶段及发展任务

阶段	阶段名称		年龄段	人生时期	职业上的发展课题
1	成长阶段	幻想期	0～10 岁	婴幼时期	· 自理能力提高 · 认同于同性别家长
		兴趣期	11～12 岁	儿童期	· 自我志向、能力的提高
		能力期	13～14 岁	少年期（青年前期）	· 集体计划协同合作的可能 · 选择适合自己能力的活动 · 对自己行为的责任感

续表

<table>
<tr><th>阶段</th><th colspan="2">阶段名称</th><th>年龄段</th><th>人生时期</th><th>职业上的发展课题</th></tr>
<tr><td rowspan="3">2</td><td rowspan="3">探索阶段</td><td>探索期</td><td>15～17 岁</td><td>青年中期</td><td rowspan="3">· 能力与才能的进一步成长
· 学习计划的选择
· 独立性发展
· 适合专业、职业的选择
· 有关专业技能的发展</td></tr>
<tr><td>过渡期</td><td>18～21 岁</td><td rowspan="2">青年后期</td></tr>
<tr><td>尝试期</td><td>22～24 岁</td></tr>
<tr><td rowspan="2">3</td><td rowspan="2">确立阶段</td><td>试验—承诺稳定期</td><td>25～30 岁</td><td>成年前期</td><td rowspan="2">· 逐步稳定于一项职业
· 确立自己将来的保障
· 发现适当的晋升路线</td></tr>
<tr><td>建立期</td><td>31～44 岁</td><td>成年中期</td></tr>
<tr><td>4</td><td>维持阶段</td><td>维持期</td><td>45～65 岁</td><td>成年后期</td><td>· 整理成果，维持现有地位
· 为退休做准备</td></tr>
<tr><td>5</td><td>衰退阶段</td><td>衰退期</td><td>65 岁以上</td><td>老年期</td><td>· 逐步适应退休生活
· 闲暇时间的充实与个人活动技能的学习
· 尽可能维持自立的状态</td></tr>
</table>

1. 成长阶段

由出生至 14 岁，该阶段孩童开始发展自我概念，以各种不同的方式来表达自己的需要，且经过对现实世界的不断尝试，修饰自己的角色。这个阶段共包括三个时期：一是幻想期（0～10 岁），以“需要”为主要考虑因素，在这个时期幻想中的角色扮演很重要；二是兴趣期（11～12 岁），以“喜好”为主要考虑因素，喜好是个体抱负与活动的主要决定因素；三是能力期（13～14 岁），以“能力”为主要考虑因素，能力逐渐具有重要的作用。

2. 探索阶段

15～24 岁，该阶段的青少年，通过学校活动、社团休闲活动、兼职等机会，对自我能力及角色、职业做了一番探索，因此选择职业时有较大的弹性。这个阶段发展的任务：使职业偏好逐渐具体化、特定化，并实现职业偏好。这阶段共包括三个时期：一是探索期（15～17 岁），考虑需要、兴趣、能力及机会，做出暂时的决定，并在幻想、讨论、课业及工作中加以尝试；二是过渡期（18～21 岁），进入就业市场或专业训练，更重视现实，并力图实现自我，将一般性的选择转为特定的选择；三是尝试期（22～24 岁），职业生涯初步确定并试验其成为长期职业生活的可能性，若不适合则可能再次经历上述各时期以确定方向。

3. 确立阶段

25～44 岁，由于经过上一阶段的尝试，不合适者会谋求变迁或做其他探索，因此在该阶段较能确定整个事业生涯中属于自己的“位置”，并在 31～44 岁，开始考虑如何保住这个“位置”，并固定下来。这个阶段发展的任务：统整、稳固并求上进。这个阶段又可细分为两个时期：一是试验—承诺稳定期（25~30 岁），个体寻求安定，也可能因生活或工作上若干变动而尚未感到满意；二是建立期（31~44 岁），个体致力于工作上的稳固，大部分人处于最具创意时期，由于资深往往业绩优良。

4. 维持阶段

45~65 岁，个体仍希望继续维持属于他的工作位置，同时会面对新人的挑战。这一阶段发展的任务：维持既有成就与地位。

5. 衰退阶段

65 岁以上，由于生理及心理功能日渐衰退，个体不得不面对现实从积极参与到隐退。这一阶段往往注重发展新的角色，寻求不同的方式以替代和满足个人的需求。

（三）生涯发展彩虹图

舒伯拓宽和修改了他的终身职业生涯发展理论，他最主要的贡献是“生涯彩虹图”，如图 2-1 所示。它形象地展现了生涯发展的时空关系，较好地诠释了生涯的定义。

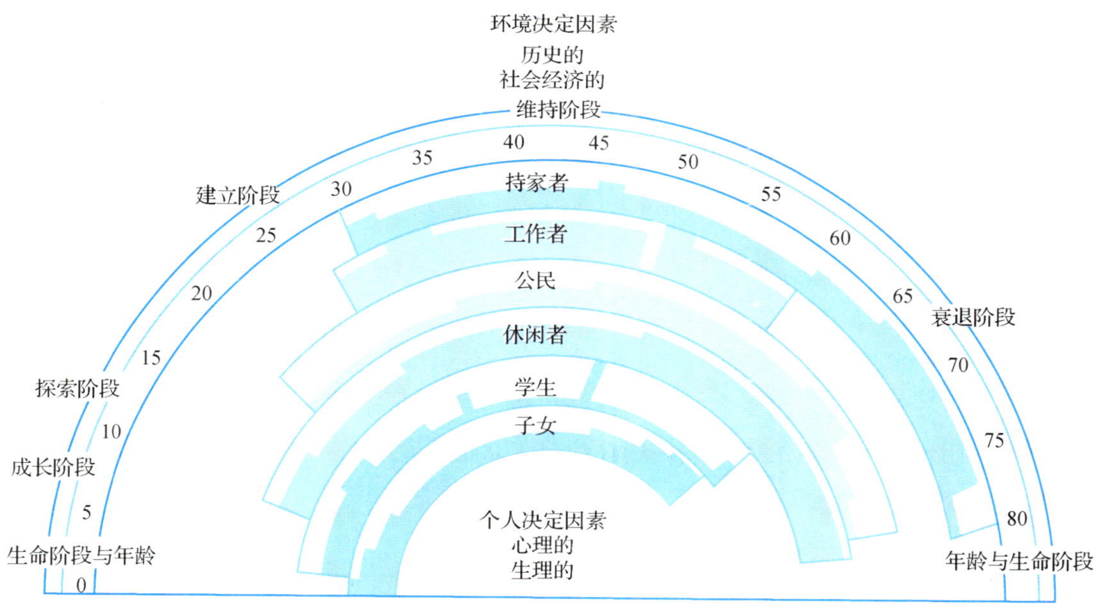

图 2-1　舒伯职业生涯彩虹图

1. 横贯一生的彩虹——生活的广度

图 2-1 所示生涯彩虹图中，横向层面代表的是横跨一生的生活广度。彩虹的外层显示人生主要的发展阶段和大致估算的年龄：成长阶段（相当于儿童期）、探索阶段（相当于青春期）、建立阶段（相当于成人前期）、维持阶段（相当于中年期）以及衰退阶段（相当于老年期）。在这五个主要的人生发展阶段内，各个阶段还有小的阶段，舒伯特别强调

各个时期的年龄划分有相当大的弹性，应依据个体的不同情况而定。

2. 纵贯上下的彩虹——生活的空间

在生涯的彩虹图中（见图2-1），纵向层面代表的是纵贯上下的生活空间，由一组职位和角色所组成。舒伯认为人在一生当中必须扮演九种主要的角色，依次是儿童、学生、休闲者、公民、工作者、夫妻、家长、父母和退休者。各种角色之间是相互作用的，一个角色的成功，特别是早期的角色如果发展得比较好，将会为其他角色提供良好的关系基础。但是，若在一个角色上投入过多的精力，而没有平衡协调好各角色的关系，则会导致其他角色的失败。在每一个阶段对每一个角色的投入程度可以用颜色来表示，颜色面积越大表示对该角色投入的程度越多，空白面积越大表示对该角色投入的程度越少。它的作用主要是对自身未来的各阶段进行调配，做出各种角色的计划和安排，使个体成为自己的生涯设计师。

“画生涯彩虹图”是一项很重要的活动，舒伯认为人的行为方向受到三种时间因素的影响：一是对过去成长痕迹的“审视”，二是对目前发展状况的“审视”，三是对未来可能发展方向的“展望”。这三种因素相互影响，过去是现在的成因，现在又是未来的基础。大学生在做职业生涯规划时，对未来的时间透视能力较为重要，生涯彩虹图就提供了一个较佳的透视工具。在实际绘制个人生涯彩虹图时，学生画出与其生涯发展有关的各种角色的起始与发展轨迹。透过这张彩虹图，可以帮助个体具体而清晰地了解不同的角色是如何构建个人特有生涯类型的，不同的角色又是如何在不同的发展阶段出现的，角色的组合如何合理安排才能达到最佳的自我实现。

二、金兹伯格的职业生涯发展阶段理论

美国著名职业指导专家金兹伯格（Ginzberg），对职业生涯的发展进行过长期研究，对实践产生了广泛的影响。1951年，金兹伯格出版了《职业选择》一书，对青少年职业选择的过程与问题做了深入的研究，将职业生涯发展分为幻想期、尝试期、现实期三个阶段，认为职业在个人生活中是一个连续的、长期的发展过程。

（一）幻想期

处于11岁之前的儿童时期。儿童对大千世界，特别对他们所看到或接触到的各类职业工作，充满了新奇、好玩的感觉。此时期职业需求的特点：单纯凭个人的兴趣爱好，不考虑自身的条件、能力水平和社会需要与机遇，完全处于幻想之中。

（二）尝试期

11~17岁，这是由少年儿童向青年过渡的时期。从此时起，人们的生理和心理迅速成

长、发育和变化，有独立的意识，价值观念开始形成，知识和能力显著增长和增强，初步懂得社会生活和生活经验。在职业需求上呈现的特点：有职业兴趣，并能客观地审视自身各方面的条件和能力；开始注意职业角色的社会地位、社会意义以及社会对该职业的需要。处于尝试期的少年儿童或青年，由于长期在学校学习，对社会、对职业的理解还不全面，对职业的考虑主要还是出于个人的兴趣，具有理想主义色彩。

（三）现实期

17 岁以后的青年阶段。他们即将步入社会劳动，能够较客观地把个人的职业愿望或要求，同自己的主观条件、能力以及社会现实的职业需要紧密联系和协调起来，寻找适合自己的职业角色。这时的人们对职业的希望不再模糊不清，已经有具体的、现实的职业目标，最大特点为客观性、现实性，讲求实际。

金斯伯格的职业发展理论，研究重点是从童年到青少年时期职业生涯发展的不同阶段，也就是针对初次就业前人们职业意识或职业追求的变化发展过程的研究，对进入职业角色后如何调整与发展职业生涯研究得不够。

三、孔子的生涯发展思想

孔子认为在人生发展的整个过程中都要顺时应天，做好自己该做的事情。在《论语·为政篇》中他自称：“吾十有五而志于学，三十而立，四十而不惑，五十而知天命，六十而耳顺，七十而从心所欲，不逾矩。”这段话简洁有力地描述了孔子的生涯发展思想，以及在不同的时间的发展重心。这是对人生过程的深刻阐释，是中国最早关于人生发展阶段的思想。

孔子以自己的经历告诫后人，人在 15 岁以前应该好学，学思结合，学以致用，从而为实现个体人向社会人的转变做好准备；30 岁追求内在的独立，建立心灵内在的自信；40 岁不再被是非公平所困扰，淡定从容；50 岁不怨天尤人；60 岁能悲天悯人，真正地理解和包容别人的所思所为；70 岁建立内心的价值体系，转化人生的种种压力，潇洒自如地应对世间所有的事情，达到人生的最高境界。

孔子自述了他学习和修养的过程。就思想境界来讲，整个过程分为三个阶段：15~40 岁是学习领会的阶段；50~60 岁是安身立命的阶段，不再受环境所左右；70 岁是主观意识和做人的规则融合为一的阶段。在这个阶段中，道德修养达到了最高的境界。这个与西方职业生涯理论的阶段论类似。其中“三十而立，四十不惑”尤为耳熟能详。“三十而立”告诉我们：处于职业生涯早期，核心是找到业绩贡献区。而“四十不惑”则明确表示：职场是有惑的。而我们要归纳惑的类型，分析惑的产生，专心致力于惑的解决。

孔子还非常注重对人生志趣的追求和探讨，他对人生立志问题的认识极其深刻。《论语》中对“志”有多处论述，专谈立志问题的至少有十一章，如“士不可以不弘毅，任重而道远”（《论语·泰伯篇》）。孔子还强调人要有高尚的情操，要严格要求自己，对生死应“无求生以害仁”。他提倡顽强的奋斗精神，不计较生活的好坏和环境的优劣，要努力奋斗、绝不灰心，坚韧地“知其不可而为之”（《论语·宪问篇》）。另外，“志于道”（《论语·述而篇》）、“博学而笃志”（《论语·子张篇》）等论述，也都是积极人生观的体现。

我们可以将孔子划分的人生阶段特征作为一面镜子，照一照自己的心灵，是否已经立起来了，是否少了一些凝思，是否已经通了天地之道，是否已经包容悲悯地去体谅他人，是否终于做到从心所欲。

第二节 职业生涯选择理论

一、帕森斯的特性因素理论

帕森斯的特性因素理论又称帕森斯的人职匹配理论，特性因素理论是最早的职业辅导理论，1909 年美国波士顿大学教授弗兰克·帕森斯（Frank Parsons）在其《职业选择》中提出了“人与职业相匹配是职业选择的焦点”的观点。他认为，每个人都有自己独特的人格模式，每种人格模式都有其相适应的职业类型。

（一）理论假设

该理论认为个体差异是普遍存在的，每个人都有一系列的独特性，这些特性可以客观有效地进行测量；不同职业需要具有不同特性的从业者；最佳的人职匹配是可以实现的；个人特性与职业要求之间匹配越好，个人在职业上成功的可能性就越大。所谓“特性”，就是指个人的人格特征，包括兴趣、能力、气质性格和价值观等，这些都可以通过心理测量工具来评量。所谓“因素”，则是指在工作上要取得成功所必须具备的条件或资格，这可以通过对工作的分析来了解。

（二）职业选择的三大要素

第一步，评价求职者的生理和心理特点（特性）。通过心理测量及其他测评手段，获得有关求职者的身体状况、能力倾向、兴趣爱好、气质与性格等方面的个人资料，并通过会谈、调查等方法获得有关求职者的家庭背景、学业成绩、工作经历等情况，并对这些资料进行评价。

第二步，分析各种职业对人的要求（因素），并向求职者提供有关的职业信息：①职业的性质、工资待遇、工作条件以及晋升的可能性；②求职的最低条件，诸如学历要求、所需的专业训练、身体要求、年龄、各种能力以及其他心理特点的要求；③为准备就业而设置的教育课程计划，以及提供这种训练的教育机构、学习年限、入学资格和费用等；④就业机会。

第三步，人—职匹配。指导人员在了解求职者的特性和相关职业各项指标的基础上，帮助求职者进行比较和分析，以便选择一种适合其个人特点又有可能得到并能取得成功的职业。

（三）人职匹配的类型

1. 条件匹配（活找人）

条件匹配，即所需专门技术和专业知识的职业与掌握该特殊技能和专业知识的择业者相匹配。

2. 特长匹配（人找活）

特长匹配，即某些职业需要有一定的特长。如具细心、谨慎、沉稳、冷静，且对数字敏感的人，适宜做财务工作。

特性因素论强调个人所具有的人格特征（特性）与职业所需要的素质与技能（因素）之间的协调和匹配。为了对个体的特性进行深入、详细的了解与掌握，特性因素论十分重视人才测评的作用，职业指导是以对人的特性测评为基本前提的。这一理论奠定了人才测评的理论基础，推动了人才测评在职业选拔与指导中的运用和发展。

二、霍兰德的人格类型理论

约翰·霍普金斯大学心理学教授约翰·霍兰德（John Holland）是美国著名的职业指导专家。他于1971年提出了具有广泛社会影响的"人格类型理论"，即"人格—职业匹配理论"，这是在特性因素理论基础上发展起来的人格与职业类型相匹配的理论。霍兰德认为，在同等条件下，人和环境的适配性或一致性将增加个体的工作满意度、职业稳定性和职业成就感。

（一）霍兰德生涯理论的主要内容

（1）大多数人的人格特质可以归纳为6种类型：现实型、研究型、艺术型、社会型、管理型和常规型。

（2）工作环境也有6种类型，其名称及性质与人格类型的分类一致。

（3）人们都尽量寻找那些能运用自己的技术、体现自己的价值和能在其中扮演令自己愉快角色的职业。例如，一个现实型的人会尽力去寻找现实型的职业，其他几种人格类型和职业类型的匹配亦然。

（4）一个人的行为表现是职业环境类型和人格类型相互作用的结果。如果知道自己的人格类型和职业类型，那么就可以预测自己的职业选择、工作变换、职业成就、个人竞争和教育及社会行为。

（二）人格类型与特征要求

在现实生活中，人们会发现同一职业的从业者有着相似的人格类型和反应方式。例如，木匠手艺灵巧，律师能言善辩，演员表现欲强，会计计算精确，科学家不善于社交，诸如此类。霍兰德假定大多数人可以归为六种人格类型：现实型、研究型、艺术型、社会型、管理型和常规型（见表 2-2）。各种人格类型有其相应的人格特质、兴趣和价值观。人们寻求足以发展自身能力、展现自身人格特质与价值观的环境。

表 2-2 霍兰德的职业类型

人格类型	特征	喜欢的工作类型	职业
现实型	身体强壮、粗犷、稳健，擅长机械和体力劳动，具有较强的实践性	喜欢用手或工具制造或修理一些东西，愿意从事实物性的工作，喜欢从事户外工作或操作机器	制造、渔业、野生动物管理、技术贸易、机械、农业、技术、林业、特种工程师和军事工作等
研究型	聪明、好奇、有学问，具有创造性和批判性，具有数学和科学天赋等，喜欢独立工作	喜欢与思想有关的研究活动，喜欢研究需要分析、思考的抽象问题	实验室工作人员、生物学家、化学家、社会学家、工程设计师、物理学家和程序设计员
艺术型	善于表达，有直觉力，具有想象力和创造力，具有表演、写作、音乐创作和讲演等天赋和天生的审美能力	喜欢在写作、音乐和戏剧等方面进行艺术创作，喜欢将自己完全投入自己所制订的项目中，会尽力避免过度模式化的环境	作家、音乐家、诗人、漫画家、演员、戏剧导演、作曲家、乐队指挥和室内装潢设计
社会型	易合作、友好、仁慈、随和、机智、善解人意	喜欢需要与人建立关系、与群体合作、与人相处以及通过沟通来解决问题和困难的工作环境	教学和社会工作者、宗教、心理咨询和娱乐记者
管理型	精力充沛、自负、热情、自信，具有冒险精神，能控制形势，擅长表达和领导	喜欢追求高收入，喜欢利用权力，关心地位，希望成就一番事业	商业管理、律师、政治运动领袖、推销商、市场经理或销售经理、体育运动策划者、采购员、投资商、电视制片人和保险代理人
常规型	细心、顺从、依赖、有序、有条理、有毅力、有效率	喜欢规范化的工作或活动，希望确切地知道别人希望他们怎么样或让他们干什么，喜欢整洁有序	会计、银行出纳、图书管理员、秘书、档案文书、税务专家和计算机操作员

（三）劳动者职业性向与职业类型的匹配及模型

霍兰德认为同一类型的劳动者与同一类型的职业互相结合便达到适应状态，劳动者找到了适宜自己的职业岗位，其才能和积极性才得以发挥。依照霍兰德理论，劳动者的职业性向类型与职业类型相关系数越大，两者适应程度越高；两者相关系数越小，相互适应程度就越低。为了直观地阐明自己的意思，展现与人格类型相应的职业世界，霍兰德设计了一个平面六角形的图形——霍兰德六角形模型，如图 2-2 所示。

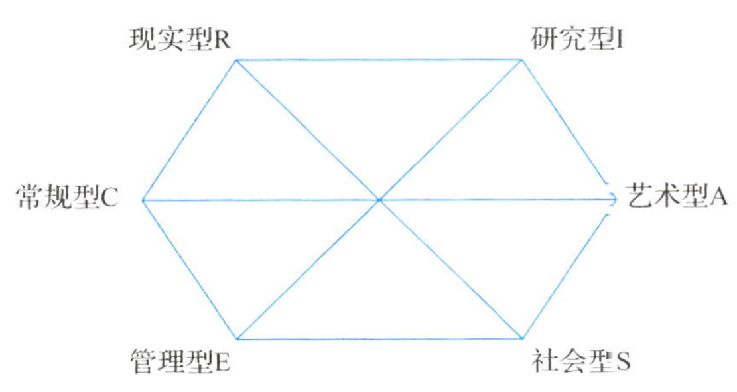

图 2-2　霍兰德六角形模型

图 2-2 中的 6 个角分别代表 6 种职业类型和 6 种职业性向类型，6 种类型的劳动者与 6 种类型的职业相关联，在图中以连线表示。

连线距离越短，两种类型的人职相关系数就越大，适应程度就越高。当连线距离为零，换言之，劳动者类型与职业类型高度相关，统一在一个点上（图 2-2 中 6 个角顶端所示），表明某种类型劳动者从事相应类型职业，或者某类型职业有相应类型的劳动者来担当，此种情况为人职匹配最相适宜，是最好的职业选择。

（四）职业选择时应遵循的原则

霍兰德模型中的 6 种职业性向并非完全独立。在一些性向之间存在重要的相关性。在霍兰德六角形模型中，每种职业人格类型与其邻近的两种类型属于相近关系，与其处于次对角线上的两种类型属于中性关系，与其处于主对角线上的职业人格类型属于相斥关系。

该模型的六角形状及上述劳动者的人格类型与职业类型的关系表明，当人们无法在个人所偏好的部门找到合适的工作时，往往在六角形相邻近的部门找到的工作比与之位置较远的部门更能成为令人满意的选择。据此，霍兰德提出了职业选择时应遵循的几个原则：

（1）相宜原则：即每种职业人格类型的人适宜从事同种类型的职业。

（2）相近原则：即每种职业人格类型的人选择从事与人格类型相近类型的职业，比较容易适应。

（3）中性原则：即人们选择从事与人格类型呈中性关系类型的职业，经过艰苦努力，也较容易适应。

（4）相斥原则：即人们如果选择与人格类型相斥关系类型的职业，则很难适应。

大多数人在实际生活中并非只有一种倾向，如果一个人具有的两种职业倾向是紧挨着的，那么他就会很容易选定其中一种职业。

然而，如果此人的职业性向是相互对立的，那么他在职业选择时将会面临较多犹豫不决的情况，这是因为他的多种兴趣将驱使他在多种十分不同的职业之间进行选择。霍兰德认为，性向越相似或相容性越强，一个人在选择职业时所面临的内在冲突和犹豫就会越少。

三、罗伊的需要理论

罗伊（Anne Roe）是一位临床心理学家，她的人格理论约在 20 世纪 60 年代提出。罗伊的理论试图说明遗传因素和儿童时期的经验对于未来职业行为的影响。罗伊认为：人早年的经验会增强或削弱个人高层次的需求，进而影响人的生涯发展。她特别强调早期经验对个体以后的择业行为的影响。

罗伊认为需求满足的发展与个人早期的家庭气氛及成年后的职业选择有着密切的关系。如个体在成长过程中，父母对他（她）是接纳的还是拒绝的，家中气氛是温暖的还是冷漠的，父母对他（她）的行为是自由放任的还是保守严厉的，这些都会反映在个人对职业选择上。

罗伊认为父母对个体早期的教养方式，对其今后的职业选择有很大的影响。她把父母对孩子管教的态度从“温暖”和“冷漠”两个基本方面，大致划分为 3 种类型、6 种情况，并非常形象地把亲子关系和职业选择的关系以图的形式展示（见图 2-3）。

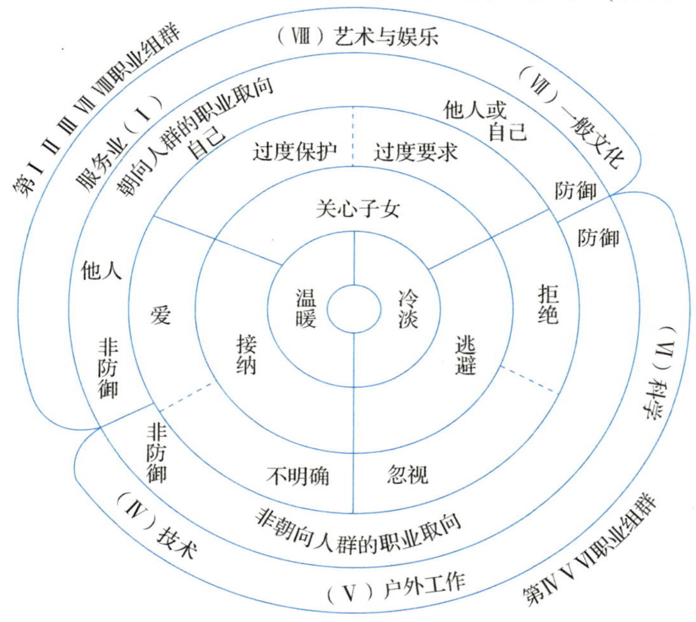

图 2-3　亲子关系与职业选择的关系

从图 2-3 中，可以清楚地看出亲子交互反应的型态与人际倾向之间的关系，而此两者的关系又取决于需求满足的方式与程度。

第一种类型，“关心子女型”中的“过度保护型”父母，会毫无保留地满足子女的生理需求，却不见得能满足子女对爱与自尊的需求，即使这些需求都能得到满足，子女的行为表现未必是社会认可的行为。在这类氛围下长大的子女，日后显示较多的人际倾向，而且不是出自防御的心理机制。

“过度要求型”的父母，对子女需求的满足往往附加某些条件，也就是当子女表现顺从的行为或父母认可的成就行为时，其生理需求或爱的需求才能得到满足。这种在父母的高标准严要求下长大的孩子会变成完美主义者，他们会为表现得不够完美而焦虑，因而在做职业选择时较为困难。

第二种类型，“逃避型”父母，在他们的教养态度下，无论是受到拒绝或忽视，儿童需求满足的经验都是痛苦的，即不论生理需要还是安全需要的满足都会有所欠缺，更谈不上高级需要的满足。这类儿童日后会害怕与他人相处，宁可在自己的工作岗位上，靠自己的努力满足自己的需求。

第三种类型，“接纳型”父母，有这种类型的父母家庭的氛围总体上是温暖的。在温暖、民主氛围下长大的孩子，各类层次的需求不会缺乏，长大之后也能做出独立的选择。

总之，童年的经验与职业选择有极大的相关。每一个家庭对子女的养育方式都不尽相同，由于养育方式上的差异，致使个人各种心理需求的满足方式与程度也会有层次上的出入。因此，父母的教养态度对孩子的职业选择有重要的影响力，应该让孩子从小就去发展自己的能力倾向及职业兴趣，这样他们对终身的择业行为才有正确的观念和选择的能力，也愿意承担选择后的责任。

四、施恩的职业锚理论

为了帮助人们更好地进行职业定位，美国著名职业专家埃德加 · H. 施恩（Eclgas H. Schein）教授提出职业锚理论。职业锚的概念来自外职业生涯和内职业生涯的定义，内职业生涯关注个体的自我观和职业价值观，是外职业生涯发展的前提。职业锚是人们选择职业时所围绕的中心，是一个人在职业选择中始终坚持的最重要的内容和价值观。

（一）职业锚的概念

职业锚产生于早期职业生涯阶段，是以个人习得的工作经验为基础，从早期工作经历中逐渐发展形成的，是个体对自己在成长过程中形成的态度、价值观与天赋的自我认知。施恩认为职业生涯发展是一个持续不断的探索过程，在这一过程中，每个人都需要根据自己的天资、能力、动机、需要、态度和价值观等慢慢地形成较为明晰的与职业有关的自我概念。随着个人对自己越来越了解，就会形成个人越来越明显的占主要地位的职业锚。

职业锚是个体才干、动机、需要、价值观和态度等相互作用和逐步整合的结果，强调的是个人能力、动机、价值观三方面的相互作用和融合，而不是只重视其中的某一方面。职业锚是个人和工作情境之间早期相互作用的产物，只有经过若干年实际工作后才能被发现。一个人对自己的天资和能力、动机和需要以及态度和价值观有了清楚的了解之后，才会意识到自己的职业锚到底是什么。虽然职业锚是个人稳定的职业贡献区和成长区，但这并不意味着个人的职业锚不是固定不变的，职业锚是变化的。

（二）职业锚的类型

施恩教授最初发现了 5 种职业锚，后来又总结出了 3 种，总共 8 种职业锚，其具体类型及特征如下：

（1）技术/职能型：追求技术和职能的不断提高，对自我的认可来源于自身的专业水平；通常不喜欢从事一般的管理工作，倾向选择能够保证自己在既定的技术和功能领域中不断发展的职业。

（2）管理型：追求工作晋升，希望独立负责一个部门或跨部门整合他人努力的成果，想去承担整体的责任，把事业的成功与否看作自己的工作，认为技术职能性工作是通向管理层的必经之路。

（3）创造型：希望用自己的能力创建自己的企业、产品、服务，愿意冒风险并克服困难障碍，想证明获得的成就是靠自己的努力得来的。

（4）安全/稳定型：追求工作中的安全稳定感，他们为能预测到稳定的未来而感到安心。他们关心财务安全（退休金和退休计划），可以完成老板交代的工作，但不关心工作的具体内容。

（5）独立/自主型：希望随心所欲地安排自己的工作方式、工作习惯、生活方式。追求可以施展个人能力的工作环境、最大限度摆脱组织的限制和约束，宁愿放弃提升和发展的机会，也不放弃自由和独立。

（6）服务型：一直追求他们认可的核心价值（如帮助他人），并会一直寻求这种机会，即使变换职业和职位，也不会放弃其核心价值的追求，甚至拒绝工作变动或工作提升。

（7）挑战型：喜欢解决看上去无法解决的问题，战胜强硬的对手，克服无法克服的困难和障碍，他们需要新奇、变化和困难，不愿从事过于容易的工作。

（8）生活型：希望将生活的各个主要方面整合为一个整体。喜欢平衡个人、家庭、职业的关系。他们需要一个能够提供足够弹性的工作环境来实现这一目标。

帕森斯的特性因素理论与霍兰德的人格类型理论是一脉相承的，都先进行充分的自我探索，然后根据个体特性选择适合自己的职业，达到完美的“人职匹配”，具有充分的前瞻性和预见性，能够达到事半功倍的效果。施恩的职业锚是个人和工作情境之间早期相互作用的产物，只有经过若干年实际工作后才能被发现。所以说，职业锚理论可以帮助人们在工作过程中根据实际情况，不断明晰、不断修正，最终找到适合自己的那个“锚”，并为之奋斗。

第三节　职业生涯决策理论

一、克朗伯兹的社会学习理论

约翰·克朗伯兹（John Krumboltz）汲取班杜拉（Bandura）的社会学习精华，兼顾心理与社会的影响作用，以期帮助面临职业生涯发展困惑的人群。他的社会学习理论是在前三种理论基础上的充实和补充。他强调人们在职业生涯中不必拘泥于既定职业，可以在不断尝试各种性质的活动过程中，增加自己的社会经验和拓展职业技能，为拓宽自己的职业生涯做好充分的准备。约翰·克朗伯兹认为人的许多选择在很大程度上受外界环境的控制和影响，提出了职业选择的 4 种影响。

（一）职业选择的四种影响

1. 遗传素质和特殊能力

一些遗传素质，在某些程度内会影响或限制个人对职业或学校教育选择的自由。这些因素包括种族、性别、外在的仪表和特征等。另外，某些特殊能力也会影响个人，在环境中的学习经验、伴随这些学习经验而来的兴趣与技能，对个人未来的职业选择将具有相当密切的关系。个人的特殊能力包括智力、音乐能力、美术能力、动作协调能力等。这些因素对于艺术类的学生来说影响非常大。

2. 环境条件

个人所接受的教育与训练、家庭背景，国家政策、社会变迁等，以及个人职业选择的具体领域等，并非个人所能控制的因素。家庭背景包括父母所从事的职业及社会经济地位、父母的教育水准，以及家庭结构、父母期望等因素；社会因素包括劳动法规和行业协会规定，自然灾害（洪水、干旱、地震、飓风），自然资源的供需情况，技术的新发展，等等。

3. 学习经验

每个人都有各自独特的学习经验，这在决定个人职业生涯时具有重要的作用。凡是成功的职业生涯规划，生涯发展和工作中所需要的技能，均能够通过学习或实践经验获得。

4. 工作定向技能

工作定向技能，即在上述各种因素的交互作用下，个人所获得的解决问题的技能、工作习惯、认知过程、情绪反应等，这些技能又会影响其他各项因素。

上述关于职业生涯发展理论从不同的角度呈现各自的观点，这些理论的相同之处在于都认为职业生涯发展是贯穿人的一生的，每个阶段是相互联系的，前一阶段发展状况如何直接影响到下一阶段发展。因此，要根据不同的职业发展阶段年龄和行为程度期望完成的任务，实施不同方式和内容的指导，才能使大家明晰阶段任务，更好地促进职业生涯发展。

（二）反馈与职业偏好

社会学习理论还指出，个人的偏好折射了个人的反应。当个人做与某项职业有关的事而得到正反馈，如赞许、认可时，会使个人倾向对该职业有所偏好。例如，某学生美术得了 A，会比得 C 的人更有可能想做美术家。还有一些其他的正反馈，如令人敬仰的成功人士所从事的职业，会激励个人去从事所敬仰的人鼓励你从事的职业，或激起个人对该职业的正面评价和想象等。正反馈对职业规划中所必需的技能学习和行动同样起作用。没有反馈或因个人的偏好、技能、行动而受罚，会减弱甚至完全消除个人对某一职业的偏好。

（三）非理性信念

社会学习理论应用于职业生涯规划，可以检测个人在职业决策和求职时可能产生的一些非理性信念和错误推理；不击溃这些理念，可能会做出不现实的选择或者找不到令自己满意的职业。决策是带有压力的，有时甚至会很痛苦。压力下，个人会变得死板或过于防范。但是，我们可以剖析自己，寻求职业指导，下决心做出选择。

下面列出了一些对职业决策和求职不利的想法。也许你曾感到挫折、失意、内疚、烦闷、易受攻击、无意义、厌憎和担忧而陷入不利于自己的思维模式。试用更为理性和建设性的思维方式来重新建构这些想法，并请检查一下随时可能出现的类似想法。

（1）我不知道自己想做什么，这糟透了。

（2）别人好像都有了目标，都知道想要从事的职业。

（3）会有一个专家或某种测试告诉我正确的职业（或专业）选择。

（4）我在向往的职业或专业上会以失败而告终。

（5）如果经济滑坡，我会找不到工作。

（6）列出一堆职业来研究和选择完全是在浪费时间。

（7）我必须找到唯一适合自己的职业。

（8）一旦做出了职业选择，就得一生坚持自己的选择。

（9）世界变得太快，根本不可能规划好个人的职业生涯。

（10）没有女性（或男性）会从事这样的职业。

（11）我不能为女性（男性）老板而工作。

你若有这其中的任何一种想法，建议可以换种思维方式，调整为如下：

（1）适合自己的工作远不止一种，可以找到成千上万种按相关兴趣、能力分组的职业。

（2）不知道自己想做什么工作，这很正常。一半以上的大学新生都会改变求学目标，通常人在一生中平均要换7~10次工作。事实上，职业咨询师更愿意帮助那些职业目标不确定的人，因为他们更热衷于找出和探索备选的职业。

（3）即使在困难时期，求职者也能找到工作。

（4）很多人愿意在女性（或男性）老板手下工作。

（5）很多人都在曾被认为只适合于另一性别的职业上取得了成功。

等你想清楚了，就能克服这些影响你职业规划的非理性信念。

二、认知信息加工理论

信息理论把人看作一个信息处理器，而人的消费行为就是一个信息处理过程，即一个信息输入、编码、加工储存、提取和使用的过程。认知信息加工理论认为，生涯发展就是看一个人如何做出生涯决策以及在生涯问题解决和生涯决策过程中如何使用信息的。

1991年，盖瑞·彼得森（Gary Peterson），詹姆斯·桑普森（James Sampson），罗伯特·里尔登（Robert Reardon）合著了《生涯发展和服务：一种认知的方法（*Career Development and Services*：*A Cognitive Approach*）》一书，阐述了这一认知信息加工的方法。该理论假设：

（1）生涯选择以认知与情感的交互作用为基础。

（2）进行生涯选择是一种问题解决的活动。

（3）生涯问题解决者的能力取决于知识和认知操作。

（4）生涯问题解决是一项记忆负担繁重的任务。

（5）生涯决策要求有动机。

（6）生涯发展包括知识结构的持续发展和变化。

（7）生涯认同取决于自我知识。

职业生涯理论是西方20世纪初期以来产生的关于人职匹配和职业发展的一系列以心理学理论为基础的理论的总称。职业生涯规划理论包含了人生中诸多的重要问题：个体特征及早期生长环境对职业的影响，人在组织中的角色转化，人与组织及社会环境的匹配，社会文化环境、家庭环境等对个人职业选择的影响。每种理论都有各自的优点和局限性，希望同学们能吸取其精华，对自己的职业选择有更全面的考虑和更深入的分析，为职业生涯规划制订与实施奠定坚实的基础。

课后练习题

一、选择题

1. 以下几种终身学习的原因不正确的是(　　)。

A. 本人爱学习　　B. 社会发展要求人不得不学

C. 学习可以给我带来利益　　D. 总有人强迫我学习

2. 舒伯的职业生涯理论将人的职业生涯划分为(　　)。

A. 三阶段　　B. 四阶段　　C. 五阶段　　D. 六阶段

3. 舒伯的职业生涯阶段划分，第一个时期是(　　)。

A. 职业成长期　　B. 职业探索期　　C. 确立适应期　　D. 职业衰退期

4. 根据舒伯的职业生涯发展阶段划分，其中18~21岁属于(　　)阶段。

A. 成长　　B. 探索　　C. 确立　　D. 维持

5. 从下列四组中选出性格与职业搭配最合理的一组(　　)。

A. 张飞性格的人做办公室文员　　B. 孙悟空性格的人做刑侦警察

C. 林黛玉性格的人做开拓市场专员　　D. 武大郎性格的人做人事主管

6. 刘某经常摆弄一些机器模型，且技术熟练。他多次参加航模、汽模比赛都取得了很好的成绩。他今后可能比较适合干的工作是(　　)。

A. 汽车驾驶员　　B. 记者　　C. 农业技术员　　D. 演员

7. 有些人喜欢设法使别人同意他们的观点，对别人的反应有较强的判断力，善于影响他们的态度、观点和判断。这些人可能适合做的职业是(　　)。

A. 医生　　B. 技工　　C. 新闻评论员　　D. 公安人员

8. 约翰·克朗伯兹（John Krumboltz）认为人的许多选择很大程度上受外界环境的控制和影响，提出了职业选择的四种影响，他们是遗传素质和特殊能力、环境条件、工作定向技能和(　　)。

A. 动作协调能力　　B. 家庭背景　　C. 学习经验　　D. 自我认知

9. 美国著名职业专家埃德加·H. 施恩教授提出(　　)。

A. 需要理论　　B. 职业锚理论　　C. 人格类型理论　　D. 人职匹配理论

10. 将人的生涯发展阶段划分为成长期、探索期、确立期、维持期和衰退期五个阶段的生涯发展学家是(　　)。

A. 舒伯　　B. 金兹伯格　　C. 沙特尔　　D. 格林豪斯

二、判断题

1. 一般能力是指能顺利完成各种活动所必备的基本能力，如注意力、观察力等。(　　)

2. 特殊能力是顺利地完成一般活动所必备的能力。 (　　)

3. 根据霍兰德人格类型理论，如果一个人喜欢具体的任务，喜欢与物打交道，喜欢做体力工作，并且其机械和动手能力较强，他适合做一名教师。 (　　)

4. 愿意从事具体工作与医生、管理人员、设计人员匹配。 (　　)

5. 小周在工作中认真执着、活泼开朗、热情大方、决断果敢。这是指小周的职业性格。 (　　)

三、思考题

1. 你属于霍兰德的哪种职业人格类型？适合从事什么职业？

2. 如何理解孔子的“三十而立，四十不惑”？

3. 绘制个人的职业生涯彩虹图，做自己人生的设计师。

4. 人职匹配的类型有哪些？谈谈人职匹配理论在组织中的应用。

5. 选择本章中你感兴趣的生涯发展理论，从你的亲朋好友中挑选出 2 个人，用这种理论结合他们的生活和职业发展经历，来谈谈对职业生涯规划的看法。

第三章　自我认知

知识与能力目标

1. 了解自我认知的概念。
2. 了解自己的兴趣、能力、人格和价值观，将其与职业、职场进行最优匹配。
3. 熟悉自我认知的内容，掌握自我认知的方法。

思政目标

正确认识自我，树立正确的择业观，选择适合自己的职业，珍惜和热爱自己的职业，让生命更有价值和意义；领悟社会、国家整体上对人才资源的合理配置，实现个人价值与社会价值有机结合。

导入案例

小张从小就对机械比较感兴趣，高中时计划报考机械设计相关专业。但由于高考成绩不是很理想，只能退而求其次。经过综合考虑，他选择到某职业技术学校学习，以实现自己当一位机械师的愿望。毕业后，因为城镇发展迅速，加上在技校学习的几年把小张对机械的热情冲淡了，所以他决定回家乡寻求发展机遇。然而，家乡是个小县城，资源相当有限，小张最拿得出手的挖掘机技术在这里也没有太大的施展空间。经过一段时间的就业徘徊，出于生存和生活方面的考虑，小张接受了高中同学的邀请，到同学开的小广告公司从事广告方面的工作。

经过一段时间的发展，小张在广告行业的工作还算稳定，通过个人的努力和学习，在设计方面也有了很大的进步和提升，但小张却开始感到困惑。原来，他一直觉得广告行业不是自己喜欢的工作领域，随着时间的推移，他对自己的工作有了越来越强烈的排斥感。经过多方因素的衡量，小张决定改变当前的工作方式和状态，重新寻找一份工作，开启自己喜欢的生活。小张对自己的压抑状态进行了分析，觉得导游工作属于自己喜欢的行业，便辞去了工作，投入考导游证的学习当中。

启示：从本案例可见，小张的职业成长过程比较清晰和单纯。所学专业及从事的工作都不是自己喜欢和擅长的，在一定的环境和条件下虽然能暂时接受，但时间长了，矛盾就会凸现。这是为什么呢？经过分析可以发现，小张在大学期间对自己了解得不够充分，也不知道究竟要怎样去规划自己的职业生涯，从而对工作抱有随遇而安的态度。经过一段时间的工作，他才发现问题的症结所在，这种职业成长方式虽然相当被动，但亡羊补牢，为时未晚。在这种情况下，小张需要对自己进行深刻的分析和认识，否则导游工作也不会做得长久。在现在的大学生中，有很大一部分人和小张类似，对自己的认识处于朦胧状态。对未进入职场的大学生来说，更多的是要未雨绸缪，全面了解自身的特点。那么，大学生们需要从哪些方面对自己进行认识呢？

（资料来源：笔者根据网络资料整理所得）

影响个人职业生涯规划的因素有很多，既有性格、气质、能力、兴趣、职业价值观、职业理想等个体的内在因素，也有家庭、地区、生活环境、就业政策、择业机会等外部因素。在个人的职业生涯规划中，“自我认知”是重要的第一步。在职业生涯发展中，能找到自己适合的（与个人性格匹配）、感兴趣的（与自己的兴趣匹配）、擅长的（与自己的技能匹配）、一心追求且想要的（与自己的价值观匹配）的职业状态，无疑是一件幸福的事。

第一节　自我认知的层次及方法

古人云：知人者智，自知者明。古希腊哲学家苏格拉底曾提出一个著名的命题“认识你自己”；印度也有句谚语“认识自己，你就能认识整个世界”。认识自己，实践自己，是成就自我的前提。

案　例

忠诚的小狗汤姆

小狗汤姆到处找工作，忙碌了好多天，却毫无所获。他垂头丧气地向妈妈诉苦说：“我真是个一无是处的废物，没有一家公司肯要我。”

妈妈奇怪地问：“那么，蜜蜂、蜘蛛、百灵鸟和猫呢？”

汤姆说：“蜜蜂当了空姐，蜘蛛在搞网络，百灵鸟是音乐学院毕业的，当了歌星，猫是警官学校毕业的，当了保安。我和他们不一样，没有接受高等教育的经历和文凭。”

妈妈继续问道：“还有马、绵羊、母牛和母鸡呢？”

汤姆说：“马能拉车，绵羊的毛是纺织服装的原材料，母牛可以产奶，母鸡会下蛋。我和他们不一样，什么能力也没有。”

妈妈想了想，说："你的确不是一匹拉着战车飞奔的马，也不是一只会下蛋的鸡，可你不是废物，你是一只忠诚的狗。虽然你没有接受过高等教育，本领也不大，可是，一颗诚挚的心就足以弥补你所有的缺陷。记住我的话，孩子，无论经历多少磨难，都要珍惜你那颗金子般的心，让它发出光来。"

汤姆听了妈妈的话，使劲地点点头。

在历尽艰辛之后，汤姆不仅找到了工作，而且当上了行政部经理。鹦鹉不服气，去找老板理论，说："汤姆既不是名牌大学的毕业生，也不懂外语，凭什么给他那么高的职位呢?"

老板冷静地回答说："很简单，因为他是一只忠诚的狗。"

(资料来源：作者改编)

一、自我认知的概念

美国著名学者舒伯对人的"自我概念"（即"自我意识"）与职业行为之间的关系进行了大量的研究。他进一步把金兹伯格的"职业性"看作"自我意识"。这种自我意识是人们，尤其是青年学生明确认识自己与外界环境的关系，特别是就外界对自己的看法和认定而认识自己。这种自我意识成为人们迈入社会生活、完成社会化的动力与导向系统。人的职业性发展，也就是人们的"自我"概念或意识的建立和发展过程。

班尼特和福朗塞拉对"自我"做了比较全面的归纳，他们指出：①每个人均具有区别于他人的、独特的并依赖于自我意识的"自我"特性。②每个人都有自身体验的完整概念，而且自己就是这种"体验"本身。其含义是人们把事物分为"与自己有关"和"与自己无关"两种，与自己有关的事物即"我的世界"。③每个人都有自己的历史和环境，这对自己的未来有一定的影响。④每个人都有自己的目标，都由自己进行选择，也要为自己的行动负一部分责任。⑤人们通过与别人的类比和区别，来定义"自我"，也可以推论出别人的"自我"。⑥人们经历即体验，并且要反思、总结、评价、分析。人的反思能力体现了"自我"的中心地位。舒伯对自我概念形成的因素也进行了分析。舒伯指出，职业性发展是一个妥协过程。在此过程中，天生才能、神经系统和内分泌组成、起各种作用的机遇、对所起作用（指个人作用）得到的上级和同事的赞许程度的评价等，所有这些因素的相互作用产生了自我概念。

美国著名学者金兹伯格提出和运用了"职业性"这一概念。其基本含义是人的职业能力和对职业的认识之类的特征是发展的、演进的，是一个不断成长、不断成熟的过程。这种职业性导致职业选择以及选择的成功、正确与否。

舒伯指出，职业的自我认识、自我概念是一个持续发展的实体，在经验表明需要变化以适应现实时，便在生活中就做出转变。当然，自我概念的转变，必然导致人的职业行为及意识的变化，导致不同的职业选择，即"我—职业"。

职业的客观存在，不论是可能的工作内容、需求结构、就业机会，还是现实的职业劳动与职业人际环境，又对自我产生影响，迫使个人重新认识自己，树立新的自我概念，即“职业—我”。

自我认知指的是对自己的洞察和理解，包括自我观察和自我评估。自我观察是指对自己的感知、思维和意向等方面的觉察；自我评估是指对自己的想法、期望、行为及人格特征的判断与评价，这是自我调节的重要条件。本章从自我评估的层面分析自我认知。

二、自我认知的层次

职业指导之父帕森斯指出，明智的职业规划包含三个主要方面：①对自我的兴趣、能力、需要、价值观及其他特质的了解；②对社会职业岗位及其要求的认识；③将两者结合并找出最适合自己发展的职业。职业生涯规划就是通过对自我特质的认识、对工作环境及性质的了解，在两者之间进行最佳组合，最终做出职业决定。所以说，要想做出正确的职业生涯规划，首要的任务就是要对自我有深入而准确的认识和评估。自我认知是自我定位的基础，是大学生认识自我并与社会建立良好关系的依据。

在职业生涯规划中，主要从生理、心理、社会和理性 4 个方面对自我进行全面系统的认知。

（1）生理自我：主要包括自己的相貌、体形等外在特征。虽然说外在条件不能决定职业发展，但某些岗位对身高、容貌、普通话水平等还是有要求的。

（2）心理自我：主要包括自己的性格、气质、意志、情感、能力等方面的特征。一个人的心理特征对一个人的职业生涯规划具有非常重大的影响。以气质为例，像张飞那样胆汁质类型的人，如果让他们去做文秘工作，恐怕很难安安静静地整理文字资料。

（3）社会自我：主要包括对自己在社会上所扮演的角色、在社会中的责任、权利、义务、名誉、自己对他人的态度以及他人对自己的态度等方面的评价；还包括个人的社会关系系统以及能在其中获得的有效资本。

（4）理性自我：主要包括对自我的思维方式和方法、知识水平、价值观、道德水平等因素的评价。以价值观为例，有的同学毕业后特别想去银行工作，被银行的高薪、良好的工作环境和高社会评价所吸引；有的同学找工作时想去做销售人员，虽具有很高的风险和很大的挑战，但回报可能很丰厚；有的同学则选择继续读书，希望能获得更多的知识和提升自己的学历。

三、自我认知的方法

（一）自我评价

春秋时期，曾子就曾说过“吾日三省吾身”，意思是“我每天多次反省自己的言行”。

古希腊哲学家苏格拉底也曾说过“未经反省的生活是无价值的生活”。所以说，反省对于加强自我了解是非常必要的。

可以找个安静的地方，沉静下来，认真回顾自己的经历，了解和分析自己的兴趣、气质性格和能力等，然后思考一下自己的未来，挖掘自己内心的需要。回忆那些对自己人生有重要影响的关键事件，并进行反思与分析。比如高考的成败、专业与学校的选择等，将这些学习生活中已经发生过的关键事件一一进行分析，找出原因，这将有助更深入地进行自我反省。另外，每个人也可以根据自己的实际情况，以写日记的方式来进行自我反省。

（二）360 度评估

360 度评估又称为多渠道评估（见表 3-1），是指通过收集与自己有密切关系的不同层面人员（如老师、家人、朋友、同学、社会人士等）的评估信息来全方位评估自己。通过评估反馈，可以获得多层面人员对个人素质、能力等方面的意见，比较全面、客观地了解有关个人的特质、优缺点等信息，作为自己进行职业生涯规划及能力发展的参考。

表 3-1　360 度评估表

	优点	缺点
自我评估		
辅导员评估		
家人评估		
同学评估		
兼职老板评估		
朋友评估		
客户评估		
专业课老师评价		
评估总结		

（三）橱窗分析法

橱窗理论是由约瑟夫·勒夫特（Joseph Luft）和哈里·英厄姆（Harry Ingham）两位学者提出的。橱窗理论借助直角坐标系的 4 个象限来表示人的 4 个部分，它以别人知道或不知道为横坐标、自己知道或不知道为纵坐标，把自我划分为 4 个部分，即公开我、隐私我、潜在我和背脊我，如图 3-1 所示。

象限（橱窗）1：“公开我”，自己知道、别人也知道的部分，属于个人外在的，无所隐藏的部分，比如个人的身高、年龄、学历、专业、生源地等。

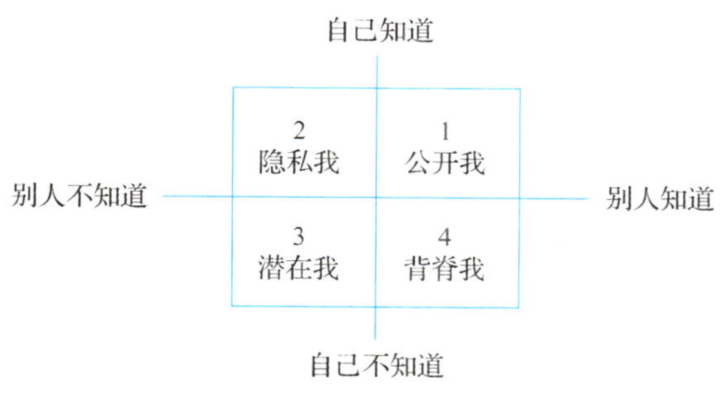

图 3-1　橱窗分析

象限（橱窗）2："隐私我"，自己知道、别人不知道的部分，属于个人的秘密部分。比如，一些往事或情绪等自己不愿暴露的缺点或不敢告诉别人的愿望、想法，喜欢谁、讨厌谁，等等。

象限（橱窗）3："潜在我"，自己不知道、别人也不知道，有待开发的部分。著名心理学家奥托（Herbert A. Otto）指出，人一生所发挥出来的能力，只占他全部能力的4%，也就是一个人96%的能力还未开发。由此可见，认识、了解"潜在我"，是自我认识的重点之一。企业面试看求职者的简历，从求职者大学4年的经历和收获，推知求职者的价值和能力，也就是看求职者的潜力。

象限（橱窗）4："背脊我"，自己不知道、别人知道的部分，如口头语等。虽然个人不知道这部分内容，但是如果能诚恳地征询他人的意见和看法，就不难了解"背脊我"。可以采取同自己的家人、朋友、同事等交流的方式，也可以借助录音笔、录像设备等来发现"背脊我"。当然，要想获得这方面的客观信息，需要个人坦诚地面对他人的描述和评价。在参加面试时，面试官总会提出各种问题，包括看似很普通的问题，就是要发现求职者的兴趣、性格、价值观等，看求职者与企业文化和岗位需求是否吻合。

通过这4个象限（橱窗）的分析，避免了对自己认识的单一性和片面性，求职者可以全方位、立体地实现对自己的了解，如此方能不打无准备之仗。

（四）5W 法

1. 我是谁？（Who am I?）

这是指对自己进行深刻的反思，清楚自己的优缺点，对自己有一个全面、客观、清醒的认识。

2. 我想干什么？（What will I do?）

这是指要清楚地知道自己想要什么样的职业和什么样的生活。

3. 我能干什么？（What can I do?）

这是指要清楚自己能干什么或者哪些方面可能有发展的潜力。这是对自己能力的考量，个人职业的定位必须以自身的实力、能力作为根基，而职业发展空间则取决于自身潜力的大小。

4. 环境支持或允许我干什么？（What does the situation allow me to do?）

这主要是指周围环境资源的支持，这种支持将有助个人的自我发展。可以通过对主客观因素的深入调查，做可行性分析，这些分析既包括经济发展、政策、制度、职业空间、社会企业发展等客观因素，也包括朋友关系、社会人脉等主观因素。

5. 我的职业与生活规划是什么？（What is the plan of my career and life?）

这是指确立个人的最终职业目标。当然，对这个问题的回答是建立在明确前 4 个问题的基础之上的。

（五）职业测评法

职业测评法是指运用科学的方法，对被测者的职业兴趣、职业性格、职业能力、职业价值观等方面进行测量和评价，目的是为了达到最佳的人职匹配。职业测评属于心理测验的一个分支，主要的心理测验类型有职业兴趣测验、能力倾向测验、人格测验、动机测验等。

通过职业测评法，一方面，可以进行为人择事的职业指导，通过测评被测者的个人特点，明晰被测者的优劣势，判断被测者与各职业类型间的匹配程度，为个人在职业和个人发展方向上提供建议。另一方面，还可以进行为事择人的职业选拔和安置。现在有许多企业、组织等也开始运用职业测评为招聘、考核、晋升等提供依据。

认识自我是一个漫长的过程，需要经历时间和空间的发现以及多种方式和途径的结合，切不可通过一种方式就简单地对自己下定义和贴标签，给予自己不适合的暗示，错过机会，将追悔莫及，影响一生的发展。

第二节　自我认知的内容

案　例

李彦宏的百度人生

“众里寻他千百度，蓦然回首，那人却在，灯火阑珊处。”李彦宏在读宋代词人辛弃疾《青玉案·东风夜放花千树》（又名《青玉案·元夕》）这一首词时，牢牢记住了“百度”这个词，也成就了他自己的百度人生。如今全中国的人，甚至全世界的人，都记住了“百度”这个词。

1968 年 11 月 17 日，李彦宏出生在山西阳泉一个普通的工人家庭。他从小在班里就是尖子生，学习刻苦，成绩优异，在高中时参加过全国青少年程序设计大赛。虽然学习成绩不错，但李彦宏更想在将来做一番事业，成为一个自己想要成为的优秀人才。

1987 年 9 月，李彦宏以山西省阳泉市高考状元的成绩考入北京大学图书情报专业(现在的信息管理)。虽然学得很苦闷，但却从此与信息检索结缘。对计算机有着浓烈兴趣的李彦宏，在大学还系统地学习了计算机知识，而且托福考试相关内容学习、计算机专业学习、本专业学习“三剑”齐发，为以后的成功打下了坚实的理论基础。

1991 年，李彦宏进入美国布法罗纽约州立大学计算机专业，读了三年，通过了博士资格考试，而且论文也写得很精彩，可他却决定放弃博士学位，因为他突然意识到自己热爱的不是学术研究，而是做实用的产品。

1992 年，他进入日本松下公司实习，专门做搜索引擎的研究，李彦宏说：“这三个多月的实习，对我后来职业道路的选择起了至关重要的作用。”他的志向并非简单地成为一个优秀的技术人员，而是成为一个可以用科技改变中国国民生活的领军人物。

1996 年，李彦宏开始专注探索搜索引擎产业，其有关网页质量排序与基于相关性排序如何结合的研究，最终获得美国专利。

2000 年，百度公司成立。

2005 年，百度在美国纳斯达克上市，股价一飞冲天。

2013 年，李彦宏在百度建设了中国首个深度学习研究院，成为中国乃至全球率先推动人工智能前沿科技研究的企业家。

2020 年，李彦宏发起成立生命科学平台公司“百图生科”，并出任百图生科董事长。

2021 年，百度宣布正式组建一家智能汽车公司“集度汽车”，以整车制造商的身份进军汽车行业。

从兴趣上，李彦宏在高中阶段就对计算机产生了兴趣并开始涉足，上大学后，接触搜索，一直专注此事。李彦宏的内心，对于自己要做的事情是相当笃定的，他知道自己的兴趣所在，进而热爱，他的内心具有这种狂热。正如天使投资人薛蛮子所说，“快乐的创业者就是痴迷的、狂热的、不讲道理的，热爱他那行的。我们要找这样的疯子……李彦宏就是这样的疯子”。

从能力上，李彦宏认为人和人的智商并不会相差很远，相差的是学习的能力和意愿，所以他不断地用学习来保驾，学习永远在路上。学习能力加上他与生俱来的组织能力和专注力，造就了他在智能搜索方面无可比拟的优势。

在气质、性格上，他儒雅谦和，给人以亲和感。然而内向的他却不擅长与人交往，更像社会的观察家，他的内心对所执着之事拥有旁人不可想象的“狂热”。他拥有强大的自信心和超强的判断力，总能准确判断形势，制订相应的策略，最终使百度获得巨大的成功。

在价值观上，他一生都在追求智能搜索，专注技术，专注中国市场，坚守信仰不放弃，最终成就了自己的事业，也帮助中国的搜索引擎走向了世界。

可以说，李彦宏的职业生涯是成功的，他成功的秘诀就在于他选择了一条符合自身条件的发展道路，在这条道路上他一直充满激情并不断地获得能量。

（资料来源：笔者根据网络资料整理所得）

一、兴　趣

（一）什么是兴趣

兴趣是人们探究某种事物或者从事某种活动的心理倾向，它以认识或探索外界的需要为基础。人对有兴趣的东西会表现极大的积极性，并伴随产生某种肯定的情绪体验。

兴趣可分为物质的兴趣、精神的兴趣和社会的兴趣。物质的兴趣与个人的需要相关联，表现为对物质的迷恋和追求，如购物；精神的兴趣主要是指对文化、科学、艺术的迷恋和追求，如写作、绘画、书法、摄影、发明创造等；社会的兴趣主要是指对社会工作和组织活动的热情，如志愿服务等。

兴趣又可分为直接兴趣和间接兴趣。有人喜欢唱歌、跳舞，是因为这些活动本身对这部分人有吸引力，通过这些活动他们会获得愉快和满足，这种对活动本身的兴趣就是直接兴趣。有人可能感到学外语是一件很枯燥的事情，但对它仍然兴致很浓，这并不是学外语本身会给这些人带来轻松愉快，而是因为外语可作为一项工具，帮助人们找到称心的工作，这种对活动结果的兴趣就是间接兴趣。直接兴趣和间接兴趣可以互相转化，也可以相互结合，从而更有效地调动人的积极性

案　例

有人给比尔·盖茨出了这样一个题目：“您的办公桌有 5 个带锁的抽屉，分别贴着财富、兴趣、幸福、荣誉、成功这 5 个标签，您只能带一把钥匙，把其他的 4 把钥匙锁在抽屉里。请问盖茨先生，您会带哪一把钥匙？”

比尔·盖茨回答：“毫无疑问，兴趣！兴趣中隐藏着你人生的秘密。”

（资料来源：作者改编）

（二）兴趣与职业的关系

职业兴趣是兴趣在职业选择活动方面的一种表现，它体现了职业的多样性、复杂性与从业人员个性的多样性与复杂性之间的相互影响。通过对职业兴趣的分类，可以将个体归属到某种职业兴趣类型中，从而找到其适合从事的职业。

兴趣对职业生涯的影响主要表现在以下三个方面：

（1）兴趣是职业生涯选择的重要依据。兴趣是强大的精神力量，可以使人集中精力去获得所喜欢的知识，启迪智慧并创造性地开展工作。当一个人对某种职业产生兴趣时，他就能全身心地投入，能积极地感知和关注与该职业有关的知识、动态，并且积极思考，能精神饱满、想象丰富，产生增强记忆的效果，增强克服困难的意志。

（2）兴趣可以提高工作效率，充分发挥才能。1960—1980 年，哈佛商学院对 1 500 名毕业生进行了研究，一开始将他们分成两组：第一组，计划先赚钱，然后做自己想做的事，共 1 245 人，占 83%；第二组，先追求自己真正的兴趣，认为财源以后自然会源源而来，共 255 人，占 17%。20 年后这项研究的结果显示：两组共诞生 101 位百万富翁，其中，有 1 人属于第一组，其余 100 人均属于第二组。分析结果提示：兴趣是激励行为的重要动力。如果一个人对所从事的工作有浓厚的兴趣，就能够发挥自己全部才能的 80%～90%，并能长时间保持高效率且不感到疲劳；而从事不感兴趣的工作，只能发挥全部才能的 20%～30%，且容易感到筋疲力尽。

（3）兴趣是保证职业稳定、职场成功的重要因素。对工作感兴趣，就愿意钻研，就会出成就，这正是兴趣的作用所在。从事自己感兴趣的职业，不但让个人感到满意，而且能够让个人所在的工作单位感到满意，并由此保证工作的长期性和稳定性。因此，兴趣是职场成功的一个重要因素，它能将人的潜能最大限度地调动起来，使人长期专注于某一方向工作（研究），做出艰苦的努力，取得令人瞩目的成绩。

（三）兴趣测试

如果有机会让你到 6 个岛屿旅游，不用考虑费用等其他问题，你最想去的是哪个地方？你可以选择在 3 个岛上各停留几天。注意：你有 7 天假期，扣除来回飞行一天，在岛上总共可以停留 6 天。

R 岛——自然岛

自然原始的岛屿。岛上保留了热带原始植物林，自然生态保护得很好，也有相当规模的动物园、植物园、水族馆。岛上居民动手能力很强，以手工见长，他们种植花果蔬菜、修理房屋、打造器物，制作各种工具。

I 岛——冥想岛

深思冥想的岛屿。岛上人迹较少，建筑物多偏处一隅，平川绿野，适合夜观星象，也有助于思考。岛上有多处天文馆、科博馆和科学图书馆等。岛上居民喜好沉思、追求真知，喜欢和来自各地的科学家、哲学家、心理学家等交流心得。

A 岛——浪漫岛

美丽浪漫的岛屿。岛上到处是美术馆、音乐厅，弥漫着浓厚的艺术文化气息。同时，当地居民还保留了传统的舞蹈、音乐与绘画，许多艺术和文艺界的朋友都喜欢在这里找寻灵感。

S 岛——友善岛

温暖友善的岛屿。岛上居民性情温和、十分友善、乐于助人，社区自成一个密切互动的服务网络，人们互助合作，重视教育，充满人文气息。

E 岛——富庶岛

显赫富足的岛屿。岛上居民热情豪爽，善于经营和贸易。岛上的经济高度发展，处处是高级饭店、俱乐部、高尔夫球场。来往者多是企业家、经理人、政治家、律师等，衣香鬓影，夜夜笙歌。

C 岛——井然岛

现代井然的岛屿。岛上建筑十分现代化，是进步的都市形态，以完善的户政管理、地政管理、金融管理见长。岛民个性冷静保守，处事有条不紊，善于组织规则。

我最想去的是____岛，____天；其次是____岛，____天；最后是____岛，____天。

测试答案：

R：现实倾向。不重社交，重实际利益。适合职业有技术工人、工程师、飞机机械师、驾驶员、建筑工人等。

I：探索倾向。好奇心强，重分析，好内省。适合职业有教授、药剂师、实验员、科学报刊编辑、各类科研人员等。

A：艺术倾向。善自我表现、表达情感，富想象力，易冲动。适合职业有艺术家、广告人员、设计师、音乐教师、媒体工作人员等。

S：社会倾向。善社交，易合作，责任感强。适合职业有教育工作者、福利机构工作者、咨询顾问、医务人员、服务人员、人力资源工作者等。

E：开拓倾向。好影响、支配他人，富冒险精神。适合职业有销售人员、律师、政治家、管理者、采购人员等。

C：常规倾向。易顺从，好稳定。适合职业有财务人员、行政人员、电脑操作员、非技术操作工等。

兴趣测验是对职业指导有直接用途的工具之一。兴趣测验可以测量出求职者本身未觉察的兴趣，或者可证实求职者所谓的兴趣，等等，通过兴趣测验可以发现一个人真正的兴趣所在。正因如此，兴趣测验越来越广泛地被应用到职业指导上，在诸如高考专业选择、人员安置、劝导改行等方面发挥它特有的效能。

职业兴趣测验包括一些日常活动和事物的项目，求职者从中选出自己的爱好。其基本原理是如果一个人表现出与某一职业中那些工作出色的人相同的兴趣，那么此人在该职业中很有可能得到满足。主要的职业兴趣测验有霍兰德职业兴趣测评（SDS）、库德职业兴趣量表（KOIS）、斯特朗职业兴趣量表（SCII）、杰克逊职业兴趣调查表（JVIS）、生涯评估量表（CAI），其中以霍兰德职业兴趣测评应用最为广泛。

霍兰德的职业兴趣理论主要从兴趣的角度来探索职业指导的问题，他明确提出了职业兴趣的人格观，使人们对职业兴趣的认识有了质的变化。霍兰德以职业兴趣理论为基础，先后编制了职业偏好量表和自我导向搜寻表两种职业兴趣量表，作为职业兴趣的测查工具。霍兰德力求为每种职业兴趣找出两种相匹配的职业能力，兴趣测试和能力测试的结合在职业指导和职业咨询的实际操作中起到了促进作用。直至目前，霍兰德职业兴趣理论仍是最具影响力的职业发展理论和职业分类体系。

（四）培养自己的兴趣

人们关于职业的兴趣是随着年龄增长和教育程度的提高而发展的。职业兴趣的发展从职业兴趣发生和发展来看，一般要经历这样一个过程：有趣—乐趣—志趣。

第一阶段为有趣，这是兴趣发展的低级阶段，这种职业兴趣是短暂的，往往是一瞬即逝，带有盲目、易变和模仿的特点；第二阶段为乐趣，又称为爱好，是在有趣定向发展的基础上形成的，这种兴趣的特点是专一、自发和持久性；第三阶段是志趣，当一个人的乐趣与奋斗目标相一致时便形成了志趣，它是兴趣发展的高级水平，具有社会性、自发性和方向性等特点。

职业兴趣是一个不断发展不断明晰的过程，也是一个从感性到理性的过程。作为即将走出校门的大学生，个人的职业兴趣也已经基本成熟，需要的是要通过科学的方法将这种兴趣明朗化、清晰化，为自己的职业规划选择正确的方向。职业兴趣是可以培养的，即使对最初的工作没有兴趣，也可能工作了一段时间后，了解、熟悉了工作，也会干得很出色或者能很好地适应。建议同学们在做兼职或者找工作的时候，如果开始不喜欢，最好坚持一段时间再重新评价或做决定。

二、气质与性格

案例分析

《论语》中记载了这样一个故事。有一次，孔子与学生公西华正在座谈，子路来向孔子请教。子路问道："听到了就马上行动吗？"孔子答："有父兄在，为什么急于行动呢？"一会儿，冉由也来请教同样的问题，孔子说："听到了就马上行动！"公西华不明白教师为什么对同一个问题给予不同的回答，孔子解释说："子路总是好胜，我有意让他遇事后退一步；冉由畏缩，我有意鼓励他遇事极力向前。"孔子的因材施教充分证明了一点，那就是每个人都具有不同的个性特征。

西游记的故事大家都知道，4 个个性迥异的人去西天取经，历经九九八十一难，终于修成正果。这师徒 4 人，唐僧安静沉稳，寡言少语，注意力很难转移，很固执，且目标明确；孙悟空直率热情，精力旺盛，行动敏捷，易冲动；猪八戒则活泼好动，喜欢交往；沙僧自然是行动迟缓，孤僻，但善于观察到别人不容易察觉的细节。那么表现在他们 4 个人

身上的这种不同到底是什么呢？为什么人与人之间会有如此的差异呢？

（资料来源：笔者根据网络资料整理所得）

思考：

1. 人的性格有哪些特征？

2. 不同类型的人有哪些性格表现形式？

（一）气质和性格的概念

1. 气质

案　例

苏联心理学家巧妙地设计了“看戏迟到”的特定问题情境，对4种典型气质类型的人进行观察研究，结果发现，4种基本气质类型的观众，在面临同一情境时有截然不同的行为表现，气质使其心理活动染上了一种独特的色彩。

胆汁质的人面红耳赤地与检票员争吵，甚至企图推开检票员，冲过检票口，径直跑到自己的座位上去，并且还会埋怨说，戏院的时钟走得太快了。

多血质的人明白检票员不会放他进去，他不与检票员发生争吵，而是悄悄地跑到楼上另外寻找一个适当的地方看戏剧表演。

黏液质的人看到检票员不让他从检票口进去，便想反正第一场戏不太精彩，还是暂且到小卖部待一会儿，待幕间休息时再进去。

抑郁质的人对此情景会说自己老是不走运，偶尔来戏院看一次戏就这样倒霉，接着就垂头丧气地回家了。

（资料来源：笔者根据网络资料整理所得）

气质是表现在心理活动的强度、速度、灵活性与指向性等方面的一种稳定的心理特征，也就是人们平时所说的脾气、秉性。人的气质差异是先天的。比如，刚生下来的孩子，有的爱哭好动，有的则非常安静。

气质说源于古希腊医生希波克里特的体液说，他认为人体内有4种液体：黏液、黄胆汁、黑胆汁和血液，这4种体液的配合比例不同，形成了4种不同类型的人。约500年后，古罗马医生盖伦进一步确定了气质类型，提出人的4种气质类型是胆汁质、多血质、黏液质、抑郁质。现在的气质学说仍将气质分为这4种类型。

（1）胆汁质：这种人情绪体验强烈、爆发迅猛、平息快速，思维灵活，但粗枝大叶，精力旺盛、争强好胜、勇敢果断，为人热情直率、朴实真诚、表里如一，行动敏捷、生气勃勃、刚毅顽强。这种人遇事常欠思量，鲁莽冒失，易感情用事。

（2）多血质：这种人情感丰富、外露，但不稳定；思维敏捷，但不求甚解；活泼好动、热情大方、善于交往，但交情浅薄，行动敏捷、适应力强。这种人的弱点是缺乏耐心和毅力，稳定性差。

（3）黏液质：这种人情绪平稳、表情平淡，思维灵活性略差，但考虑问题细致而周到，安静稳重、踏踏实实、沉默寡言、喜欢沉思，自制力强、耐受力高、内刚外柔，交往适度。这种人的行为主动性较差，缺乏生气，行动迟缓。

（4）抑郁质：这种人情绪体验深刻、细腻持久，情绪抑郁、多愁善感，思维敏锐、想象丰富，不善交际、自制力强。但他们的行为举止缓慢，软弱胆小，优柔寡断。

气质是人的天性，没有好坏之分，它不决定人的成就，也不具有道德评价的含义，它只是给人们的言行增添了某种色彩。但它对于人的活动还是有非常大的影响，不同气质类型的人在面对同一件事情的时候，他们的态度、方法甚至效果可能是截然不同的。在现实生活中，并不是每个人的气质都只属于某一气质类型。除少数人具有某种气质类型的典型特征之外，大多数人都偏向中间型或混合型。

2. 性格

性格是指人们对现实和周围世界的态度，主要表现在对自己、对别人、对事物的态度和所采取的言行上。性格表现了一个人的品德，受人的价值观、人生观和世界观的影响，是在后天社会环境中形成的。性格有好坏之分，能直接反映一个人的道德风貌。例如，有的人对待工作总是一丝不苟，踏实认真；在待人处事中总是表现高度的原则性，坚毅果断，豪爽活泼；对待自己的态度上总是表现为谦虚、自信等，所有这些特征的总和就是一个人的性格。

（1）MBTI 人格理论。这一理论源于著名心理学家卡尔·荣格先生关于心理类型的划分，后经美国心理学家凯瑟琳·库克·布里格斯（Katharine Cook Briggs）与伊莎贝尔·布里格斯·迈尔斯（Isabel Briggs Myers 研究并加以发展。

这种理论可以帮助解释为什么不同的人对不同的事物感兴趣、擅长不同的工作，并且有时不能互相理解。夫妻可利用它增进融洽，老师学生可利用它提高授课、学习效率，青年人可利用它选择职业，组织可利用它改善人际关系、团队沟通、组织建设、组织诊断等多个方面。在世界 500 强企业中，有 80%的企业有 MBTI 的应用经验。MBTI 人格共有四个维度，每个维度有两个方向，共计八个方面。分别如下：

外向（E） 和 内向（I）；
感觉（S） 和 直觉（N）；
思考（T） 和 情感（F）；
判断（J） 和 知觉（P）。

从人与世界的相互作用的方式上，可分为外向（E）和内向（I）；从人自然留意的信息类型，可分为感觉（S）和直觉（N）；从人做决定的方式上，可分为思考（T）和情感（F）；从人做事的方式上，可分为判断（J）和知觉（P）。每个人的性格都落在四种维度的每一种中点的这一边或那一边，我们把每种维度的两端称作“偏好”。如果某人落在外向的那一边，那么可以说此人具有外向的偏好。如果某人落在内向的那一边，那么可以说某人具有内向的偏好。四个维度，两两组合，共有十六种类型。四个维度在每个人身上会有不同的比重，不同的比重会有不同的表现。

案例分析

人职匹配

人职匹配是指人的个性特征与职业的性质一致，其基本思想：个体差异是普遍存在的，每一个个体都有自己的个性特征，而每一种职业由于其工作性质、环境、条件方式的不同，对工作者的能力、知识、技能、性格、气质、心理素质等都有不同的要求。进行职业决策时，要根据个人的个性特征来选择与之相对应的职业种类，即进行人职匹配。

人职匹配做得好，则个人的个性特征与职业环境协调一致，工作效率和职业成功的可能性就会大大提高。反之，工作效率和职业成功的可能性就很低。因此，对组织和个体来说，进行恰当的人职匹配具有非常重要的意义。进行人职匹配的前提之一是必须对人的个体特性有充分的了解和掌握，而人才测评是了解个体特征最有效的方法，所以人职匹配理论是现代人才测评的理论基础。

思考：

1. 你了解自己的性格特点吗？
2. 你是一个外向还是内向的人？
3. 你的性格是如何形成的？你对自己的性格满意吗？如果不满意，你认为性格可以改变吗？

（2）九型人格。关于性格的分类，流传最久也最有名的是“九型人格论”。九型人格又名性格形态学、九种性格，九型人格论是一种更深层次去了解人、认识人的简单有效的管理工具。人的性格物质可按照人惯性的思维模式、情绪反应和行为习惯等分为九种，称为九型人格或九型性格。

完美型：重原则，不易妥协，黑白分明，对自己和别人的要求都很高、追求完美。

付出型：渴望与别人建立良好的关系，以人为本，能够迁就他人。

成就型：好胜心强，以成就来衡量自己价值的高低，是一名“工作狂”。

感觉型：比较情绪化，害怕被人拒绝，觉得别人不理解自己，我行我素。

思想型：喜欢思考分析，求知欲强，但缺乏行动，对物质生活要求不高。

忠诚型：做事小心谨慎，不易相信别人，多疑虑，喜欢群体生活，工作尽心尽力。

开朗型：比较乐观，喜欢新鲜感、爱赶潮流，不喜欢承受压力。

领导型：追求权力，讲究实力，不靠他人，有正义感。

和谐型：怕纷争，难以拒绝他人，追求融洽相处，须花长时间做决策。

近年来，九型人格备受美国斯坦福等国际知名大学 MBA 学院推崇并成为现今最热门的课程之一，已风行欧美学术界和工商界。

3. 气质与性格的关系

（1）气质与性格两者具有显著的区别。首先，性格与气质的性质是不同的，性格具有社会的特点。其次，性格与气质的生理基础有所区别。再次，气质与性格各自形成特点，气质更多受到遗传因素的影响，而性格是在人的自身与环境相互作用中形成的，比气质更具有可塑性。

（2）性格与气质又是相互影响和相互作用的。首先，人的气质特征直接影响一个人的性格。同样是勤劳的人，具有多血质气质的人在劳动中容易表现为情绪饱满，精力充沛，而有黏液质气质的人则可能表现为踏实肯干，操作精细。其次，性格也会在一定程度上掩盖、改造气质，使其服从于实践要求的行为方式。长期从事需要精细操作、耐心坚持的性格特征的工作，有可能逐步改变胆汁质的冲动与多血质的注意力容易转移等特性。

（二）气质、性格与职业的关系

职业心理学研究表明，气质和性格影响着一个人对职业的适应性。一定性格的人适合从事一定的职业。不同的职业对人也有不同的要求。当前，越来越多的机构开始重视人力资源的合理使用。一方面，用人单位逐渐开始利用心理学相关知识进行人才选拔；另一方面，个人也越来越多地考虑自己的特点及职业要求。个体通过了解自己的气质特征和性格特点，可以扬长避短。比如，在性格分类中有外向型和内向型之分。一般来说，外向型性格的人更适合与人打交道的职业，如管理人员、记者、销售、政治家等；内向型的人更适合有计划、稳定且与人接触较少的职业，如会计师、统计员、资料管理员等。

我们也要有科学、正确的认识。首先，气质本身没有好坏对错之分，而在工作或人际关系上，会有个人独特的优点，发挥不同的作用。其次，相关气质和性格的量表测评只能根据个人在问题的回答基础上判断个人属于哪一种类型。事实上，最了解自己的还是自身。再次，人们可以根据自己的气质类型等去理解自己的行为，但不能将其作为做或不做任何事情的借口，不要让这些测验结果左右自己对任何事业、活动或人际活动的考虑。最后，不要对任何一种气质或性格类型有偏见，也不要借此对自己或别人进行定性。

三、能　力

案　例

不同动物的职业选择

牛、马、狗、猫这几种动物要寻找自己理想的职业。牛觉得自己力量很大，肯吃苦，就找到农人，要求去拉车。可是牛拉上车后，农人却觉得牛拉车拉得太慢，很不满意。正巧马也来到农人家，马说想试一试拉车，农人同意了。结果，马拉车迅疾如风，又快又稳，农人很高兴，于是就把拉车这个工作交给了马。牛很憨厚，它看到自己的工作被马抢去了，并不记恨马，于是它问主人还有什么别的工作，再苦再累自己绝不会有半点挑剔。农人说，耕田这活儿很不容易，没有动物肯干，问牛愿意不愿意干。牛身大体笨，但力量巨大，在田里耕作，游刃有余。于是它每天总是全力以赴地把田耕好，农人感到很称心。

狗来到农人家，说要找活儿干。主人说，家里老鼠太多，简直成灾了，看你样子长得很凶，你就负责捉老鼠吧。可是老鼠身体小而且灵敏，狗看上去很凶却拿老鼠没办法，常急得满头大汗也捉不到一只老鼠。狗心灰意冷了，心里想，自己真是什么事情也干不了。于是它要求晚上在农人家住一宿，等到第二天再去别的地方找工作。晚上，有人来串门，他们在外面发现了狗，害怕得不敢进来，于是高声喊主人。主人出去将客人领进屋内。主人想，既然别人都害怕狗，那么就让狗来看家好了，就问狗愿不愿意从事看家护院的工作，狗表示愿意。于是狗便放弃了晚上睡觉的时间，竖起警觉的耳朵防范不速之客。

这天，猫听说狗不捉老鼠了，改行干起了看家护院的工作。于是它抓住机会来到农人家，要求捉鼠工作。农人一看猫长得瘦小，比老鼠大不了多少，便说连狗都不能胜任捉老鼠的工作，你恐怕更不行吧？猫说捉鼠是自己的看家本领。此时，猫听到了农人家里老鼠的嬉闹声，于是它飞身入室，很快就捉到一只大老鼠放到农人面前。农人一看猫身手不凡，于是就同意它去捉老鼠。

（资料来源：摘自南飞推荐的《理想的职业》，2019. 8. 24. 网址：https://www.wenmi.com/article/pwpshq00nr01.html）

（一）能力的概念及分类

1. 能力的概念

能力是一种心理特征，是顺利实现某种活动的心理条件。能力表现在所从事的各种活动中，并在活动中得到发展。人的能力是各种各样的。美国心理学家加德纳（Gardner）提出多元智能理论。他认为智力的内涵是多元的，由 8 种相对独立的智力成分构成。每种智力都是一个单独的功能系统，这些系统可以相互作用，产生智力行为。这 8 种智力分别为逻辑数学智力、语言智力、音乐智力、空间智力、身体运动智力、人际关系智力、内省智力和自然智力。“多元智能理论”被认为是人类智力认识上的一大飞跃。在过去的 20 年里，加德纳和同事已经解决了智能的行为评估等一系列问题，用来实施多元智能化的个性教育。

2. 能力与职业的关系

能力是指个人具有从事某种活动的心理特征。当然，能力也包含具有具体的专业知识技能、自我管理技能和可迁移技能。“金无足赤、人无完人”，无所不通的全才是不存在的。在工作中，每个人的能力特点是不同的，任何一个人或多或少都有自己的特长。比如，有的人口齿伶俐，善于语言表达；有的人善于理论分析；有的人善于实际工作。而各个职业所需要的能力也不同。如法官需要具有很强的逻辑推理能力，却不一定要具备很强的动手能力；做财务工作的人应该对数字非常敏感。在选择职业时，每个人都要对自己的能力水平做一个正确的分析，了解自己究竟具有什么样的能力，然后根据分析的结果量力而行。

根据加德纳的“多元智能理论”，将这 8 种能力与相关职业进行匹配，具体如下：

（1）逻辑-数理能力：运算和推理等科学或者数学的一般能力以及通过数理运算和逻辑推理等辨别逻辑或者数字模式的特殊能力、处理较长推理的能力。这种智力在侦探、律师、工程师、科学家和数学家身上有较突出的表现。

（2）语言-言语能力：听、说、读、写的能力，表现为个人能够顺利而有效地利用语言描述事件、表达思想并与人交流的能力以及对声音、韵律、单词的意义和语言不同功用的敏感能力。这种智力在记者、编辑、作家、演讲家和政治领袖等人身上有比较突出的表现。

（3）音乐-节奏能力：谱写歌曲和器乐演奏的能力，包括感受、辨别、记忆、改变和表达音乐的能力，表现为个人对音乐包括节奏、音调、音色和旋律的敏感，并通过作曲、演奏和歌唱等表达音乐的能力以及对音乐表现形式的欣赏。这种智力在作曲家、指挥家、歌唱家、演奏家、乐器制造者和乐器调音师身上有比较突出的表现。

（4）视觉-空间能力：准确感受空间世界的能力，包括感受、辨别、记忆、改变物体的空间关系，并借此表达思想和情感的能力，表现为对线条、形状、结构、色彩和空间关系的敏感，并通过平面图形和立体造型表达的能力。这种智力在画家、雕刻家、建筑师、航海家、博物学家和军事战略家的身上有比较突出的表现。

（5）身体-动觉能力：控制自己身体运动和技术性地处理目标的能力，表现为能够较好地控制自己的身体、对事件能够做出适当的身体反应，并善于利用身体语言来表达自己的思想和情感的能力。这种智力在运动员、舞蹈家、外科医生、赛车手和发明家身上有比较突出的表现。

（6）交往-交流能力：与人交往的能力，表现为觉察体验他人情绪、情感、气质、意图和需求并据此做出适当反应的能力。这种智力在教师、律师、推销员、公关人员、谈话节目主持人、管理者和政治家等人身上有比较突出的表现。

（7）自知-自省能力：认识、洞察和反省自身的能力，表现为能够正确地意识和评价自身的情绪、动机、欲望、个性、意志，并在正确的自我意识和自我评价的基础上形成自尊、自律和自制的能力。这种智力在哲学家、小说家、律师等人身上有比较突出的表现。

（8）自然能力：认识动物、植物和自然环境其他部分的能力。在猎人、植物学家或者解剖学家等人身上有比较突出的表现。

（二）能力的发展

1. 能力发展的一般趋势和个体差异

（1）能力发展的一般趋势：童年期和少年期是某些能力发展最重要的时期；人的智力在18~25岁达到顶峰；成年期是能力发展最稳定的时期，在25~40岁人们常出现富有创造性的活动；能力发展的趋势存在个体差异，能力高的发展快，达到高峰的时间晚，能力低的发展慢，达到高峰的时间早。

（2）能力发展的个体差异：主要体现在发展水平的差异、表现早晚的差异、结构的差异、性别的差异四个方面。

2. 能力发展的影响因素

（1）遗传。遗传对能力的影响主要表现在身体素质上，以运动员为例，运动员的身体素质是能力发展的自然前提，对能力的发展有重要的影响。

（2）环境和教育。环境和教育对个人能力的发展也有非常重要的影响，"孟母三迁"的故事就很好地验证了环境对人的影响作用。有一名小提琴演奏家，她经常在家里给学生上课，而她一岁多的小女儿经常隔着书房的窗子看她上课，有一天，她突然抢着要妈妈的小提琴，居然也像模像样地拉了起来，当然，她还需要别人的帮助才能拿稳那把几乎和她一般高的小提琴。这也体现了环境对人的影响。

（3）实践活动。能力是可以在反复实践中提高的。通过练习点钞，银行营业员点钞的准确率和熟练程度可达到相当高的水平；通过练习五笔打字，人们可以从一分钟打5个字都很难能达到提高到每分钟打几十个字；通过不断地观看英文节目，人们会发现自己在不知不觉中英文听力提高很快；通过每天高强度的训练，运动员们在竞赛中取得了优异的成绩……由此可见，实践是提高各种能力的必由之路。重视实践，能提高把知识转化为财富和解决问题的能力。

（三）职业能力的评定方法

现在开始采用能力倾向测试的方式来评定人的职业能力。能力倾向测试具有明显的预测性，近几十年间发展较快。随着企业、事业、机关对人才研究的深入和职位分类制度的建立，能力倾向测试的研究得到了很大的发展。在中国，最具代表性的就是公务员考试中的"行政职业能力测验"。

普通能力倾向成套测验，最初是美国劳工部从1934年用了十多年时间研究制订的。它是对许多职业群同时检查各自的不适合者的一种成套测验。由于这套测验在许多国家被广泛使用，因而倍受推崇。这套测验主要实现对许多职业领域中工作所必需的几种能力倾向的测定。它由 15 种测验项目构成，其中 11 种是纸笔测验，其余 4 种是操作测验，这两种测验方法可以测定 9 种能力倾向。这 9 种能力倾向对完成各种职业的工作都是必要的。

（1）G-智能：一般的学习能力。对测验说明、指导语和原理的理解能力，推理判断的能力，迅速适应新环境的能力。

（2）V-言语能力：理解言语的意义及与它关联的概念，并有效掌握它的能力。对言语相互关系及句子和文章意义的理解能力，也包括表达信息和自己想法的能力。

（3）N-数理能力：在正确、快速进行计算的同时，能进行推理，解决应用问题的能力。

（4）Q-书写知觉：对词、印刷物、各种证票之细微部分的正确知觉能力，能直观地比较、辨别词和数字，发现错误或校正的能力。

（5）S-空间判断能力：对立体图形以及平面图形与立体图形之间关系的理解、判断能力。

（6）P-形状知觉：对实物或图解的细微部分的正确知觉能力。即视觉能够对图形的形状和阴影部分的细微差异进行辨别的能力。

（7）K-运动协调：正确而迅速地使眼和手相协调，并迅速完成操作的能力。要求手能跟随着眼看到的东西并正确而迅速地做出反应动作并且能准确控制的能力。

（8）F-手指灵巧度：快速而正确地活动手指，用手指很准确地操作细小东西的能力。

（9）M-手腕灵巧度：随心所欲地、灵巧地活动手及手腕的能力。如拿着、放置、调换、翻转物体时手的精巧运动和腕的自由运动能力。

以上 9 种能力中的每一种能力，都要通过一种实践性测验来获得。其中纸笔测验可集体进行。记分采用标准分数，各种能力因素的原始分数转换为标准分数后便可绘制个人能力倾向剖析图，并与职业能力倾向类型对照，被试者就可以从测验结果中知道能够充分发挥个人能力特性的职业活动领域。

四、价值观

（一）价值观的概念

价值观是指一个人对周围的客观事物（包括人、事、物）的意义、重要性的总评价和总看法。一方面表现为价值取向、价值追求，表现为一定的价值目标；另一方面表现为价值尺度和准则，成为人们判断事物有无价值及价值大小的评价标准。价值观往往是基于日常生活，而又集中体现在日常生活中，也就是人们说的“值不值”。

美国心理学家洛特克在《人类价值观的本质》一书中提出了 13 种价值观，即成就感、美感的追求、挑战、健康、收入与财富、独立性、爱与家庭及人际关系、道德感、欢乐、权力、安全感、自我成长、协助他人。价值观不仅指向一些有形的东西，还可以列出一些无形的价值取向，如诚信、积极、热情、谦虚、礼貌、节俭、冒险、尊重、感恩、爱心、勤奋等。

（二）价值观与职业的关系

1. 职业价值观的概念

职业价值观是人生目标和人生态度在职业选择方面的具体表现，是指一个人对职业的认识和态度以及他对职业目标的追求和向往。俗话说，“人各有志”，这个“志”若表现在职业选择上，就是职业价值观。也就是它表明了一个人通过工作所要追求的理想，是钱、权，还是自我实现，等等。它支配着人们的择业心态、择业行为以及对某一职业的价值判断等。

职业价值观包括3个方面：一是发展要素，包括能满足兴趣爱好、工作有挑战性、能发挥自己才能、工作具有自主性、能促进个人发展等，这些项目都与个人发展有关；二是保障要素，包括福利好、提供保险、收入高、交通便利快捷、工作环境优雅等，这些与生活水准有关；三是地位要素，包括单位知名度、单位规模等，这些与社会地位有关。

职业价值观具有4个方面的特性：其一，因人而异，每个人都具有自己独特的价值观和价值体系；其二，相对稳定，人的价值观一旦形成，便会相对稳定，但当自身条件和外界环境发生较大变化时，职业价值观也会随之改变；其三，具有阶段性，大多数人的职业价值观是具有阶段性的，特别是随着某一阶段的自身需求满足后，就会产生更高层次的需求；其四，一个人的职业价值观不是唯一的，比如，择业时可能会有几个动机同时支配个人的选择，从而使人常为选择感到痛苦。

2. 职业价值观的分类

美国著名的心理学家奥尔波特经过研究，将职业价值观划为6个维度，后来经过职业专家的大量调查，在奥尔波特理论的基础上，从理想、信念、价值观角度把职业价值观进一步细分为九大类：

（1）自由型：不受别人指使，不愿意受人干涉，想充分施展自身的本领。相应的职业类型有室内装潢专家、图书管理专家、摄影师、作家、演员、作曲家、编剧、雕刻家、漫画家等。

（2）经济型：认为世界上的各种关系都建立在金钱之上，包括人与人之间的关系，甚至父母与子女之间的爱也带有金钱的印记，这种类型的人确信金钱可以买到世界上所有的幸福。各种职业中都有这种类型的人，商人尤甚。

（3）支配型：相当于组织中的一把手，无视他人的想法，且视此为乐。相应职业类型有广告宣传员、调度员、律师、政治家、零售商等。

（4）小康型：追求虚荣，优越感很强。渴望拥有社会地位和名誉，希望受到众人的尊敬。欲望得不到满足时，反而会很自卑，相应的职业类型有记账员、会计、银行出纳、法庭速记员、税务员、核算员、打字员、办公室职员、统计员、计算机操作员等。

（5）自我实现型：不关心平常的幸福，一心一意想发挥个性，追求真理。不考虑收入、地位及他人对自己的看法，尽力挖掘自己的潜力，施展自己的本领，并视此为有意义的生活。相应的职业类型有生物学家、科学报刊编辑、植物学者、数学家、实验员、科研人员等。

（6）志愿型：富于同情心，把他人的痛苦视为自己的痛苦，不愿做表面上哗众取宠的事，把默默地帮助不幸的人视为快乐。相应的职业类型有社会学者、导游、福利机构工作者、咨询人员、社会工作者、社会科学教师、护士等。

（7）技术型：性格沉稳，做事组织严密，井井有条，对未来充满平常心态。相应职业类型有木匠、农民、工程师、飞机机械师、野生动物专家、自动化技师、机械工、电工、火车司机、公共汽车司机、机械制图人员等。

（8）合作型：人际关系很好，认为朋友是最大的财富。相应的职业类型有公关人员、推销人员、秘书等。

（9）享受型：喜欢安逸的生活，不愿意从事挑战性的工作。持这种价值观的人无固定职业类型。

不同的时代、不同的制度环境、不同的自然条件下，人们会有不同的职业价值观。即使是在同一个年代、同一地区的人，也会因各自的成长环境、教育背景、个性追求等的差异而各有所好。

（三）职业价值观的澄清

案　例

王宇豪：世界很美，而我刚好有空

大一暑假，一次偶然的义工旅行改变了北京外国语大学学生王宇豪的人生轨迹。在目的地斯里兰卡，王宇豪第一次站上讲台，第一次被人叫老师，也是第一次真切地感受到旅行和公益的意义。从孩子的眼神中，他读到了当地孩子对新事物的向往，也意识到自己能给这些孩子带来的改变。自此，建立义工组织的想法在他心里扎了根。

但创业远没有想象中容易，不仅需要勇气，而且需要实打实的付出。从小养成的独立思考能力发挥了重要的作用，王宇豪边做边学。一开始，连父母都不支持他的冒险举动。在多次沟通后，他们不再反对儿子的决策。“只有了解，才能得到认同。”说服父母的经历，增强了王宇豪的信心。接下来，他陆续找到几位朋友，开始了自己的创业历程。

最先要面临的是资金问题。前期运营成本几乎为零的微信公众平台成为王宇豪的首选。他从注册账号学起，一步步掌握了简单编辑、自动回复、线上投票，直至设计一个图文精美的H5页面。慢慢地，这份执着吸引了2 000多名粉丝。觉得时机成熟的王宇豪决定发起第一期项目。

70余份报名表接踵而至。惊喜之余，王宇豪认识到肩上的重担——如何才能不辜负大家的信任？他想到转变角色，从客户、供应商、合作伙伴的角度思考问题。随之而来的是一连串问题，王宇豪和团队成员无数次在一起头脑风暴，预想工作流程、列举潜在的风险、设计紧急预案，争取做到对错误的零容忍。最终，这个名为“出走世界”的义工旅行平台收获了种子用户的良好口碑。王宇豪及其团队也积极创新，通过自主设计文化衫、制作周边产品、发起义卖等方式使其倡导的义工文化被广泛传播。

大三学年，王宇豪决定休学，百分之百投入创业。出乎意料的是，他的这次决定得到了不少支持。休学期间，他只身前往尼泊尔加德满都，一所所地拜访当地学校，考察酒店，反复沟通和确认教学内容以及酒店提供的服务，力争每一个细节尽善尽美。这份赤诚，打动了当地的合作伙伴，让“出走世界”成了第一家把义工项目开设在加德满都旅游核心区泰米尔区的义工机构。同样的场景出现在巴厘岛、柬埔寨、摩洛哥等10个国家或地区的20余个高品质自营项目中。

一年后，重回校园的王宇豪拥有了30余名成员、年营业额超过千万元的事业，还为上述地区输送出近万名国际志愿者。截至今年（2018年）10月，支援工作时长超过28万小时，累计帮助3万余名当地儿童，实际捐款超过100万元。

（资料来源：王豪．世界很美，而我刚好有空[N]．中国青年报，2018-12-03）

对自己的价值观有清楚认识的人在做生涯决策时困难较少。一些专家认为，最重要的价值观的澄清过程并不是价值观本身。他们确定了价值观澄清的7个步骤，它们可以分为三个阶段。第一阶段，选择一个价值观，包括个人自由地选择一个价值观，不考虑他人的压力，也不考虑其他的价值观，然后思考每一个选择的后果。第二阶段，珍视个人的价值观，包括珍爱和喜欢自己的价值观，愿意在合适的时候向他人公开声明自己的选择。第三阶段，依照个人的价值观行动，包括做出一些与自己选择有关的行为，不断地以与自己的价值观选择相一致的模式行动。

大学生必须尽量去发现和了解自己的职业价值观，要对自身的需要进行梳理，并将其作为个人职业生涯决策的依据。因为它反映了一个人在工作中最看重的是什么、最想要得到的是什么和最不在意的是什么。如果职业价值观与工作相吻合，那么在工作中个人就会发自真心地付出百分百努力；如果不吻合，除了个人感到疲惫和无助外，工作效率也会大大降低。所以每位同学在进行职业选择时都要进行个人职业价值观的澄清。

通过自我探索，同学们发现了自己喜欢什么；通过了解个人的气质和性格，发现了自己可能适合干什么；通过学习能力的分类，知道了自己可能干好什么；通过发现自己的价值观，了解了内心最真实的需要。当然，了解自我并非通过本章的学习就能完成。人对自己的了解是一个漫长和渐进的过程，会终其一生，需要大家在生活事件中不断地澄清和思考。

课后练习题

一、选择题

1. 职业兴趣是一个人探究某种职业或者从事某种职业活动所表现的(　　)，它使个人对某种职业给予优先的注意，并且有向往的情感。

A. 心理特征　　B. 心理倾向　　C. 心理现象　　D. 特殊个性倾向

2. 下列反映职业兴趣一项的是(　　)。

A. 张勇经常练习写毛笔字

B. 李莉喜欢港台明星

C. 王刚沉迷于集邮

D. 赵亮业余时间当兼职记者，对新闻和记者的行动特别敏感

3. 下列反映人的性格特征的词语是(　　)。

A. 喜欢　　B. 沉着稳重　　C. 思维　　D. 学习

4. 下列观点不正确的是(　　)。

A. 兴趣可以培养　　B. 性格可以改变　　C. 能力一成不变　　D. 能力可以提高

5. 一对在相同环境中学习成长的孪生姐妹，姐姐活泼开朗、勇敢果断、处事主动，妹妹文静内向、缺少主见、依附性强。这说明(　　)。

A. 性格存在可塑性，性格不是天生一成不变的，而是可以改变的，它的形成还受环境的影响

B. 江山易改、禀性难移

C. 日常生活中，许多从事同一职业的人有相似的性格

D. 为了职业的需要，人们可以尝试去调适自己的性格

6. 著名数学家陈景润曾经当过中学数学老师，但不太受学生欢迎，因为他的口头语言表达能力较差，人际交往能力和组织管理能力也不强。但他的学习能力极强，有超常的记忆能力、注意能力、想象能力、算数能力和高于常人的逻辑思维能力。这种能力特征，使他能成为攀登科学高峰的数学家，却不能成为合格的中学教师。下列对这段材料理解不正确的是(　　)。

A. 不同职业对从业者的能力要求不同

B. 明确的职业理想是一个人职业生涯成功与否的重要保证

C. 具有符合职业要求的能力，是职业生涯发展得以成功的重要保证

D. 对职业的热爱，能促使从业者锻炼出超乎常人的职业能力

7. 每个大学生都希望能找到挚友，彼此在生活、学习、工作等各方面互助共进。但深厚友谊的建立需要一定的基础，对此，你认为下列说法正确的是(　　)。

A. 共同的思想和志向是友谊的前提　　B. 共同的兴趣爱好是友谊的催化剂

C. 诚实守信是友谊的保证　　D. 以上说法都正确

8. 《论语》告诉我们，“敬而无失，与人恭而有礼，四海之内，皆兄弟也”，这说明了(　　)道理。

A. 没有尊重的基石，牢固的人际关系就难以建立，四海之内的兄弟也就难以寻觅

B. 尊重朋友，就要勇于牺牲自己的一切

C. 为了朋友，适当的时候可以放弃自己的原则

D. 以上说法都不对

9. (　　)直接影响职业活动的效率。

A. 职业能力　　B. 职业道德　　C. 职业个性　　D. 职业素养

10. 社团是大学生活的重要组成部分，对于大学生应该如何参加社团活动，下列说法错误的是(　　)。

A. 正因为社团是以爱好和兴趣为基础而形成的群众性团体，所以，应把社团当作发展个人爱好与兴趣的工具，从社团活动及成员中索取需要的任何东西

B. 正确处理第一课堂和第二课堂的关系，应有主次之分，合理地分配自己的时间和精力。只有这样才能把专业学习和素质培养有机地结合起来

C. 时刻记住自己加入社团时的目的，这样才能以积极主动的姿态参加社团的各项活动

D. 把社团当作培养综合素质的课堂和展示自我才华的舞台，同时，任何事情都必须从小处着手，因此，尽职尽责地完成每项工作，是实现自己目标的基本原则

二、判断题

1. “知己”就是对自身条件的分析，是通过认识自己、了解自己，使职业生涯规划符合本人实际。(　　)

2. 能力的高低也会影响掌握知识、技能的快慢、深浅、难易和巩固程度。(　　)

3. 在职业活动中，职业的成功与否，与个人能力是否与职业要求相匹配直接相关。(　　)

4. 在人生道路上，人们通过职业活动改善物质条件，实现自我价值，得到社会对自己的认同。(　　)

5. 兴趣不稳定的人在职业生活中容易出现朝秦暮楚、事业有成。(　　)

三、思考题

1. 结合本章内容，简单总结一下自己的兴趣、性格、能力和价值观。

2. 请回忆近半年以来，体现你在上述四个方面特点的重要事件，然后重新评价自己的兴趣、性格、能力和价值观。

3. 谈谈兴趣、性格、能力与职业选择和职业成功的关系。

4. 很多大学生可能在经历了几个学期的专业学习后发现，原来自己的专业方向并不是自己最感兴趣的那一个，也因此产生了学习上的苦恼，因为毕竟专业和以后要从事的职业在很大程度上是挂钩的。对于同学的这种困惑甚至以后可能出现的兴趣和职业的矛盾，你认为可以怎样解决？

第四章　环境认知

知识与能力目标

1. 了解社会环境、行业环境和环境。
2. 能够进行社会环境、行业环境、职业环境分析。
3. 了解未来职业的发展趋势。

思政目标

进行社会、行业和职业环境认知，分析环境对自身职业发展带来的影响，鼓励学生关注国家发展的需要，把所学与社会经济发展所需紧密结合，并站在社会大环境的高度，加深对当代世界形势、国情和社会环境的认识，实现个体职业生涯与社会环境、行业环境等和谐一致与持续发展。

导入案例

李先生的书柜

进入不惑之年的李先生，从某高校生物医学工程专业本科毕业后，先到沿海城市的一家事业单位从事技术资料管理工作。因为很难适应工作环境，他辞职后到一家医药公司任职；在绿色药业的风潮下，继而选择到生物制药行业的新兴技术性企业发展，在中原地区的一座中等城市任一家医药公司的销售主管，同时加入了专业学会，掌握了丰厚的人脉资源……这位成功职业人士的办公桌上和书柜中，除了有专业书籍外，还整整齐齐地放着不少关于劳动法规、就业政策、行业导航、职业指导等方面的资料。他颇有感触地说，每当有挪动的意念时，就广泛搜集“下一个”的信息，当然，不仅要搜集求职应聘的微观内容，还必须捕捉一些宏观的内容，这样才能做到心中有数。实践证明，所有的社会信息都与个人的发展息息相关。

分析李先生的职业发展经历，思考一下李先生对绿色药业、中等城市、专业的选择，综合考虑了哪些因素？自己在进行职业规划的时候应该怎样在社会环境下把握契机、和谐发展？

（资料来源：摘自北森测评培训案例资料）

职业与环境之间存在极为密切的关系。大学生要善于利用周围环境为个人职业可持续发展提供帮助。在个人职业发展的道路上，需要认真分析所处环境的优势和劣势、面临的机遇和挑战，不断努力地突破职业环境的瓶颈和束缚，充分发挥个体的主观能动性，谋求更好的职业环境，为自身职业发展创造更有利的条件。大学生在进行职业生涯规划时，要能够对自己的专业能力、兴趣爱好等因素和外界环境有清晰的认知，能够动态地分析和把握内外两个维度，从而对自己的职业发展有所预测和规划。

环境认知是由一系列心理变化组成的过程，个人通过此过程获取日常空间环境中有关位置和现象属性的信息，并对其进行编码、组织、储存、回忆和解码。人们通过对空间环境的认知以了解自己所在的空间方位，识别和辨认环境，包括方向、距离、位置和组织等，解决日常生活中的寻路、定向等空间问题，并对环境做出评价。

第一节　社会环境认知

每个人都生活、工作在社会这个大环境中，因此人们的任何行为都会受到社会环境的影响。所以，无论个体想要做什么，首先都需要对社会这个大环境进行分析。而社会环境分析，也就是对当前社会中的政治环境、经济环境、科技环境、文化环境和教育环境等宏观因素进行分析。只有对社会环境进行分析并有了大体的把握后，个体才能更好地寻求自身的发展机会。社会环境对个人的职业生涯乃至人生发展都有重大的影响。通过对社会大环境包括国际、国内与所在地区三个层次的分析，了解和认清国际、国内和自己所在地区的政治、经济、科技、文化、法制建设、政策要求及发展方向，以便更好地寻求各种发展机会。

一、政治环境

一个国家制定的政治制度和政治决策，是基于经济发展、文化发展、行业变化、民众需求等各方面的需求的，政治不仅影响国家的经济体制，而且影响企业的组织体制，从而直接影响个人的职业发展。此外，政治氛围还会潜移默化地影响个人的追求，从而对职业发展产生影响。

（一）国家的就业政策是人的职业发展的根本导向

就业政策是一个国家为实现一定时期的路线、方针而制定的高层次人力资源配置的行动准则，体现了一定时期社会发展的需要。不同历史阶段有着不同的政策内容，政策体现了一定的导向性、调控性和约束性。

我国实行社会主义市场经济条件下的就业制度，是在国家就业方针、政策指导下，求职群体和用人单位双向选择的制度。双向选择是选择与被选择的关系，是主客体的辩证统一，是双方在相互满足对方需要基础上达成的一种契约关系，是离不开社会需求的职业关系，因此，摆脱不了政策的导向、调控和约束。比如，单位的劳动用工政策、吸引人才的政策、发达地区和中心城市的进入控制政策，都将对职业发展产生重要的制约作用。

（二）促进人力资源优化配置的政策释放了人的职业发展活力

从人力资源的高端，即从人才资源的角度进行分析。改革开放以来，我国人才流动的实践和发展为人才市场的出现奠定了基础。按照国家的政策，我国各省市采取了促进人才流动的措施，逐步消除城乡、区域、部门、行业、身份、所有制等的体制壁垒，建立了人才流动的渠道，进而在人的流动方面开展人事代理业务，改革户籍、人事档案管理制度，放宽户籍准入政策，推广以引进人才为主的工作居住管理制度，探索建立社会化的人才档案公共管理服务系统。按照国家的政策，鼓励专业技术人才通过兼职、定期服务、技术开发、项目引进、科技咨询等方式进行流动；加大吸引留学生和海外高层次人才的工作力度；坚持以自我为主、按需引进、突出重点、讲求实效的方针，积极引进海外人才；继续贯彻“支持留学、鼓励回国、来去自由”的方针。鼓励留学人员以不同的方式为祖国服务；建立符合留学人员特点的引才机制；重点吸引高层次人才和紧缺人才等。

人力资源的优化配置，尤其是人才流动政策，打破了传统体制下僵死的职业管理制度，释放了人们的职业发展活力，也给人们的职业发展提供了广阔的空间，求职者在择业时不再像以往那样完全把初次就业看作终身大事，打破了传统的“一次就业定终身”的模式，甚至有了“先就业后择业”的职业发展策略。

（三）人才强国战略为人的职业高质量发展提供了契机

人才战略的实施促进了社会对人才的关注与支持，重视人才的环境日趋形成。国家采取有力措施加快人才培养的速度，提高人才培养质量，对吸引人才、合理使用人才、有效开发人才资源都进行了大量、有效的工作；地方出台引进人才和吸收毕业生的层次和质量要求；企事业单位也积极创造发展环境，吸纳各种人才，创造更好的效益。

人才强国战略对人的职业发展的层次、重点、高度等都赋予了明晰的导向，个体职业发展是否与人才需求层次相匹配，是否能够在社会岗位上创造应有的人才价值，直接关系到职业获得的可能性与职业发展的可行性。

（四）法治环境因素是确保职业有序发展的体制基础

法治环境因素是指国家法律、法规和地方政府的有关法规、规定。例如，政府有关人员招聘、工时制、最低工资的强制性规定，现行的户籍制度、住房制度、人事制度和社会保障制度，等等。这些因素都会对职业的选择和发展产生重要的影响。

职业发展需要有序的环境为依托，良好的法制空间能给职业人士提供更多的公平的机会与权益，同时，通过规范行为给予社会岗位上的群体和个体一个有序的职业发展空间。

作为新时代的大学生，首先，需要熟悉与职业生活有关的法律法规。如《中华人民共和国劳动合同法》《中华人民共和国就业促进法》等，若个人想要从事的行业、职业有特殊的法律法规，则更需要进行研究和理解。其次，需要了解国家和地方的政策方针。不同的省市对于人才引进和就业培养的政策方针存在一定的差异，因此，在进行政治环境分析时需要有侧重地对政策方针进行认真研究。

二、经济环境

经济环境包括国家经济发展的水平和阶段、经济制度、国家财政收支情况、收入水平和国际贸易等宏观经济环境。经济环境是影响职业选择和职业发展的重要因素。

（一）经济形势的发展

经济形势的变化对职业的影响最为明显。经济处于萧条时期，企业效益降低，对人力资源的需求减少，职业选择和职业发展的机遇也会减少；经济处于高速发展时期，企业处于扩张阶段，对人力资源需求增加，职业选择和职业发展机遇就会增多。

（二）经济发展水平

在经济发展水平较高的地区，企业相对聚集，优秀企业也会比较多，个人职业选择的机会更多、空间也更大；反之，在经济相对落后的地区，个人职业选择的机会就相对较少。经济发展水平影响着该地区的收入水平，当人们的收入水平提高时，对商品消费的需求增加，企业扩大生产，从而增加对人力资源的需求，就业的机会和广度会增大；反之，就业的机会和广度会减少。

（三）经济发展的时代与结构特征

工业经济向知识经济转变，传统产业部门经过改造后知识含量大幅度提高，对从事生产的劳动力的需求减少，对从事知识生产与传播的职业人的需求越来越多；此外，传统的职业领域正在逐渐缩小，与新产品、新知识、新技能对应的职业领域迅速增加。知识经济时代的发展，使知识密集型职业空间不断涌现，与知识经济紧密相关联的新行业、新产业、新职业，更是给人的职业发展提供了诸多契机。

经济全球化进程的加快，激发产业结构的调整。传统的劳动密集型产业，如纺织、服装、食品、建筑、建材等，进行了一定的改造。与此同时，信息产业、生物工程、新材料、新能源等都获得了长足的发展。

因此，与经济社会发展需求一致的职业将成为最有发展潜力的职业。

（四）经济发展的区域特点

不同的地域因整体经济水平不同而造成职业需求总量不同，直接影响到企业的数量、类别和职业需求岗位的数量、类别，而这些都是职业发展需要考虑的重要因素。在经济发达地区，企业相对集中，优秀企业也比较多，职业选择的机会相对就比较多；反之，在经济相对落后地区，职业选择机会相对较少。不同的职业在不同的地域，因需求程度不一，发展程度也不相同。电子行业的职业发展空间更多是在沿海工业园区，而纺织行业的发展空间相对在内陆。西部地区随着大开发的实施，会产生很多新的职业机会。在职业发展中，认真分析一个地区的经济结构和发展动态，将会给职业发展提供很多新的信息。

因此，大学生要紧跟经济环境的变化，了解经济社会对人才需求的具体的新要求，并以此作为自己日常生活的学习目标，努力提升自身的知识和技能水平，以适应经济社会发展的需要。

三、科技环境

科学技术发展日新月异，对职业发展有着非常重要的作用。历史上的三次科技革命，都为职业结构带来了巨大的变化和发展。随着我国科学技术水平的不断提高，许多新兴职业不断产生，同时也使得一些职业逐渐消亡。因此，大学生需要时刻关注科学技术的变化，尤其那些与自身想要从事的行业有关的科学技术。

（一）科学技术进步促进社会职业的更替

随着大规模工业化的生产时代向以脑力劳动为主的技术时代的转变，就业结构正在发生重大的调整与更替。

人工智能、自动化和生物技术等发展正在彻底改变就业市场。机器将使某些工作岗位变得不必要，并且将出现新的专业领域。机器人技术、物联网、生物技术等都是未来的增长领域，进入这些新领域的年轻人将更有能力和价值。这种情况也发生在可持续性领域。一切都将是数字化的，一切都将是可持续的，因此对这两个领域相关人员的需求将在未来几年呈指数增长。早在2018年，国际劳工组织就发表了一份题为《绿色就业》的报告，其中估计，实施《巴黎协定》中将本世纪（21世纪）全球平均气温上升幅度控制在2℃以内的措施，将意味着到2030年创造2400万个就业岗位。报告预测，循环经济将需要新材料专家、新能源工程师或大数据计算机科学家等新兴岗位，向循环经济的转型将创造600万个就业岗位，能够抵消因生态转型而可能消失的相同数量的工作岗位。另外，和可持续性相关的另一个重要就业来源与可再生能源的比重不断提高有关。报告提到，2018—2030 年，与这些能源相关的工作岗位将增长 11%，这意味着新增数以百万计的工作岗位。

联合国经济合作与发展组织的研究报告也表明，依靠智能技术从事生产和传播的就业者越来越占据有利地位，并取得 80%以上的份额。尽管制造业中的失业状况持续恶化，但技术型劳动人口的就业情况并没有受到影响。

科学技术的发展使得劳动力从知识含量低的工业化时期的主导产业部门向知识含量高的高科技产业和以知识为基础的服务业大规模流动，采掘、钢铁、纺织等传统工业部门的就业人数持续减少，信息产业、生物工程等高科技产业的就业率持续增长。依靠高科技实现职业发展成为主流，实现了就业结构的升级换代。

（二）科学技术进步创造就业岗位

我们正处在人类有史以来最伟大的数字革命进程之中。数字技术的广泛应用创造出许多新的就业岗位和职业类型。2019 年 4 月，人力资源和社会保障部、国家市场监管总局、国家统计局发布 13 个新职业信息。具体包括人工智能工程技术人员、物联网工程技术人员、大数据工程技术人员、云计算工程技术人员、数字化管理师、建筑信息模型技术员、电子竞技运营师、电子竞技员、无人机驾驶员、农业经理人、物联网安装调试员、工业机器人系统操作员、工业机器人系统运维员。除农业经理人外，其他 12 个职业都是由数字技术所创造的。

数字技术直接创造的就业数量比较有限，但间接支持的就业非常可观。在美国，一个高科技职位能在其他部门带动产生 4.9 个职位。2018 年微信带动的直接就业机会有 527 万个，而带动的总就业机会达 2 235 万个；微信小程序带动的直接就业机会达 70 万个，带动的总就业机会达 182 万个。数字技术的广泛普及应用，不仅会促进经济社会发展模式和运行方式发生新的转变，而且提供的就业机会将大规模增加。

（三）科学技术进步改变职业结构

社会职业中变迁最大的，莫过于生产力发展、产业结构调整带来的第一产业、第二产业人员大规模转向第三产业，包括运输业、邮电通信业、商业、服务业、金融保险业以及卫生、体育、教育和文化艺术等行业。

随着科学技术的进步，涌现出一大批新兴的高科技类职业，不仅带来一场新的技术革命，也激起一场深刻的职业变革。从 2019 年起，人力资源社会保障部陆续发布了 4 批共 56 个新职业，这些新职业里，“80 后”“90 后”的从业者，占比超过 80%，预计未来几年，新职业人才需求将不断增加。目前新职业主要分布在两大领域，一是高新技术领域，如人工智能工程技术人员、物联网工程技术人员、大数据工程技术人员、云计算工程技术人员、数字化管理师、建筑信息模型技术员、电子竞技运营师、电子竞技员、无人机驾驶员、农业经理人、物联网安装调试员、工业机器人系统操作员、工业机器人系统运维员等，还有“互联网+”浪潮的席卷使得线上电商飞速崛起，新的职业岗位应运而生。比如网站策划设计、网络营销、运营推广、数据挖掘等领域的人才，成为市场新宠。二是现代服务业，如调饮师、互联网营销师、整理收纳师、老年人能力评估师、食品安全管理师、职业培训师，职业遛狗师等。在这背后体现了消费升级和民众对服务业多元化的需求。

科技进步在催生一部分职业的同时，还有一部分职业正逐渐被人工智能取代，未来机械性、体力性、纯线下的低端岗位将继续减少；与此同时，以往具有一定知识和技术含量的白领岗位，如办公室文秘、法律助理等，也面临逐步减少的威胁。新一轮科技革命与产业变革加速演进，以大数据、物联网、人工智能等为代表的新一代信息技术正推动智能化革命，实现机器对人类体力乃至智力的更多替代。只要人工智能尚不能完全取代人类，旧岗位的消失与新岗位的创造在总量上大体会保持平衡。

随着技术的进步与广泛应用，多种职业都已被注入高科技成分，许多职业的内涵也因此被改写。

四、文化环境

文化环境属于社会环境中的“软环境”“软要素”，包括教育条件和水平、精神传统、社会文化设施等。它反映着个人和群体的基本信念、精神状态和价值取向，是一个国家从历史上传承下来并经过长期沉淀形成的环境。它以不同的方式和介质对人们的道德观念、价值观和行为习惯等产生较大的影响。现代大学生获取文化信息的渠道更为丰富和多元，这不断地提升大学生思维的广度和深度。

（一）价值观

价值观是指个人对客观事物（包括人、物、事）及对自己的行为结果的意义、作用、效果和重要性的总体评价。一个人生活在社会环境中，必然会受到社会价值观念的影响，大多数人的价值取向，被社会主体价值取向所左右。社会价值观正是通过影响个人价值观而影响个人的职业选择和职业发展。

价值观是人们希望获得某些结果的一种抽象说法。它揭示了人们看待工作或职业回报、薪酬或其他问题的不同态度。各种职业都有各自的特性。不同的人对职业的特性可能有不同的评价和取向，这就是所谓的职业价值观，也称择业观。价值观对人的一生有着重要的影响。职业价值观作为人们对待职业的信念和态度，往往决定了人们的职业期望，影响着人们对职业方向和职业目标的选择。

（二）社会时尚

时尚是一个多方面的行业，它有能力塑造潮流、反映文化价值，并作为一种自我表达和社会评论的方式。它是一个不断发展的领域，能够影响和被各种因素影响，包括技术、政治和流行文化。因此，时尚是人们生活中不可或缺的一部分，未来也将如此。

社会时尚是指在社会中流行一时的风气或风尚，它是一种非常规的集体行为模式。人们崇尚的行为取向会表现为一种社会时尚，它对人的职业发展的影响是不可忽视的。如大学生择业中出现过的大城市热、合资企业热、“孔雀东南飞”，以及现在盛行的公务员热、考研热等。时尚又与社会舆论有关。时尚对人的正负面影响会造成人的行为结果的不同。健康的时尚会激发人的责任感和使命感，形成正向行为导向，促进职业健康发展；非健康或带有偏见的时尚会造成人的思想意识偏狭和行为取向偏差，从而导致职业发展中的种种不合适行为。

另外，从职业生涯规划的角度来说，加深对地域文化的体验和实践，有利于培养学生对地区文化发展态势的理性思考，更好地做出适合自己的职业选择。大学生在规划职业生涯时，要认清文化环境对自身的影响，对自己的价值观要有清晰的认识，做出符合自身状况的、科学合理的职业规划。

五、教育环境

教育环境是指教育所需要的一切外部条件的总和，包括自然环境和社会环境。教育的自然环境指的是物质环境，比如学校所处的位置、自然条件、气候条件、水土条件等。自然环境又可分为纯自然环境和人化自然环境两种。前者是指未经人改造的自然环境，后者是指经过人改造的物质环境。自然环境因素不仅对人的身体发展有影响，而且还会影响人的心理发展水平。教育的社会环境具有鲜明的政治性、高度的规范性和强烈的感染性。在中国特色社会主义新时代，职业技术教育作为教育系统的子系统，重点培养学生的专门职业能力和职业道德，对推动“中国质造”高质量发展有重要的意义。

总体来说，我们现在面临一个非常好的宏观环境，社会安定，政治稳定，经济发展迅速，并与全球一体化接轨，法治建设不断完善，文化繁荣自由，尖端技术、高新技术突飞猛进。在这个大前提之下，我们需要特别注意的是职业环境的变化。有资料报道，人力资源和社会保障部根据各类全国性专业协会有关资料的统计得出今后几年社会急需以下 16 类人才：

（1）电脑系统分析专家（电脑类）。

（2）电脑软件工程师（工程类）。

（3）环境工程师（环保类）。

（4）中医师（健康医药类）。

(5) 咨询经纪人（咨询服务类）。
(6) 索赔估价员（保险类）。
(7) 律师（法律类）。
(8) 老年医学专家（医学类）。
(9) 家庭护理（个人服务类）。
(10) 专业公关人员（公共关系类）
(11) 商业服务业务代表（推销类）
(12) 生物化学家（科学研究类）。
(13) 心理学家（社会工作类）。
(14) 旅游代理员（旅游类）。
(15) 人力资源专家（人事类）。
(16) 税务会计师（会计类）。

第二节　行业环境认知

行业，是指从事国民经济中同性质的生产或其他经济社会的经营单位或者个体的组织结构体系。行业是社会分工的大类，各行业都包含一定的主流职业，因此行业环境是职业发展和职业规划的重要落脚点。

一、行业环境的基本要点

（一）行业的具体分类

了解不同的行业分类有利于全方位了解行业。分类的标准决定了具体的分类，可以选择政府、协会的分类标准，以此为线可以很好地掌握和厘清行业发展脉络，也是个人了解行业发展空间的重要依据。

行业发展受到社会综合因素的制约，一方面要关注科学技术的飞速发展带来的行业变化，看到某些行业的逐渐萎缩，看到很多朝阳行业的不断涌现；另一方面要关注国家对某一行业是支持、鼓励和引导，还是限制、控制和制约，从而尽量选择那些有前景、发展空间较大的行业发展自己的职业道路。2022 年，我国主要大类行业 41 个，主要有农、林、牧、渔业，采矿业，制造业，电力、热力、燃气及水生产和供应业，建筑业，批发和零售业，交通运输、仓储和邮政业，住宿和餐饮业，信息传输、软件和信息技术服务业，金融业，房地产业，租赁和商务服务业，科学研究和技术服务业，水利、环境和公共设施管理业，居民服务、修理和其他服务业，教育、卫生和社会工作，文化、体育和娱乐业，公共管理、社会保障和社会组织等。在每个行业内部都有二级子行业甚至三四级子行业。例如，渔业下属有水产养殖、水产捕捞两类，两者下属又有海水、内陆两个小类。

（二）行业的人才需求

一个行业的人才需求主要取决于这个行业的发展前景。同一个行业，人才的需求与人才的供给可能相反。如地质等野外作业的艰苦行业，人才需求量比较大，但由于工作艰苦、生活不安定，人才的供给就比较小；又如信息产业，由于工作环境好、生活待遇优、社会地位高，人才供给量比较大，但由于该行业人才处于饱和状态，人才需求量较少。

盘点行业的需求状况之后，可以加速自己的职业选择，为个人的职业定位和职业发展路径的设计做出可能的探索。另外，还要对行业的未来需求进行整理和分析，便于自己从未来的角度进行选择。

（三）行业环境的内容

行业环境主要包括行业的确定、行业历史和发展趋势分析、行业结构分析、行业内企业行为分析及行业关键成功因素分析等 5 个方面。

1. 行业的确定

确定企业经营业务、行业归属是行业环境分析的首要内容，也是战略选择的前提。

2. 行业历史和发展趋势分析

确定了企业所处行业后，要对这些或这个行业的历史、现状相关资料进行分析，了解行业演变过程中存在的机遇、威胁，对行业未来发展趋势做出预测和判断。

3. 行业结构分析

在行业结构分析中最重要的是要对企业所处行业的供给结构（厂商集中度、企业间竞争程度、市场占有率、进入壁垒大小等）、需求结构（产品差异化和多元化程度、产品需求增长率等）、产业链结构（行业内纵向一体化程度）等结构性要素及行业结构的变化历史和发展趋势进行分析。

4. 行业内企业行为分析

对行业结构分析后，还要对行业内企业历史上和当前的策略、行动以及应对行业结构变化的反应等行为模式进行深入分析。尤其处于同一战略群体中的企业和主要竞争对手的行为是分析的重点，它们的战略博弈过程体现了行业特点及行为模式。

5. 行业的关键成功因素分析

在行业历史和趋势、行业结构等分析的基础上，要总结出企业所处行业内企业实现成功竞争所必须具备的条件，即对行业内的关键成功因素进行分析。

二、行业环境分析方法

（一）PLACE 分析法

P：职位或职务（position）：包括经常性任务、担负的责任、工作层次等。

L：工作地点（location）：包括地理位置、环境状况、室内或户外、都市或乡村、工作地点的变化、安全性等。

A：升迁状况（advancement）：包括升迁路径、升迁速度、稳定性、保障等。

C：雇用条件（condition of employment）：包括薪水、福利、进修机会等。

E：雇用要求（entry requirements）：包括所需的教育程度、专业认证、培训、经验、能力、人格特质、品德修养等。

（二）SWOT 分析法

“SWOT 分析”最早是由勒尼德（Learned）等人于 1965 年提出的，在战略管理领域中被广泛运用。所谓“SWOT 分析”即态势分析，基于内外部竞争环境和竞争条件下的态势分析，就是将与研究对象密切相关的各种主要内部优势（strength）、劣势（weakness）、机会（opportunity）、威胁（threat）等，通过调查列举出来，并依照矩阵形式排列，然后用系统分析的思想，把各种因素相互匹配后加以分析，从中得出一系列相应的结论，结论通常带有一定的决策性。

（三）波特五力模型

迈克尔·波特（Michael E. Povter）教授提出的“五力模型”分析法是分析行业结构的重要工具。在一个行业里，普遍存在着 5 种基本竞争力量，这 5 种基本竞争力量的状况以及综合强度，引发行业内在结构的变化，从而决定着行业内部竞争的激烈程度，决定了谁是行业中实现利润最大化的最终赢家。这 5 种基本竞争力量如下：

（1）潜在进入者的威胁。如果潜在的竞争对手带着新增生产能力进入市场，必然要求分享市场份额和资源，从而构成对现有企业的威胁。这种威胁的大小依进入市场的障碍、市场潜力以及现有企业的反应程度而定。

（2）行业中现有企业间的竞争。行业内现有企业的竞争激烈程度取决于行业市场集中度的大小、行业增长速度的快慢、固定费用和存储费用的高低、产品特色与用户的转变费用、退出壁垒等。现有企业之间的竞争常表现在价格、广告、产品介绍、售后服务等方面。

（3）替代品的威胁。替代品价格越低、质量越好、用户转换成本越低，替代品所能产生的竞争压力就越大。

（4）购买者的谈判能力。购买者具有较强谈判能力的特征：购买供应者的大部分产品或服务，具有自主生产该产品的潜力，有许多可供替代的供应者，转向其他供应者的成本很低。

（5）供应者的谈判能力。供应者将处于有利的地位：供应者的行业由少数企业控制，而购买者却很多；没有替代品，供应者能够进行深加工而与购买者竞争，购买者只购买供应者产品的一小部分。

（四）行业关键成功因素分析法

丹尼尔（Daniel）于 1961 年首次提出关键成功因素法作为确定决策者信息需求的方法。他认为，任何组织都有一些特定的因素对其获得成功非常重要，如果同这些因素相关的目标没有实现，组织将失败。

行业关键成功因素指的是对企业成功起关键作用的因素，是在竞争中取胜的关键环节，可以通过矩阵的方法定性，识别行业关键成功因素，然后设计出行业关键成功因素分析表。首先，根据企业的战略目标识别所有的成功因素。其次是分析影响战略目标的各种因素和影响这些因素的子因素后，确定关键成功因素。不同行业的关键成功因素各不相同。即使是处于同一行业的不同企业，由于各自所处的外部环境的差异和内部条件的不同，其关键成功因素也不尽相同。最后，明确各关键成功因素的性能指标和评估标准。

除此之外，对行业（企业）宏观环境进行分析，可以采用 PEST 分析（P 代表政治法律分析，E 代表经济分析，S 代表社会分析，T 代表技术分析）；对行业（企业）外部环境进行分析，可以采用 SCP 分析法（S 代表结构，C 代表行为，P 代表绩效）。

在分析行业环境时，一定要结合社会大环境的发展趋势，同时还要注意国家政策的影响，从宏观上考虑，便于我们选择有前景、发展空间较大的行业。

在社会经济发展新时期，我国产业结构升级调整加快，企业对创新型、高技能人才的需求持续增加，特别是在 5G、人工智能、集成电路、新材料、机器人、航空航天、生物医药及高端医疗装备等领域，新兴行业和工作岗位不断涌现，面向新兴产业、高新技术的高等院校毕业生将持续供不应求。

第三节　组织环境认知

职业的组织环境对个人职业发展有着重要的影响。组织环境同社会环境一样，也在不断地变化，这些变化同样对职业提出了不同的要求。吉布森（James L. Gibson）、伊万切维奇（John M. Ivancevich）、唐纳利（James H. Donnelly）、科诺帕斯克（Robert Konopaske）《组织：行为、结构和过程》中写道：在设计职业生涯通路中，完全整合组织与个人的需要确实是不可能的，但是，系统的职业生涯计划都能做到这一点。

一、组织环境的核心内容

职业发展的组织环境包括的核心内容：用人单位的声誉和形象是否良好？组织（企业）实力怎样？在本行业中的地位、现状和发展前景怎样？所面对的市场状况如何？产品和服务在市场上的发展前景怎样？能够提供哪些工作岗位？有无良好的培训机会？组织的领导人怎样？组织管理制度怎样，是否先进？组织文化是否与自己吻合？福利待遇是否完善？主要体现在组织特性、组织制度、组织文化、组织决策者四个方面。

（一）组织特性

组织环境的特性内容决定了该环境中职业人的发展空间，具体包括单位的行业属性、产品的组合结构、生产的自动化程度、产品的销售方式等。例如，传统性产业部门的企业单位，生产技术和生产手段都接近规范化和程序化，对员工的要求主要是能熟练地掌握生产技术，在这样的组织环境下，对创新型的高科技人才的发展不利。而进行新产品开发的高科技企业，需要技术创新的开发人员，因此创新型人才在高科技企业里的发展空间比较大。劳动密集型企业、资本密集型企业和知识密集型企业对员工都有不同的要求。劳动密集型企业强调员工的体能，资本密集型企业强调员工的技术，知识密集型企业强调员工的科研开发能力。个人在规划职业生涯时，应考虑未来职业组织环境中各个相关因素对自己职业生涯发展的影响，选择适合和有利自己发展的组织环境，确保个人职业发展的空间要求。

（二）组织制度

组织制度体系是任何一个组织得以有序发展的基本保障，是职业人在组织内实现公平、稳定发展的重要保障，具体包括管理制度、用人制度、培训制度等。在职业发展中，要尽可能地了解这些信息，了解职业发展环境中组织结构的特征与发展变化趋势，分析这种安排对自己的未来可能带来什么样的影响，从而调整规划，顺利发展。反映组织制度的主要问题如下：

（1）用人制度如何？能否提供教育培训机会？提供的条件是什么？

（2）有没有可能担任更高级的职务或担负更大的责任？

（3）个人待遇提升的空间有多大？是基于能力还是工作年限？

（4）标准工作时间怎样？是固定的还是可以变通的？

（5）提供的薪酬和福利待遇与行业内其他公司比较如何？

（三）组织文化

组织环境中的文化氛围是全体员工在长期的生产经营活动中形成并共同遵循的最高目标、价值标准、基本信念和行为规范。除了很好的福利、吸引人的薪酬、舒适的工作环境和出色的管理之外，优秀的企业还会创造积极的企业文化，让员工感到快乐和受到尊重，使员工工作更有创造性。员工与企业相互配合是否良好的关键在于文化凝聚力是否形成。因此，在职业发展时选择具有让你觉得舒服的文化氛围的单位，是非常重要的。

（四）组织决策者

企事业单位的决策者的抱负及能力是该单位如何发展的决定性因素，这些都与员工今后的职业发展密切相关。主要可以参考以下方面：

（1）组织决策者的职业精神与职业态度。

（2）组织决策者的管理理念与管理方法。

（3）组织决策者的职业背景与能力水平。

（4）组织决策者的战略眼光和发展措施。

（5）组织决策者的特质和个人魅力。

（6）组织决策者的社会形象和公众评价。

二、组织环境的认知

（一）开展组织信息的调研

对具体单位的组织环境可以从以下方面去了解：简介历史（何时成立、对外的介绍是什么），产品服务（核心产品、产品线或服务是什么），经营战略（发展战略、经营策略是什么），组织机构（规模和部门设置是怎样的，都有哪些岗位），企业文化，人力资源战略（校园招聘的途径和职位是什么），薪酬福利（各级待遇是怎样的），人物员工（创始人、现任领导、现任高层、核心员工、目标部门主管和员工、企业以往员工）等。

（二）组织的发展阶段

企事业单位的组织发展，如同人的生涯发展也有诞生、成长、壮大、衰退直到结束的过程，同理，从诞生、发展到衰退、死亡的生产经营活动全部过程就是组织的生命周期。在组织生命周期的不同阶段，发展战略、经营方针及人力资源制度有着各自不同的特点。

开发期：晋升的机会通常较多，短时间可能升到较高位置，但由于企业基础尚不够稳固，势必要承受较大的经营风险。

成长前期：晋升机会较多，但速度略微缓慢。

成长后期：制度和体系稳定，短期内难以获得晋升或加薪（大企业多属于此阶段）。

成熟期：晋升的可能性较小，工作生涯可能很漫长。

衰退期：除非具有超凡的能力，可以使濒临关门的企业起死回生，否则根本不需要考虑此阶段的企业。

第四节　职业环境认知

一、职业环境

现代科学技术的发展改变了当今社会的生活方式和组织（企业）运作模式。互联网技术直接影响和改善着个人生活的方方面面。随着竞争的日趋激烈，各个行业的平均利润率越来越低，由此人们也普遍认识到“人”的因素在组织中日益重要。人才是组织（企业）文化的传递者和核心竞争力的创造者，用人单位都把焦点聚集在员工的数量和质量上。在这个变革的社会里，没有一成不变的事物。今天最热门的技术，明天可能就没人理睬了；去年时髦的职业，今年可能就无人问津了；当年招生备受冷落的专业，现在却十分热门。在求职时也会出现同样的情况。因而，大学生在全面认识了解自己的同时，还必须充分考虑职业环境的需求和变化趋势，清楚地认识职业环境特征，以评估职业机会来谋求个人职业生涯的发展和成功。一个人如果不先去了解这个世界上各种不同的工作，就草率地决定自己的职业，就是对自己不负责任。重要的是，不要满足于已经接触过的工作种类，不要把自己的职业选择范围限制得太窄，要尽可能地开阔自己的视野，拓展自己职业选择的可能性，以便做出正确的选择。在着手求职时，运用的方法和策略应该符合当下兼并、重构、小型化和重组愈加频繁的大环境和大趋势的需要，这点非常重要，在违背求职环境及趋势下求职，无疑会使个人付出沉重的代价。

职业环境认知，就是要认清所选择的职业在社会大环境中的发展状况、技术含量、社会地位、未来发展趋势等。进行职业环境认知的要求：通过职业环境分析弄清职业环境对职业发展的要求、影响及作用，对各种影响因素加以衡量、评估并做出反应。关注当前热点职业有哪些，发展前景怎样，社会发展趋势对所选职业有什么影响，要求如何。总之，职业环境分析主要就是组织（企业）环境分析。

进行全面的组织环境分析是“知彼”的核心，毕竟选择的这个组织（企业）将与个人息息相关。况且，在面试过程中，考官一般都会比较欣赏那些对本行业、本企业有所了解的人。

（一）行业环境和企业环境分析

组织环境分析包括行业环境分析和企业环境分析。

1. 行业环境分析

行业环境分析包括对目前从事或拟从事的目标行业的环境分析。其内容应包括行业的发展状况，国际、国内重大事件对该行业的影响，目前行业的优势与问题，行业发展趋势等。

行业与职业不同，行业是企业的集合。从事同类产品生产销售的企业或提供类似服务的企业达到一定的数量才能形成一个行业。例如，家电行业，就包括生产电视机、空调、冰箱、洗衣机等不同类型具体产品的若干家企业。在同一行业内，可以从事不同的职业。例如，同在保险业，可以是保险业务员，也可以是人力资源部经理。

在分析行业环境时，一定要结合社会大环境的发展趋势。由于科学技术的飞速发展，某些行业如同夕阳，会逐渐萎缩、消亡；同时更有许多极具发展前途的朝阳行业不断出现、发展。还要注意国家政策的影响，选择国家政策支持、鼓励和引导的行业，尽量选择那些有前景、发展空间较大的行业。例如，我国近年来狠抓环境保护，推行可持续发展战略，保护生物多样性，在农业生产中控制化学制品的使用，开发“绿色食品”等，使环境保护产业如初生朝阳，充满生机，导致环保设备生产、环保技术咨询等行业迅速发展，提供了大量的就业岗位。如果不了解情况，为了一时利益，盲目进入那些污染后果严重的行业谋职，将会给自己的职业生涯造成严重的后果。

2. 企业环境分析

企业环境分析十分重要。个人在选择企业时有必要通过个人可能获得的一切渠道，比如，可以通过公司所在地的新闻出版机构的新闻线索，来了解该企业产品及服务的详细情况和富有深度的财政经济状况；通过有关书籍和企业发展史、当地各种商业活动、企业人物获奖的细节也能了解到可供参考的资料信息；另外，公司的网站中对公司价值观念的介绍也会透露与企业文化有关的线索；还可以通过参观或参加面试时的谈话资料和知识背景来充分了解和考虑各种因素。

企业环境分析包括：用人单位的声誉和形象是否良好？企业实力怎样？企业在本行业中的地位、现状和发展前景怎样？所面对的市场状况如何？产品和服务在市场上的发展前景怎样？能够提供哪些工作岗位，是否与自己对路？有无良好的培训机会？企业领导人怎样？企业管理制度怎样？是否先进开明？企业文化是否与自己吻合？福利待遇是否完善？等等。具体包括以下三个方面：

（1）企业实力。企业在社会中的地位和声望如何？企业目前的产品、服务和活动范畴是什么？企业的发展领域在哪些方面？发展前景如何？战略目标是什么？技术力量和设施是否先进？在本行业中是否具备很强的竞争力？是发展扩张，还是倒退紧缩，处于一个很快就会被吞并的地位？谁是竞争对手？企业目前的财政状况如何？是真正在“做大”“做强”，还是空有其表？有没有长久的生命力？企业的组织结构是怎样的？是扁平的还是等级制的？

（2）企业领导人。企业主要领导人的抱负及能力是企业发展的决定性因素，而且个人在职场的运气很大一部分来自老板。很多成功的大企业都有一位出色的企业家作为掌舵领航人。因此要了解：企业主要领导人是真心要干一番事业，还是想捞取名利？管理是否先进、开明？他有足够的能力带领员工开创新天地吗？他有没有战略眼光和措施？他尊重员工吗？

（3）企业文化和企业制度。企业文化是全体员工在长期的生产经营活动中形成并共同遵循的最高目标、价值标准、基本信念和行为规范。企业文化说到底就是一家企业的集体作风和性格。企业是从业者直接生存和发展的土壤，企业不能将员工视为赚钱的机器，要尊重员工，让员工实现自身的价值。企业要发展，就要创造一种能够吸引和留住大批有才干的员工的环境。

（二）企业文化

企业文化一旦形成，就会成为约束企业成员行为的非正式定制规则，使企业成员放弃一些不符合企业期望的行为和利益取向。由于受到企业文化的熏陶，企业成员拥有相同的价值观和道德观，使企业内的人际关系更加融洽，企业内的各种矛盾得到缓解，企业文化将表现凝聚、规范和激励等作用。

企业文化功能主要表现如下：

1. 导向功能

企业文化的导向功能具体表现在两个方面，一是对企业成员个体的思想行为起导向作用；二是对企业整体的价值取向和行为起导向作用。企业文化建立起的系统的价值观和规范标准引导员工的行为和心理，使员工在潜移默化中接受共同的价值观念，自觉自愿地把企业目标作为自己追求的目标。

2. 约束功能

企业文化的约束功能是指企业文化对每个组织成员的思想、心理和行为具有约束和规范的作用。企业文化对企业成员的约束是一种软约束，这种约束来自企业文化氛围、团队行为准则和道德规范。团队意识、社会舆论、共同的习俗和风尚等精神文化内容，会造成强大的使个体行为从众化的团队心理压力和动力，使组织成员产生共鸣，从而产生自我控制。

3. 凝聚功能

当企业的系统的价值观被企业成员共同认可后，企业文化成了员工的黏合剂，它从各个方面把员工团结在一起，从而产生巨大的向心力、凝聚力和认同感，使员工乐于参与组织的事务，发挥各自的潜能，为企业目标做出贡献。

4. 激励功能

企业文化具有使企业成员产生一种高昂情绪和奋发进取精神的效应。“以人为中心”的企业文化可以满足企业成员对尊重等高层需求的追求，从而激发企业成员从内心深处自觉为企业目标拼搏的精神；同时，企业文化通过软约束调整企业成员的不合理需要，形成积极向上的整体力量，使员工自我激励，产生持久的驱动力。

5. 辐射功能

良好的企业文化不仅对内部成员产生影响，而且能够通过各种渠道向社会辐射和传播。一方面，可以树立企业在公众中的良好形象；另一方面，优秀的企业文化也可以在一定程度上推动社会文化的良性发展，起到以点带面的辐射作用。

（三）影响企业文化的因素

1. 社会文化背景

任何企业都存在于特定的社会环境中，企业文化是整个社会文化的一部分，它们在很多方面是一脉相承的。社会上流行的价值观、道德取向都直接反映在企业文化的内容中。

2. 企业创业者和领导者的素质

企业创业者或者现行的领导者个人素质对企业文化的形成具有相当重要的影响。组织创业者的风格形成了相应的企业文化类型，并通过各种形式得以延续和流传。稳定的企业往往在一定程度上带有创业者的痕迹。创业者的教育背景、领导风格、处事的方式和作风决定了企业初期的企业文化。

3. 企业成员的素质

企业成员是企业文化的被影响者，反过来企业成员的素质状况也影响着企业文化的形成。企业成员的知识水平、文化素养决定了其工作的自觉程度和对参与决策的热情程度，这便形成了企业文化的重要内容。在实际工作中，不同规模、不同类型的企业往往会形成不同类型的企业文化。

除了很好的福利、吸引人的薪酬、舒适的工作环境和出色的管理之外，关键在于企业是否具有良好的企业文化。因此，大学生在求职、选择企业时，该企业的文化氛围让员工觉得舒服，才是至关重要的。

（四）企业文化分类

企业文化是由麻省理工学院埃德加·沙因（Edgar H. Schein）首先提出的一个术语并得到了社会的广泛认同。沙因认为企业文化是“人们观念中的基本假设的统一模式—它是由一个已知的团体在适应外部环境和进行内部融合的过程中发明、发现或发展起来的。这种模式在实践中已经运行得很好、很有效，因此可以当作观察、思考和感觉的正确方法教给新进成员。”根据沙因的理论，这些基本假设可以分为五大类别。

（1）人类与自然的关系。有一些公司显然认为自己是命运的主宰者，而有些公司则愿意接受外界环境对它的影响和支配。

（2）事实和真理的本质。公司和主管人员采用各种各样的方法来实现公司全体所接受的“真理”——通过辩论、专制权力的方法，接受这一事实即能实现目标就是正确的方式。

（3）人类的本性。不同的公司在人类的本性观念认识上大不相同。有些公司信奉道格拉斯·麦格雷戈（Douglas McGregor）的X理论，认为人只要能不工作就不工作。另一些公司则对人类的本性持较为积极的看法，努力让员工在发挥他们潜能的同时保证公司的利益。

（4）人类活动的本质。有些公司仅强调完成工作的重要性，强调成就感高于一切。而有些公司认为，不仅如此，更应该“在奋斗中存在”——强调自我实现和发展。

（5）人际关系的本质。公司对人与人如何相互影响有若干假设。有的公司鼓励人际交往，也有的公司会认为交往是不必要的，容易使人分散心神。

这五大企业文化类别不是互相排斥的。企业文化不是静止的，而是处在不断发展、变化流动的过程中。企业文化是纵横贯穿日常工作的重要经纬。当企业的发展和员工的职业生涯联系在一起时，优秀企业就会努力寻找利益的平衡点，把握动态平衡，使公司业务发展和员工职业生涯得到双赢。即企业为员工提供的不只是一个工作，而是员工职业生涯的一部分。并给予员工一个概念：有效的职业生涯规划就是让职业发展的每一节点之间都有关联性，也就是员工不必把企业当成职业生涯的终点，它至少是员工职业生涯的一个里程碑，希望这一过程在员工的职业生涯中是闪光的。每个企业都有自己的发展目标、运作模式，企业为了生存和发展，会随时关注、适应社会大环境的变化，并采取相应的变革措施，这必将影响到其成员的个人职业生涯。大学生规划个人职业生涯时，了解企业的基本情况是功不可少的重要前提，要把个人的发展与组织的发展结合起来考虑，这才是科学的职业生涯规划。

被美国权威杂志《生活》评为100年来对美国影响最大的人物之一的著名社会科学家乔治·盖洛普（George Gallup）博士认为：企业文化建设是一个持久而细密的过程，需要使用组织行为学的“纳米”技术——从每个员工抓起。他经过大量调研发现，如果员工是企业的“分子”，那么负责把他们排列整齐，继而把组织竞争力提高到“金刚钻”级别的关键人物，并不是企业的高层领导，而是一线经理，而他们的秉性和风格各不相同。事实上一家企业有N个一线经理领导下的部门，就会有N个文化。员工慕名而来，能待多久，在岗位上是否敬业，能否化才干为业绩，主要取决于一线经理是否优秀。企业文化是影响企业经营效益的重要因素。如果个人的价值观与企业文化有冲突，难以适应企业文化，在企业中就难以得到发展。

企业文化不是空洞的标语口号，真正的企业文化存在于每个员工的心中，从日常行为中自然流露出来。没有优秀的企业文化便不会有卓越的企业。对求职者来说，个人与企业文化的和谐至关重要，因为将来个人要与公司的企业文化“朝夕与共”，企业文化决定了个人的工作方式。个人工作时间的长短、获得的酬劳、与同事的相互关系、工作和生活的平衡关系、个人怎样努力、企业如何调遣员工、工作或办公的环境、着装习惯等，企业文化会渗透并影响上述的点点滴滴。对大多数人来说，在一种不尽如人意的企业文化环境中工作，会成为沉重的心理负担，会导致他们生活得很痛苦，并且会阻碍他们潜能的发挥，从而影响事业的发展。因此，大学生择业时要认真思考：你认同这个企业的文化吗？企业文化是否与自己的价值观相符？企业能提供什么样的职业发展途径？从某种意义上说，企业文化折射了企业领导人的抱负。

（五）企业制度

企业制度涉及的范围比较广，包括管理制度、用人制度、培训制度等，应尽可能了解这些信息，了解企业在组织结构上的特征与发展变化趋势，分析这种安排对个人的未来可能带来什么样的影响。特别要注意企业用人制度，企业能否提供教育培训机会，提供的条件是什么；个人将来有没有可能在企业担任更高级的职务或担负更大的责任，个人待遇提升的空间有多大，是基于能力还是工作年限；企业的标准工作时间怎样，是固定的还是可以变通的。当然也还要考虑企业提供的薪酬和福利待遇与行业内其他公司比较如何。

如果报考外国驻华办事机构或企业，还要清楚地了解其总公司概况及在我国境内的活动情况。如总公司所在地、规模、在全球活动概况，以及在我国境内设立分支机构的时间、业绩表现、活动规模、世界评价以及业务发展趋势等。即使无法得到书面资料，也要设法从同行业相关人士处了解有关情况。

总之，通过以上分析，应理出一条清晰的线索，确定自己的职业生涯在企业中有没有足够的发展空间，衡量自己的目标能够在企业得以实现的可能性。大学生要想在市场经济的大潮中快速寻觅到自己的最佳坐标，在做到准确认识自我、把握自我的基础上，还要科学地分析外在环境因素，这样才能在激烈的竞争中找到最适合自己发展的职业，从而获取大展宏图的通行证。

二、职业发展

（一）市场经济与职业发展

目前中国实行社会主义市场经济。中国的社会结构正朝着合理的方向转型，社会结构的弹性、开放性和异质性不断增强，社会流动和社会活力极大增强，这些无疑对社会生活的各个方面产生了深刻的影响，其中不可避免地就包括对职业变动的作用和影响，整个社会的职业在量和质上都有了很大的变化。

职业发展变动在量上主要表现在以下两个方面：

1. 职业变动增加

近年来，跳槽现象大量出现。在市场经济的激烈竞争中，人在一生中可能要进行多次职业转换。这就使得许多人不可能像过去那样，走出校门，走向社会，找到一份工作，然后永远“焊”在一个单位、一个工作上，直至退休。

2. 工作方式多元化

如今，越来越多的新型工作方式在我国社会出现，传统的朝九晚五不再是社会唯一认可的工作方式。比如，兼职工作、弹性工作等正成为年轻人不同的工作生活方式。

职业发展主要表现在以下两个方面：

（1）人们的职业选择自由度提高。我国社会大环境不断宽松，社会结构弹性、开放性日益增强，个人可以不受政府规定制约而自由选择职业。大学生毕业不再实行国家分配，而是实行双向选择的市场化就业政策，个人的职业选择自由度空前提高。

（2）个人能力成为获得职业的重要因素。随着市场经济和全球化的发展，尤其是民营企业和外资企业的发展，个人能力逐渐成为获得职业的真正的决定性因素，职业对于人力资源的配置在很多领域中开始趋向公平与合理。

对应职业的发展，我国大学生的就业机制也从“计划安置型”转变为市场导向，政府调控，学校推荐，学生和用人单位双向选择。这一机制转变，要求大学生不仅要有良好的职业能力，而且还要有较强的市场竞争意识和心理承受能力。

（二）知识经济与职业发展

我们现在所处的时代已经步入了知识经济时代。知识经济是以知识和信息的生产、分配和使用为基础，以人力资源及创造力为依托，以高科技产业及智力为支柱的经济方式。当今社会，知识经济已经开始占据国民经济的主导地位，强调知识和信息在经济发展中的作用；强调人力资源的开发，特别是人力资源创造力的开发在经济发展中的价值；强调高科技产业、智力的主导和支柱地位。知识经济对职业发展变化所带来的影响主要有以下几个方面。

1. 知识成为重要的生产要素

在知识经济时代，生产工艺和管理手段日益现代化和高科技化，产品的科技含量越来越高，科学技术在整个社会、经济发展中也起着越来越重要的作用。知识经济时代的到来，使得知识型员工真正成为企业、社会最宝贵的人力资本。科学技术在知识经济当中的作用，使得专业技术人员、教师、科研人员等知识含量较高的工作在近几年逐渐成为人们求职的热点。

2. 新职业层出不穷

在知识经济时代，职业变化的速度是传统社会的几倍。高新技术的迅猛发展，新材料、新工艺的出现，经济全球化带来资源配置全球化，都为创新职业提供了土壤，也为落后职业消亡创造了条件。比如，由于全球网络信息技术的迅猛发展，IT 行业涌现了许多新的工作岗位，如网络工程师、电子商务工程师、网络分析师、网络安全专家、在线经纪人、网络维护人员、网络编辑、网络新闻工作者、网络教育工作者等。为了适应当前职业领域的新变化，更好满足优化人力资源开发管理，促进就业创业，推动国民经济结构调整和产业转型升级等需要，2022 年国家劳动与社会保障部在保持职业八大类不变的前提下，净增了 158 个新的职业，如机器人工程技术人员、数据安全工程技术人员、数字化解决方案设计师、数字孪生应用技术员、商务数据分析师、碳汇计量评估师、民宿管家等，新职业在我国层出不穷，为大学生就业和职业发展提供了更为广阔的天地。

3. 对从业人员的素质要求越来越高

世界范围内新技术革命的深入发展和信息产业的迅猛崛起，导致职业在以下三个方面发生了深刻变革。一是职业分工越来越精细，二是职业活动的内容也不断更新变化。三是现代科学技术运用到职业领域中的周期也越来越短。在这三个因素的综合作用下，使得职业的专业性越来越强，对从业人员的素质要求也越来越高。在这样一个知识经济大爆炸时代，大学生必须要树立终身学习的理念，及时补充更新相关知识，提高从业素质，以适应时代和职业发展的要求。

（三）未来职业发展认知

1. 未来职业的特点

有专家预测，未来职业将呈现以下特点：

（1）职业的教育含量增大。各种就业岗位，需要更多的受过良好教育、掌握最新技术的技术工人，单纯的体力劳动或机械操作职业将明显减少。在发达国家，制造业蓝领工人失业率高于从事管理工作的白领员工；而白领员工中从事服务业工作，如银行、广告等的失业率也明显高于从事研发和研究工作的员工，未来白领和蓝领阶层的界线将越来越模糊，职业逐渐向专业化方向发展。

（2）职业要求不断更新。一些职业更新的工作设备和条件变化，对职业内容有了新的要求。如行政工作人员，在以前只要求具备较好的组织协调能力、分析问题解决问题的能力、文字能力、口头表达能力等。但现在除要求他们具备上述能力以外，还要求具备社会交往及计算机辅助管理、办公自动化操作能力等。

（3）永久性职业减少。只有少数人能拥有“永久性”职业，时间不确定性职业的人会越来越多。

2. 未来的热门职业

热门职业是人才市场供求双方都非常关心的职业，只要有可能，双方都愿意率先进入热门职业；热门职业一般是根据经济发展情况形成的。21 世纪是知识经济时代，高新技术、电子通信将是经济新的增长点。所以，一些与信息、生物、高新科技迅速发展相关的职业将逐渐成为热门职业。根据相关部门公布的信息，我国的经济形势不断好转，国有亏损工厂、企业的经济运行质量和效益已有明显回升，在我国加入 WTO 后一些行业的兴衰，已经引起我国社会职业结构的不断变化。外语类、金融财会类、商贸类、旅游类、法律类以及经济管理等职业需求形势逐渐走俏，而且也使近年来一直不景气的国际经济贸易类和与涉外专业相关的职业重新热起来。随着高新技术企业的飞速发展，与此相关的职业在量的增长上也将有较大突破。

专家估计，21 世纪我国热门职业将朝着以下方向发展。

（1）软件开发、硬件维护、网络集成等高层次计算机科技类职业。当今社会是个人信息化时代，计算机应用日益普及。据有关方面预测，数年之内此类专业的毕业生，将持续走俏人才市场，成为高新技术企业争夺的焦点。

（2）通信工程、无线电技术等电子工程类职业。近几年邮电通信事业发展迅猛，程控电话、移动通信网等通信设备现代化建设需要大批通信工程、无线电技术等电子工程类专业的毕业生。随着国家把机械、电子、汽车制造业定为带动整个经济增长和结构升级换代的支柱产业，与此相关专业的毕业生将大有用武之地，若干年内就业前景依然会很好。

（3）农科类职业。科教兴农、提高农业科技含量，给农科类毕业生提供了大显身手的广阔舞台，相当部分的农科类毕业生将充实到乡镇、农场的作物栽培、家禽水产养殖、农业机械行业或农科研究机构中去。他们将凭借自身掌握现代技术和经营管理的优势，大胆从事各类集体或个体承包，逐步发展成为新型的“农场主”“牧场主”“水产大王”。

（4）政法类职业。当前，专、兼职律师队伍和企业法律顾问队伍日益壮大，并且成为热门职业。随着市场经济的深入发展，社会对法律类专门人才的需求将日益扩大，今后司法队伍的主要来源将是政法类专业毕业生。此外，公务员考试制度的确立，更为政法类专业毕业生开辟了公平竞争的机会。

（5）师范、医科类职业。据了解，今后师范、医科类毕业生的就业重点将引向技术力量较弱的基层单位和边远地区、郊区、一线文教卫生单位，以解决城乡发展不平衡、结构布局不合理的矛盾。

（6）环境类职业。环境问题是人类发展中的日益严重的社会问题和重要课题，越来越受到各国重视。更多的废物管理员、废物处理师和环境工作研究、开发、应用职业会应运而生。

（7）院外治疗职业。伴随着人们生活水平的提高和医学科技的发展，人类寿命逐渐延长，社会人口老龄化问题出现，需要大批的医疗保健专家。

（8）美容职业。化妆的含义不仅是对颜色、材质和搭配的考虑，它的外延将扩大到妆容与时间、地点和场合的协调。其实，在美容业高度发达的国家和地区，妆容的分类早就到了不厌其“细”的地步，工作妆与舞会妆都有极其严格的区分标准，因此美容业将成为热门职业。

（9）国际商务策划师。当前中国企业最缺乏的人才就是能提供商务策划的企业军师，这些军师必须要具备丰富的商务经验，善言谈或笔谈，善独立思考且洞察力和创新意识较强，能产生好点子或新建议，熟悉行业的运行机制且有行业发展战略眼光，能帮助企业克服转型危机。这些人总是能够在各自领域不断地提供新创意、新设想，能够发现更有战略价值的新领域、新课题、新产品，不断形成人无我有的优势。

课后练习题

一、选择题

1. 选择职业必须立足于现阶段用人单位的人才需求。我国目前大量需要的紧缺型人才主要是(　　)。

A. 应用型、技能型人才　　B. 创新型高新技术人才

C. 智能型高端人才　　D. 社会性领导型人才

2. 小孙生于盛产名茶的杭州，学习茶艺专业，并从事茶艺师的工作，获得了成功。他是把握住了(　　)与职业生涯规划发展的关系。

A. 家庭状况　　B. 区域经济　　C. 行业发展　　D. 时代潮流

3. 社会环境不包括(　　)。

A. 政策环境　　B. 经济环境　　C. 科技环境　　D. 组织环境

4. 准确自我评价，分析客观条件。这里的“客观条件”不包括(　　)。

A. 社会环境　　B. 职业环境　　C. 组织环境　　D. 自然环境

5. 评价职业生涯发展要素中的社会环境有(　　)。

A. 经济发展水平　　B. 社会文化环境

C. 政治制度与氛围　　D. 自然环境

6. 行业竞争分析是对公司商业生态环境的重要层面做战略性的评估。求职者必须明确行业之间在(　　)方面有着重大的区别，才能在此基础上对目标行业的竞争力进行准确把握。

A. 经济特点　　B. 竞争环境

C. 未来的利润前景　　D. 以上均是

7. 我们可以从哪几个方面关注行业发展？(　　)

①本行业出现的新技术、新工艺；②本行业产生的新职业、新岗位；③关系本行业与相关行业之间的相关关系；④国家、地方和外资对本行业及相关行业的投资动向

A. ①②③　　B. ①③④　　C. ①②④　　D. ①②③④

8. 某企业经过认真、细致的市场调研，决定企业主打产品由玻璃向塑钢转变。这主要反映了以下哪种环境因素的影响(　　)。

A. 经济环境　　B. 文化环境　　C. 科技环境　　D. 自然环境

9. 迈克尔·波特的五力模型主要是用于战略分析中的(　　)。

A. 行业环境分析　　B. 市场环境分析　　C. 宏观环境分析　　D. 一般环境分析

10. 据 SWOT 分析矩阵，对企业最有利的外部环境和内部条件的组合是(　　)。

A. 劣势-机会组合　　B. 劣势-威胁组合

C. 优势-威胁组合　　D. 优势-机会组合

二、判断题

1. 国家宏观经济政策是构成企业政治环境的要素之一。(　　)

2. 行业是指从事相同性质的经济活动的所有单位的集合。(　　)

3. 个人的职业生涯发展，既离不开国家经济社会发展的大背景，也离不开个人所在地区经济社会发展的小背景。(　　)

4. 当今世界经济的竞争是科学技术的竞争，科学技术的竞争从根本上取决于技术的竞争。(　　)

5. 旅游业的基本特征是劳动力密集的产业，产业成本相对较高。(　　)

6. 一般来说，电子仪器制造商所处的组织环境是复杂和动态的。(　　)

三、思考题

1. 简述职业发展的社会背景。

2. 结合企业的组织结构简述在探索企业环境时的要点。

3. 分析某个新兴产业或新型职业给你的职业发展带来了什么契机。

4. 雄安新区的设立等新的国家战略，会给你的职业生涯带来哪些发展机遇？

第五章 职业认知

知识与能力目标

1. 了解职业认知的意义。
2. 掌握职业认知的内容和途径。
3. 学会运用多种途径去了解职业。
4. 能够分析社会所需的职业能力和职业资格。

思政目标

通过职业认知和职业价值学习，引导学生以“富强、民主、文明、和谐”的价值目标来提高自己的思想觉悟，确立高远的职业理想；以“自由、平等、公正、法治”的价值取向来强化自己对社会的使命感，进而确定明确的职业方向和职业目标；以“爱国、敬业、诚信、友善”的价值准则来形成自己的职业道德，进而将个人的理想与国家、社会的理想加以有机结合。

第一节 职业认知概述

导入案例

徐氏成功逻辑：成功是教育和经验的平衡

徐小平在自己的著作《邮箱里的灯光》中提出了“徐氏人生咨询公式”：S=E+E。式中，S是success（成功），第一个E是education（教育），第二个E是experience（经验）。徐氏成功逻辑认为，在现代社会，成功是教育和经验的平衡。反过来，很多失败源自教育与经验的失衡。

徐小平认为，一个人职业生涯的发展，需要教育背景的支撑。“一个大专生也可以教书，但是走不太远，因为他教着教着，除了会讲点笑话，讲点徐小平的打工故事外，很难继续推陈出新，学生很快就烦了。教师的长久魅力需要渊博的学识和人文素养的支撑，这是不能从教学经验中获得的，必须接受再教育，进行深造。”

徐小平也强调：在职场入口处，工作经验是有力的敲门砖；在职业发展中，工作经验是强效的助推器。他认为，现在很多大学生之所以就业困难，就是因为缺乏工作经验。“作为一个时代现象，今日的大学生往往只注重了第一个 E，而忽略了第二个 E，过于注重知识、学历、文凭，而忽视了实习、实践、兼职、打工、社会考察、真实工作。你重视学习，学习就重视你，你的成绩可能会很棒。但如果你轻视实践，实践就轻视你，你的实践能力和就业机遇就会很糟，你就很难在激烈的竞争中脱颖而出。”

今日大学生就业难与经济形势有关系。但就个人而言，无论经济形势好坏，个人自身就业竞争力的强弱，不仅取决于学历，同时，也取决于经验。因此，在追求知识和学历的同时，强化对于工作经验的追求，是未来大学生就业的核心解决方案。

（资料来源：徐小平．邮箱里的灯光[M]．北京：光明日报出版社，2004.）

一、职业的内涵

（一）职业的含义

所谓职业，从现代社会的角度是指人们为了谋生和发展而从事相对稳定的、有收入的、专门类别的社会劳动。职业是人类出现社会分工之后产生的一种社会历史现象，人们由特定的社会分工而形成的具有特定专业和专门职责的社会活动，就是职业。从个人的角度，职业是指个人扮演的一系列工作角色。

那么，职业、工种、岗位三者之间有什么区别和联系呢？职业是具有一定特征的社会工作类别，它是一种或一组特定的工作的统称。以往经常使用“工种”“岗位”等概念，实质上就是将职业按不同需要或要求进行的具体划分。一般一个职业包括一个或几个工种，一个工种又包括一个或几个岗位。因此，职业与工种、岗位之间是一个包含和被包含的关系。工种是根据劳动管理的需要，按照生产劳动的性质、工艺技术的特征或者服务活动的特点而划分的工作种类。目前大多数工种是以企业的专业分工和劳动组织的基本状况为依据，从企业生产技术和劳动管理的普遍水平出发，为适应合理组织劳动分工的需要，根据工作岗位的稳定程度和工作量的饱满程度，结合技术发展和劳动组织改善等方面的因素进行划分的。岗位是企业根据生产的实际需要而设置的工作位置。企业根据劳动岗位的特点对上岗人员提出的综合要求形成岗位规范，它构成企业劳动管理的基础。

（二）职业的属性

1. 职业的社会性

职业的社会性是指职业随着社会的发展而不断地发生变化。社会性是职业的首要属性。职业具有社会性，充分体现了社会分工，职业是社会生产力发展的产物，每一种职业都体现了社会分工的细化，体现了对社会生产和社会进步的积极作用。社会成员在一定的社会职业岗位上为社会整体做贡献，社会整体也以全体成员的劳动成果作为积累而获得持续的发展和进步。职业的社会性反映了不同的职业承担着不同的社会责任。不同的职业人应当了解自己承担的职业角色，完成自己的使命。

2. 职业具有技术性

职业的技术性是指每一种职业都有一定的技术含量或技术要求。任何职业都有相应的职责和技术要求，能胜任和承担岗位工作的人，除了要达到岗位职业道德、责任义务及服务要求外，还要达到持证上岗的技术水准。对于某些职业，必须经过较长时间的专业知识学习或技术培训，才能具备从事这些职业必备的知识、技能和技巧。职业的技术特性是一切职业共有的特性。

3. 职业具有专业性

职业的专业性是指不同的职业在劳动内容、劳动方式、劳动手段等方面具有自身的特点。一个人要从事某一种职业，就必须具备专门的知识和能力以及特定的职业道德品质。例如，教师除了要具有专业知识、教育学及心理学等方面的知识外，还要具备基本的教育教学能力和高尚的师德。随着社会的发展、科技的进步，劳动的专业化程度将越来越高，职业的专业特性也会越来越强。

4. 职业具有经济性

职业的经济性是指人们通过从事职业活动可以获得经济收入及报酬。任何劳动者在从事一定的社会职业，承担特定的岗位职责并完成工作任务之后，都会获得一定的收入，即通过劳动获得合理的报酬。一方面，出于社会、企业及用人部门对劳动者付出的劳动应该给予回报；另一方面，劳动者从事职业活动，以获得相对稳定的收入，并以此维持个人及家庭的生活，从而维持正常的社会秩序，保持整个社会的安定团结。

5. 职业具有稳定性

职业的稳定性是指职业一旦形成便会在或长或短的时期内存在和发展。有些职业存在的历史十分久远，如一些手工制作活动、农业种植活动等；有些职业存在的历史比较短暂；有些职业是新近刚形成的，如 IT 行业中的一些职业。职业的稳定性使人们学习掌握职业知识和技能成为可能，也使人们职业生涯发展和规划成为可能。人们应该利用职业的稳定性，充分学习、掌握职业知识和技能，很好地完成职业生涯。

（三）职业的功能

每个具备劳动能力的人，在他的一生中都要经历几十年的职业生涯，职业对于每个人都有着非常重要的作用。

1. 职业对个人的功能

（1）职业是维持个人和家庭生存的基础。个人通过参加一定职业岗位的职业劳动获取劳动报酬，以满足谋生的需要；劳动者一旦失业，其自身及家庭生活就会失去主要经济来源。

（2）职业可以促进个人多方面的发展。实践表明，职业可以促进个人多方面的发展，培养、完善个人的兴趣、个性、特长和能力。反过来，能够与职业相结合的个人兴趣会更加持久、深入、有效，人的个性也会在职业活动中、在与他人的相互联系与合作中不断地完善。职业场合是提高个人能力的最好场合，往往也是实现个人理想和价值的最好场合。职业不仅会给个人以经济报酬，而且会满足个人发展自我和完善自我的需要。

（3）职业可以满足个人的社会性需要。在市场经济社会中，个人的成就往往体现在职业生涯之中，职业的成功会给个人带来地位、名誉、权力的满足感。对多数人来讲，职业成功的途径很多，大体上可以分为以下两类：一类是技术或业务的途径，通过不断地提升自己的专业能力求得进步，比如从技术员到工程师、从一般销售人员到主管销售人员；另一类是管理的途径，通过管理梯次不断地提升自己，比如，可以通过努力从班组长升到主管再到公司经理。

（4）职业是实现个人价值的重要途径。个人的价值在于对他人有利、对组织有利、对社会有利。个人为社会做贡献的方式有很多，从事职业活动是其中最重要、最稳定的一种方式，也是将个人利益和社会利益相互结合的最好的一种方式。为社会做出的贡献越多，个人的价值就越大。

（5）职业体现个人的基本社会权利。选择并从事职业活动是每个具有劳动能力的人的基本权利，职业活动是人生存和发展的基本条件之一。

2. 职业对社会的功能

职业对社会的功能主要体现在以下三个方面：

（1）体现社会分工。职业活动是社会分工的具体体现，是人们相互结合并形成生产力，是社会进步的具体方式、途径和手段。

（2）创造社会财富。职业活动创造社会财富，这和劳动创造财富是一个问题的两种说法。

（3）维护社会稳定。职业可以吸纳就业者从业，以保障从业者的正常生活，是维持社会稳定的重要方面。

课堂活动

发现“好”工作

想一想你认识的人，你认为谁的职业是最好的？为什么？

分组讨论，每组推选出一种职业进行分享。

分享与思考

1. 什么是好工作？
2. 你选择好工作的标准是什么？
3. 你所看到的工作来自哪里？

总结

有些人认为：“好工作”能让自己摆脱艰苦的工作环境、改善生活，“好工作”可以达成父母的期望，“好工作”是搞好学习的目标、个人成功的标志。然而这些定义都没有告诉我们工作的内涵，也就无法告诉我们职业的真正意义。

在正式进入职场之前，大学生要真正了解工作，可以从观察、了解身边人的职业开始，学会系统地了解、分析及判断将来可能从事的各种职业。

随着科技的进步，尤其是互联网技术的飞速发展及应用，职业形态正发生着巨大的变化。美国哈佛大学教授弗兰克（Frank Levy）和理查德（Richard Murnane）于2010年发表了题为“与机器人共舞”的研究报告，其中研究了近半个世纪美国社会中工作机会的变化，结果发现那些非弹性的工作消失得最快。

这份报告把工作分成以下五大类：

（1）信息处理：获取或解读信息，用以解决问题、做出决策。

（2）解决弹性问题：比如，医生诊断病情、厨师开发菜谱。

（3）弹性手工：不容易规范化的劳动工作，如卡车司机。

（4）非弹性手工：有一定规律可循的劳动工作，如生产线上的包装。

（5）非弹性认知：有一定规律可循的认知工作，如计算税收。

研究发现：过去半个世纪（1960—2009年），前三类工作的需求不断上升，后两类工作则在快速消失。报告认为，人类心智的优势在于“弹性”——能处理、整合不同的信息并做出判断，从分析财务报告到品尝味道，莫不如是。计算机的优势在于速度和正确性，而非弹性。

随着电脑的不断升级，在所有可标准化、流程化、逻辑化、规律化的工作领域，人力都会逐渐被淘汰。与此同时，获取知识将变得前所未有的越来越容易。

我国的相关政策倾向，目前在读的大学生退休年龄将延迟，职业生涯可能长达40年以上。因此，上述趋势提醒同学要关注职业变化，了解哪些职业领域的人才需求将会增加、哪些正在减少，这些领域与自己所学专业及未来从事职业的关联度如何。

在我们生活的时代，“成功”是个非常耀眼的名词。成功意味着很多美好的事物：名誉、地位乃至金钱、利益，还有人人向往的自我成就感。因此，同学们都渴望成功：每个人都向往获得美好的事物，没有人喜欢过平庸的生活，也没有人喜欢过缺乏价值感的生活，尤其是经过奋斗考取大学的大学生。而职业是绝大多数人在社会上自立的方式，是绝大多数人获得成功的最重要的途径。然而，个人选择职业会受到社会环境、兴趣、家庭期望等各种因素影响。在大学时期应尽早了解职业的内涵，对选择适合自己的职业很有帮助。通过查询信息及课堂交流，很多同学看到了自己向往的职业的“缺点”，也有不少同学发现了所学专业对应的工作的闪光点，可以更加全面地了解自己希望从事的职业的信息。

有人说，人的一生都在寻找三样东西：一是“它”，你的事业或职业；二是“他”或“她”，你的另一半；三是自己。由第一章对职业生涯规划的简单介绍可以知道：职业生涯规划能够引导大学生进行自我认知和职业探索，即帮助大学生找到人生最重要的三样东西中的两样。

二、职业认知的含义

大学生在进行职业生涯规划时，职业认知是不可或缺的。时代在不断变化，职场也在发生着相应的改变，大学生必须加强对变幻的工作世界的了解。必须把探索自己和了解职业世界两者结合起来，为自己的职业生涯发展付出时间和精力，在实践中去了解自己和工作，为自己的职业生涯发展奠定坚实的基础，顺利完成从学生向职业人的转变。

案　例

高兴与困惑

上海的一家公司到哈尔滨某学院招聘电话销售专员，报名参加应聘的同学不少。在面试结果出来后，一位同学很高兴地对就业指导老师说：“您在大一上职业规划课的时候建议我们多做些兼职，我就按照您说的去找了几份兼职工作，都是做销售，我挺喜欢干这个的，当别人接受了我的想法，我销售的产品和服务被认可的时候，心里有种说不出的高兴，而且我很喜欢上海，一直希望能去那里工作，这次我被聘用了实在是太高兴了。谢谢老师，我会努力工作的。”这时旁边站着的一位同学却眉头紧锁，她说她也被录用了，但却不知道自己是否适合做销售工作，“老师您说我去不去呢？我也不知道自己是否适合做销售。”她不知道该如何做出选择，希望就业指导老师能帮她分析一下。

广义上的职业认知，是指通过社会实践、兼职、实习、参加社团活动等形式，对专业、职业、行业、企业和岗位等的了解，包括理论分析、调查、研究、各种形式的实践等。狭义的职业认知，是指对目标职业的探索。探索工作世界可以通过网络搜索公司网站、论坛、个人博客等媒介，通过静态的资料、动态的资料或真实情景的参与来获取职业信息，通过生涯人物访谈来获得职业的感性信息。探索职业认知，最好采用多种形式相结合，以获得全面、真实、客观、详细的职业信息，为毕业时的职业选择做好准备。

三、职业认知的原因

大学阶段，同学们有了更多的自由时间，可以通过各种方式去了解职场。越早了解职业，越早了解自己，对自己未来的规划可能就越清晰，大学生活目标也越明确，大学生活的安排越合理，在人生的道路上就能少走弯路，更容易获得职业的满足和提高生活质量。职业认知大致归纳主要有以下几点。

（一）职业的多样性

《中华人民共和国职业分类大典（2022 年版）》（简称《职业分类大典》）系统地介绍了职业名称、定义、主要工作内容以及从业人员状况等情况，将我国职业归为职业划分为 8 个大类、79 个中类、449 个小类、1 639 个职业。其中，8 个大类分别如下：

第一大类：党的机关、国家机关、群众团体和社会组织、企事业单位负责人

第二大类：专业技术人员

第三大类：办事人员和有关人员

第四大类：社会生产服务和生活服务人员

第五大类：农、林、牧、渔业生产及辅助人员

第六大类：生产制造及有关人员

第七大类：军人

第八大类：不便分类的其他从业人员

此次修订把新颁布的 74 个职业纳入《职业分类大典（2022 年版）》中。比如，围绕制造强国，把工业机器人操作员和运维人员纳入《职业分类大典（2022 年版）》当中；根据乡村振兴的需要，把农业数字化技术员和农业经理人纳入《职业分类大典（2022 年版）》当中；结合绿色职业发展状况，及时将碳排放管理员、碳汇计量评估师等新兴职业纳入《职业分类大典（2022 年版）》中；为适应数字经济发展需要，首次在《职业分类大典（2022 年版）》中增加了对数字职业的标识。经过这些调整之后，与《职业分类大典（2015 年版）》相比，《职业分类大典（2022 年版）》在保持八大类不变的情况下，净增了 158 个新的职业，职业数达到了 1 639 个。

随着劳动分工的细化、技术的进步、经济结构的变动和社会的发展，新职业不断产生，我国相当多的传统职业随着时代的变迁正在或已经消失。许多新的职业名词走进人们的视野：计算机系统分析师、金融分析师、投资咨询师、心理咨询师、保险精算师、收益精算

师、税务代理师、理财师、职业指导师、婚姻规划师、精算师、留学顾问、插花师等。

旧职业的消失、新职业的成长，记录着时代的变迁，也改变着职场。各类职业大相径庭，隔行如隔山。每一种职业都需要特定的知识和技能，人只有符合了这些特定的要求，才能胜任所从事的职业。新职业的大量涌现，为就业提供了更多的岗位，个体的职业选择也具有了更宽广的可能性，对于即将进入职场的大学生，转变择业价值观念、提升就业能力，管理自我的职业生涯是应对新职业迭出带来的机遇和挑战的最佳策略。

（二）生命的有限性

案　例

我该怎么办？

在某大学一场名为“自我规划、有效求职”的讲座上，一位毕业生向主讲老师诉说了自己的困惑：我是一名学市场营销专业的大专毕业生，现在毕业已经两年了。刚毕业的时候我曾在一家保险公司做客户经理，后来觉得不太适合，业绩也不好，干了半年就辞职了。后来去了山东的一个城市，也是做销售，但干了几个月我发现做起来很痛苦。现在回到了哈尔滨，我现在很迷茫，我是学市场营销专业的，到底应不应该继续坚持自己学习的专业？我是否适合做销售，现在应该怎么办呢？如果不做销售，我应该做什么？我应该找什么样的工作呢？

生命是有限的，人的职业生涯也不过是三四十年。人生之美在于可以做出选择，人生之憾在于生命的短暂。在有限的时间让生命焕发光彩，关键在于用最短的时间发现适合自己且自己又能做好的工作。很多大学生在高考填报志愿的时候对专业和专业所能从事的工作了解很少或了解不够，导致进入大学后对所学专业缺少兴趣，浪费了时间和财力，影响了个人发展。

上面案例中的男同学在毕业后两年的时间里，依然在为什么样的工作适合自己而迷茫，两份工作都以失败告终，生活的压力和职业的困惑让他心事重重、愁眉不展。倘若他在大学期间能通过各种方式去了解自己的专业和相关职业，也许他这两年的生活可能是另外一番情景了。为了不重蹈覆辙，为了对自己的未来负责，为了实现“人职匹配”，大学生朋友要尽早开始了解职业，有意识地培养自己对探索工作世界的兴趣，通过不同的方式和渠道增加个人对职场的了解。

（三）探索职业的可行性

大学生在课后有充足的时间可以安排和决定自己的生活。每位同学身边都有足够的资源可以开发和利用，通过这些资源去扩大自己生活的空间和了解职场。大学生可通过参加学生社团、参加志愿者活动、参加社会实践和兼职等来增进对职业的了解。探索职业除了从实践中获得经验外，书本、报纸、杂志、网站、博客和专栏等也能为大学生提供有益的信息。把通过多种渠道获得的信息加以综合分析，以保证对职业的了解相对准确。

案 例

我的两份兼职

上了大学，我发现课程不是很紧张，就想找份工作赚点钱同时也积累点工作经验。到现在我已经做过2份兼职。第一次是在中央大街上做“小蜜蜂”，主要的工作就是把顾客拉进店里，拉到10个顾客即可赚到30元钱，无论他买不买东西。千万别以为这项工作很容易，有时你和人家说，人家根本就不理你，连看都不看你一眼，有时候还会遭到白眼。有一天，我从上午9点站到12点，只拉了3个顾客。下午下起了雨，一起做兼职的同学走了一半，我也想走，后来我们寝室一起来的同学鼓励我一定要坚持下去，等到下午5点时，几乎所有人都走了。到了晚上9点下班时，我终于完成了任务。虽然那时腿都要直了，累死了，但我心里很高兴。我相信，做任何事情只要坚持就能有收获。真庆幸我能坚持下来。

第二份兼职是在人民同泰卖药，当药品促销员。我和同学去的时候已经事先调查和了解了那种药的特点、用途等信息，做了充分的准备，因此面试的时候介绍产品和相关的资料也很流畅。参加面试有20多人，最后只要了我和同寝室的一位同学，现在我们俩干得还不错。通过做这两份兼职，我的体会很深，而这些收获在课堂上是很难体会到的。我想，学习市场营销专业的同学，应该从课堂走出去，然后再从社会上走回来，不断地丰富我们自己。

“知己知彼，百战不殆；不知彼而知己，一胜一负；不知彼，不知己，每战必殆。”在前面的学习中，我们了解了自己，接下来就让我们去了解职业，开始自己的工作世界之旅。通过职业探索，大学生也能发现自己知识和能力结构中欠缺的部分，找出差距，在今后的生活中有意识地去完善自己。选择职业，就是选择未来的自己，亲爱的同学，请走进自己未来的世界去看看吧，希望未来的你是什么样呢？

（四）未来生活标准的转变

经历过高考的大学生，习惯了以分数为考试和考核的标准，没有体会到在未来的职业选择中，企业是以人的综合素质为标准来录用和选拔人才的。因此，通过对工作世界的探索，转变观念，调整自身，学会适应，学会交往，学会生存，学会学习成为刚进入大学的学生的一个主要任务。

很多在大学期间只专注于获得高分和考证却忽略了实践环节的同学未必能在就业时找到好工作，而有些同学的专业课一般，却把自己的课余生活安排得丰富多彩，找到了一个让人羡慕的职业。如何渡过一个充实而丰富的大学时代，要在实践中去主动转变观念，要在主动探索工作世界中去完善和提高自己。在探索工作世界的过程中给自己寻找目标，主动适应社会，实现对个人生涯的合理规划。

四、职业认知的意义

现在的大学生面对的是一个比以往竞争更加激烈的时代，需要学生以更为主动的姿态去适应时代的要求，有更为积极向上的拼搏精神，才可能获得理想的工作和生活。

（一）促进正确的职业选择

现在的大学生对职业的了解参差不齐。有些学生在大一就有了自己心仪的企业并且在为今后就业做着各种准备，也有很多同学在期待老师能帮助自己做出直接的选择。老师，你说我毕业后适合干什么呢？我现在应该做些什么呢？同学们如果能对职业世界了解得更多，虽然面临激烈的市场竞争，也能找到自己的一席之地。

案　例

收获成长

谈起自己实习中的工作安排，就读于重庆大学的土库曼斯坦留学生阿戈耶夫·斯尔达表示“一开始很不熟悉，和学校里学到的内容差别非常大”。在大学主修建筑学的斯尔达选择了中交集团粤港澳大湾区区域总部的建筑设计岗位作为自己的第一份实习工作。

每天早晨6点起床，8点坐班车到公司吃早餐，8点30分到中午12点穿梭于办公室和工地，参观、学习现场设计，午休后研究公司下发的文件资料，下午5点30分下班，等等。总之，斯尔达的实习日常非常充实，每天总能有新的收获。对于当时刚结束二年级学习的斯尔达来说，这次实习更像是一次对未来课程的预习。

“在实习的时候接触了很多项目安全管理方面的知识，这是我之前在学校里根本没有接触到的知识。”聊起实习时的具体工作，斯尔达将其和校内的课程学习做了一个对比：“现在我开始上大三，发现很多实习中接触到的知识都能运用到现在的课程学习里，我觉得理解起来更快了。”本科后半程的学习更偏重于实践性，他觉得也许大四之后参加实习能收获更多。

来自埃塞俄比亚的丹尼尔目前在合肥工业大学的机电工程专业学习，2022年1月，他来到克劳丽化妆品股份有限公司的生产制造部实习。主要负责产品质检的他，每天需要身着防护服，戴着头套、面罩、手套和脚套，在充满香气的生产线之间穿梭。他非常喜欢自己的工作，更重要的是他接触到了很多新机器、新技术，这对他补充专业领域的知识有着非常重要的作用。同时他也在前辈的带领下学到了很多生产线上的标准化操作流程。

在申万宏源证券有限公司实习的巩熠轩就读于中央财经大学的金融学专业。凭借良好的学业表现，他作为优秀学生代表被推荐至该公司实习。“我愿意尽力去适应有挑战性的工作。”实习时的巩熠轩只有一年专业学习经验，“成长”是他本次实习的关键词。

作为一名美国华裔，他偶尔也会遇到“沟通难题”，还要适应“快节奏”的工作。他需要与团队成员共同负责上市公司公告、财报信息的摘录与整理工作，这要求他在短时间内准确地收集并归纳数据。他说，工作的内容并不难，但需要耐心与细心，这是他比较欠缺的。被问及为自己的实习表现打多少分时，他不好意思地说道：“我在职场沟通上还需要多加历练，我想我会在这方面给自己扣几分。”

“在看年报时，我会重点关注这些公司的利润表、资产负债表和现金流量表，并按照要求的格式录入相关数据。”巩熠轩表示自己愿意和数字打交道，有了这份实习的工作经验，未来计划在金融方向发展的他会更加自信。

（资料来源：徐子茗．在实践中习得新知，在实践中体味中国［N］．中国日报网，2022-10-14. http://cn.chinadaily.com.cn/a/202210/14/WS634944cba310817f312f200c.html）

（二）增进对自己的了解和认识

很多大学生在假期结合自己的专业寻找适合的单位实习，既检验了自己所学的知识，又在实践中检验和反思自身的欠缺。实习的真实的情景，对于大学生未来的职业选择显然是大有裨益的。

案　例

在实践中不断提升自我

我叫刘笑迎，是南京理工大学的应届硕士毕业生。研究生三年级的上学期，将自己大部分精力投入毕业论文上，面对人生中的第一次求职，当时我的心里有些焦虑。

起初，我报名了公务员考试，但由于竞争激烈、准备不足，在连续落榜后，我陷入了被动。那时，我心里虽然着急，但由于并未制订一个清晰的职业规划，只是海投简历，并未根据自身情况选择目标岗位，所以大部分的求职经历都止步于二轮面试阶段。

在提交完论文初稿后，我暂停了简历的投递，回顾了自己的求职经历后，做好了职业规划。从岗位间的对比，到个人性格剖析，再到城市的选择，经多重考虑后，我最终确认了售前支持这一岗位目标，并克服了挫败情绪，以积极的态度主动参加春招。

经历了一系列笔试、面试，我终于得到了浪潮集团的见习机会。怀着一颗期待的心，2022 年 5 月份，我开启了见习生涯，来到了心念已久的售前支持岗位锻炼。

初入公司，由于财务知识欠缺，我遇到了难题，幸好，公司为我们见习生分配了指导老师。平时，指导老师会利用业余时间给我们“补课”，解答我们的问题。

有一天下班时，我发现办公楼旁有一间屋子，走进去一瞧，竟是一间图书室，各类书籍数量众多、摆放齐整。后来，指导老师提醒我，可以多去看一些财务方面的书，提升知识储备。于是，我下班后，经常去图书馆溜达一圈，汲取书中的营养，让自己不断进步。

在公司的这段时间，我还有幸参加了好几场大大小小的客户交流会。与客户打交道，我经常感到收获颇丰。

现在的我，与初到岗位见习的我大有不同。原先，我参加客户交流会时，总会很紧张，生怕听不懂，影响工作进程；现在，我不仅可以基本听懂各种专业术语，而且能迅速地记录下客户的需求，为后续工作提供帮助。

种种工作经历，让我觉得公司更像为我提供了再一次学习机会的大学校园，帮我在茫茫的求职路上寻到了方向、找到了自信。我将倍加珍惜这次见习机会，好好努力，在实践中不断完善提升自我，争取留在浪潮公司这个大家庭，逐渐成为一名优秀的售前人员。

（资料来源：李蕊采访整理．一名企业见习生的自述：在实践中不断提升自我[N]．人民日报，2022-08-04）

（三）培养和提升大学生能力

人的能力分为多种，但个人成长和一些企业所要求的承受压力能力、团队合作能力和人际交往等能力，需要在实践中去检验，需要在实践中培养和提升。

案　例

毕业于某大学综合工商管理专业的石××，从 16 岁起就在时装店、咖啡店、人力资源公司及法律相关公司等 15 个机构任兼职及实习，毕业后应征香港宽带管理培训生，通过笔试及面试后，成为 1 153 个应聘者中的第 21 个被录取者，跻身外展遴选，她称，突围秘诀是“真诚做自己”。

在外展营中，她要经历 36 小时不眠及一系列体能和智力测试，包括 20 个小时之内完成行山及鲁木筏等工作，再接受最高管理层，包括香港宽带所属的城市电讯时任主席王维基的面试。石××形容，在体力及精神严重透支下面试是对情商的终极考验。她在过往工作中，曾一夜间独力包装过千份纪念品，故有能力在压力下完成任务。在香港宽带的面试中，她要回答的是智商题，又被问及“何时会离开公司”，她当时平静地回应“在公司理念有变时”，最后成功过关，成为两名获聘者之一，入职月薪 3.6 万元，一年后升任为策略发展及新兴计划经理。

（资料来源：houseYangle123：16 岁起做 15 份工作 香港大学生求职击败千人[OL].2021-12-19，https://www.ys137.com/jiaoyu/7231958.html）

（四）实现大学生的社会责任

当大学生走进校园的那一天起，就肩负着“为增长智慧走进来，为服务祖国和同胞走出去”的神圣责任。大学生是未来社会的主人，利用所学，为人民排忧解难是大学生价值的体现，也是大学生义不容辞的责任。

案　例

唱响新时代的青春之歌

黄文秀，女，1989 年出生，北京师范大学法学硕士。她是 2016 年广西优秀定向选调生，曾任百色乐业县新华镇百尼村第一书记。2022 年 6 月 16 日晚 9 时至 17 日凌晨 5 时，百色凌云县遭遇暴雨，持续暴雨导致山洪，多个路段被冲走。黄文秀开车经过凌云时，不幸遭遇山洪失联，6 月 18 日被确认死亡。

黄文秀从北京师范大学毕业后，放弃留京，主动申请回家乡，到艰苦的农村当驻村第一书记。此后，她真抓实干，在工作实践中不断深化认识、提升精神境界。她翻山越岭走访住在山上的残疾人黄美沙与韦平雨一家，目睹了他们的困难，帮助他们联系落户和医保事宜，维护了他们的自尊，使他们看到了希望。上级组织为了让黄文秀安心照顾患癌症的父亲，提出将她调回市里工作，但她仍坚守在一线，要与乡亲们一起让百尼村永不返贫、共同致富。

一个时代有一个时代的英雄，一个时代有一个时代的青春之歌。“大山的女儿”黄文秀，她的青春之歌是如此壮美动人，让人铭记在心。

2019 年 7 月 1 日，习近平总书记对黄文秀同志的先进事迹作出重要指示，强调广大党员和青年干部要以黄文秀同志为榜样，牢记自己的首创精神，牢记使命，敢于承担责任，愿意为新长征做出更大的贡献。

（资料来源：仲呈祥．唱响新时代的青春之歌［N］．人民日报，2022-07-28）

五、职业认知的主体

探索职业世界的主体可以是个人，也可以是社团和学校。当学生渴望了解某些职业，对某项工作产生好奇时，渴望融入社会时，这就是职业探索的开始。职业探索是大学生个人生涯意识觉醒的体现，职业探索无须指定在大学生活的某个学期进行。

（一）个　人

个人探索职业世界，首先需要锁定几个或几类行业、职业或者企业、职业或岗位，逐渐缩小范围，或者在不同行业选取典型岗位或职位进行了解，建立个人的职业档案库。可以邀请和自己有相同兴趣和对相同行业感兴趣的同学共同探索，通过适宜的方式，多种渠道，获取相关职业信息。进入清华大学学习工业工程专业的王××，大二暑假就开始了寻找兼职的工作，最后通过参加《职来职往》，成功进入了一家公关公司实习。

（二）社　团

目前很多大学的就业指导机构建立了大学生职业发展协会等类似社团。这些社团在帮助大学生树立正确的职业价值观，培养大学生良好的就业意识与竞争意识，建立完整的、合理的职业生涯发展规划等方面做了很多工作。社团可以结合学校的院系和专业设置，把社团成员分成不同的小组，分头搜集信息；还可以通过调查了解把本校学生感兴趣的职业分类，社团成员分别承担不同的任务，然后把社团成员搜集到的资料和调查研究结果加以分析、综合和分类，建立具有本校特色的职业发展档案库，供同学参考。如营销社团可以与商场或企业联系，让社团成员定期参加其营销活动。

（三）学　校

学校团委或校就业指导中心可以通过开展职业规划活动月来深化大学生的职业规划意识。同学们通过参加职业规划比赛、完成实践探索报告、参选职业之星等活动主动探索职业，利用学校有关机构的网站和组织的校友交流会，获取方便、免费的资源。

第二节　职业认知的内容

一、职业道德

（一）职业道德的含义

1. 职业道德的概念

职业道德是指在从事各种职业活动的过程中，人们的思想和行为应遵循并体现特定职业特征的道德要求和行为准则的统称。它是一般的社会道德在社会职业生活领域中的具体化和特殊化，是社会特定职业范围内的特殊道德要求，是社会道德体系的有机组成部分。职业道德是随着社会职业实践活动的发展而形成的，是人们长期从事职业活动的产物，它依靠社会舆论、传统习俗以及人们的内心信念来维持。究其本质，职业道德就是调整职业内部、职业之间、职业与社会之间的各种社会关系的行为准则和道德规范。它既是对本行业人员在职业活动中思想和行为的具体规定，又是行业对社会应履行的道德责任与义务。

2. 职业道德的表现形式

本质上，职业道德是对社会行为个体履行岗位职责的一种规范，是按照职业操守规定对人的行为应有益于他人和社会的基本层次的要求。通过职业教育的手段，启迪人们的道德觉悟，激励人们的职业感情，强化人们的道德意志以促使个人养成良好的行为习惯和品质。在现实社会里，职业道德更多表现为“软性约束”，主要体现为行业规范的约定，为单位纪律所强调，为社会舆论所监督。也正因为如此，对职业道德的履行，不同的人有不同的认识和表现形式。

（1）消极地遵从职业道德：比如，餐饮酒店等服务行业，可能表现为在有社会大众或同事监督时能履行职业道德，遵从职业规范；而无人监督或个人独自承担工作任务时就放纵对自己职业道德的约束。又如，国家事业机关单位公务员，可能表现为 8 小时之内能够履行职业道德，下班时间或休假时间就有意无意地放纵对自己职业道德的约束。再如，企业经理人，可能表现为在得到企业发展好处时能够履行职业道德，在企业发展不顺利或个人未能得到更多利益时就舍弃道德约束，甚至损害集体或者国家的整体利益。

（2）被动地遵从职业道德：在客观行为人的思想深处或个人意识中有职业道德的约束，能够在关键时候体现职业道德精神。但这种道德行为更多体现在做分内工作或完成分内任务上，体现在对自己个人的约束上；对属于自己工作职责之外的事情，或不属于当天当时当地应履行的职责，或对单位同事不履行职业道德可能对本单位形象或社会公德造成不良影响的行为，持无所谓的态度，“事不关己，高高挂起”。

（3）主动地遵从职业道德：将职业道德作为自己的一种人生境界，一种人生价值，一种灵魂深处的“刚性”约束。能够在社会需要和日常生活工作处事中将职业道德升华为奉献精神，将奉献精神作为职业道德行为的“自觉”，作为光荣和幸福，而且是更高层次、更深意义上的幸福。近年来，抵御洪灾、抢险济困以及抗击“新冠病毒”的过程中，许许多多的共产党员，正由于肯牺牲、乐于奉献，才实现和提升了人生价值，体现了高尚的人格和品质，赢得了他人的尊重，自己也获得了幸福感。

在新的历史时期，强调以奉献精神提升职业道德规范，具有十分重要的现实意义。这不仅是因为在社会转型时期，我国实施以德治国战略确实需要确定和树立一种以奉献精神为内核的新的社会道德体系，从而建立起与经济和社会发展相适应的健康和谐、积极向上的思想道德规范，提高全民族的思想道德水平，建设高度的社会主义精神文明，推动整个社会，无论面临风险考验时，还是在正常时期都能保持均衡稳定的运转。对于社会每一个成员自身成长来讲，奉献精神是职业道德建设链条中的道德基石。只有在社会各个层面弘扬以奉献精神为核心的行为准则，倡导和形成有利于人民，有利于社会的真、善、美的要求，绝大部分社会成员都逐步树立高尚的道德情操，在崇尚职业道德与敬业精神的同时将乐于奉献作为自觉追求，使人人都在为他人提供服务，人人又都在享受他人提供的服务；人人都在关爱他人，人人又都在受到他人的关爱，才可能真正地从社会基础层面创造一个充满温馨和谐的良好的社会环境。

3. 职业道德的内涵

（1）在内容方面，职业道德总是要鲜明地表达职业义务、职业责任以及职业行为上的道德准则。它不是一般地反映社会道德和阶级道德的要求，而是要反映职业、行业甚至产业特殊利益的要求；它不是在一般意义上的社会实践基础上形成的，而是在特定的职业实践的基础上形成的，因而它往往表现为某一职业特有的道德传统和道德习惯，表现为从事某一职业的人们所特有的道德心理和道德品质，甚至是从事不同职业的人们在道德品貌上的差异。例如，某人有“军人作风”“工人性格”“干部派头”“学生味”“学究气”“商人习气”等。

（2）在表现形式方面，职业道德往往比较具体、灵活、多样。它总是从本职业的交流活动的实际出发，采用制度、守则、公约、承诺、誓言、条例，甚至标语口号之类的形式，这些灵活的形式不仅易于被从业人员所接受和实行，而且易于形成一种职业的道德习惯。

（3）从调节的范围来看，职业道德一方面用来调节从业人员内部关系，加强职业、行业内部人员的凝聚力；另一方面，也用来调节从业人员与其服务对象之间的关系，以塑造本职业从业人员的形象。

（4）从产生的效果来看，职业道德既能使一定的社会或阶级的道德原则和规范“职业化”，又能使个人道德品质“成熟化”。职业道德虽然是在特定的职业生活中形成的，但它不是离开阶级道德或社会道德而独立存在的道德类型。在阶级社会里，职业道德始终是在阶级道德和社会道德的制约和影响下存在和发展的；职业道德和阶级道德或社会道德之间的关系，就是一般与特殊、共性与个性之间的关系。任何一种形式的职业道德，都在不同程度上体现了阶级道德或社会道德的要求。同样，阶级道德或社会道德在很大范围上都是通过具体的职业道德形式表现的。职业道德主要表现在实际从事一定职业的成人的意识和行为中，是道德意识和道德行为成熟的阶段。职业道德与各种职业要求和职业生活相结合，具有较强的稳定性和连续性，形成比较稳定的职业心理和职业习惯，以致在很大程度上改变人们在学校生活阶段和少年生活阶段所形成的品行，影响道德主体的道德风貌。

（二）职业道德的特点

职业道德作为一种特殊的社会道德领域和行为调节方式，它通过规定各种职业活动应尽的责任和义务，维持着各种职业活动正常进行，保证着各行各业与整个社会的正常联系。虽然不同职业的职业道德有很大的区别，但总体上，各行各业的职业道德也存在许多共同的特征，了解这些特征，有利于我们加深对职业道德的认识和理解。

（1）职业道德具有适用范围的有限性：每种职业都担负着特定的职业责任和职业义务。由于各种职业的职业责任和义务不同，从而形成各自特定的职业道德的具体规范。

（2）职业道德具有发展的历史继承性：由于职业具有不断发展和世代延续的特征，不仅技术延续，管理员工的方法、与服务对象打交道的方法，也有一定的历史继承性。例如，“有教无类”“学而不厌，诲人不倦”，从古至今始终是教师的职业道德。

（3）职业道德表达形式多种多样：由于各种职业道德的要求都较为具体、细致，因此表达形式多种多样。

（4）职业道德兼有强烈的纪律性：纪律也是一种行为规范，是介于法律和道德之间的一种特殊的规范。它既要求人们能自觉遵守，又带有一定的强制性。就前者而言，它具有道德色彩；就后者而言，又带有一定的法律色彩。就是说，一方面，遵守纪律是一种美德；另一方面，遵守纪律又带有强制性，具有法令的要求。例如，工人必须执行操作规程和安全规定，军人有严明的纪律，等等。因此，职业道德有时又以制度、章程、条例的形式表达，让从业人员认识到职业道德具有纪律的规范性。

（三）职业道德的作用

职业道德是社会道德体系的重要组成部分，一方面，它具有社会道德的一般作用；另一方面，它又具有自身的特殊作用。具体表现如下：

1. 调节职业交往中从业人员内部以及从业人员与服务对象间的关系

职业道德的基本职能是调节职能。一方面，职业道德可以调节从业人员内部的关系，即运用职业道德规范约束职业内部人员的行为，促进职业内部人员的团结与合作。例如，职业道德规范要求各行各业的从业人员，都要团结、互助、爱岗、敬业、齐心协力地为发展本行业、本职业服务。另一方面，职业道德又可以调节从业人员和服务对象之间的关系。例如，职业道德规定了制造产品的工人要怎样对用户负责，营销人员怎样对顾客负责，医生怎样对患者负责，教师怎样对学生负责，等等。

2. 有助于维护和提高本行业的信誉

以“济世养生”为宗旨的北京同仁堂创建于清康熙八年（1669 年），由于“配方独特、选料上乘、工艺精湛、疗效显著”，自雍正元年（1721 年）起，北京同仁堂正式供奉清皇宫御药房用药，历经八代皇帝，长达近 200 年。老一辈创业者伴君如伴虎，不敢有丝毫懈怠，终于造就了同仁堂人在制药过程中小心谨慎、精益求精的企业精神。在 300 多年的历史长河中，历代同仁堂人树立“修合无人见，存心有天知”的自律意识，确保“同仁堂”这一金字招牌长盛不衰。有一次，当经销商在广告中擅自增加并夸大某种产品的药效时，北京同仁堂郑重登报予以纠正并向消费者道歉。“同仁堂”品牌作为中国第一个驰名商标，享誉海外。目前，“同仁堂”商标已经受到国际组织的保护，在世界 50 多个国家和地区办理了注册登记手续，成为拥有境内、境外两家上市公司的国际知名企业，企业实现了良性循环。

一个行业、一个企业的信誉，也就是它们的形象、信用和声誉，也是企业及其产品与服务在社会公众中的信任程度。提高企业的信誉主要靠产品的质量和服务质量，而从业人员的职业道德水平提高是产品质量和服务质量的有效保证。若从业人员职业道德水平不高，很难生产出优质的产品，提供优质的服务。

3. 促进本行业的发展

行业、企业的发展有赖于高的经济效益，而高的经济效益源于高的员工素质。员工素质主要包含知识、能力、责任心三个方面，其中以责任心最重要。而职业道德水平高的从业人员责任心极强，因此，职业道德能促进本行业的发展。

4. 有助于提高全社会的道德水平

职业道德是整个社会道德的主要内容。一方面，职业道德涉及每个从业者如何对待职业，如何对待工作，同时也体现了一个从业人员的生活态度和价值观念，是一个人的道德意识、道德行为发展的成熟阶段，具有较强的稳定性和连续性。另一方面，职业道德也是一个职业集体，甚至一个行业全体人员的行为表现，如果每个行业、每个职业集体都具备优良的道德素质，对整个社会道德水平的提高会发挥重要的作用。

（四）职业道德的树立与培养

1. 树立自信，自觉、自主地进行自我修养

案　例

“一别五十载，从未曾离开”，60 年前，一场意外事故，雷锋不幸倒地牺牲，但雷锋精神闪亮矗立。人们一提起雷锋，就想到他的奉献精神。比如“雷锋出差一千里，好事做了一火车”“人的生命是有限的，可是，为人民服务是无限的，我要把有限的生命投入到无限的为人民服务之中去”。现如今，只要有人干了好事，人们就会把他们赞为“活雷锋”。雷锋已被完全符号化，是好人的象征，隐喻着奉献、善良以及纯粹等优秀品质。

其实，雷锋不是扁平的，而是立体的；雷锋精神不是单一的，而是丰富的。雷锋是一名士兵，驾驶员是雷锋的本职工作，而做好事只是其“业余爱好”。人们往往盯住一个存善心、行善举的雷锋，而往往忽略了一个工作称职、有着极高职业素养和职业道德的雷锋。

雷锋的岗位是平凡的，但他“干一行爱一行、专一行精一行”，在平凡的岗位上做出了不平凡的业绩。他不把工作当成负担，而当成一种快乐，有快乐、全心投入，才能深入其中，积极创新。据报道，雷锋当年驾驶的卡车很破旧，是连队出了名的“耗油大王”，但经过他精心维修保养，竟成为节油标兵车。

在那个时代，雷锋的内心深处也许没有职业道德这样的字眼，但他对职业道德有颇为

形象的表达。“我愿永远做一个螺丝钉。螺丝钉要经常保养和清洗，才不会生锈。”“如果你是一滴水，你是否滋润了一寸土地？如果你是一线阳光，你是否照亮了一分黑暗？如果你是一颗粮食，你是否哺育了有用的生命？如果你是一颗最小的螺丝钉，你是否永远坚守在你生活的岗位上？”

这些名言中提到的螺丝钉，后被赞为螺丝钉精神，即像螺丝钉一样爱岗敬业。雷锋这些朴素的表达，深刻地诠释了职业道德的真义。

在职业道德修养上，自觉是非常重要的，人一旦有了自觉性，才能在道德活动中处处留心，时时提醒自己，严格要求自己，完善自己的职业道德品格。德国哲学家康德，活了80岁，一生奉献于哲学。他每天走出朴实无华的书房，徒步在大学中，忙于他的哲学研究，生活规律不曾稍改，真正做到了“数十年如一日”。他对“时间”的控制，就如一位科学家，分秒不差。他每天必在早晨5点起床，晚上大约在10点就寝，这个严格的生活习惯，他始终严守不渝。康德严于控制时间的习惯，关键在于他有很强的自我控制能力和强烈的自律意识。良好的习惯一经形成就是终身受用的资本；反之，不良的习惯便会成为一生的羁绊，阻碍发展。一个整天喜欢蒙头大睡的人，不可能在梦中成就他的事业。

大学生处在人生的十字路口，自我管理和约束能力相对较差，但大学生具有很强的可塑性，若能从自己内心培植职业道德，建立长效自我约束机制，就会在工作中爱岗敬业、谦逊礼让、严于律己、宽以待人；在感情上，以为社会多做贡献为荣，以自己的劳动成果能为社会和他人带来幸福为乐，从而更好地在自我教育中提高职业道德水平。

2. 学习职业道德理论与参加社会实践活动相结合

学习职业道德理论与参加社会实践活动相结合是提高职业道德修养的根本方法。只有学习和掌握了科学理论，才能坚持职业道德修养的正确方向。要学习职业道德基本理论、原则和规范，明确职业道德的目的、方向和原则，才能提高职业道德修养的主动性和自觉性，培养起相应的职业道德情感、意志和信念，形成良好的职业道德行为习惯。实践证明，大学生在学校学习得越好、体验就越深刻，在工作岗位上的表现就越优秀，越符合职业道德规范，并能很好地指导社会实践。

参加社会实践是提高职业道德修养的根本途径。人的道德品质不是与生俱来的，而是在长期的社会实践中逐步形成和发展的，实践是人们养成道德品质的源泉，也是职业道德修养的目的和归宿。大学生在学习职业道德理论的基础上，只有不断地融入社会，把自己的学习和社会实践活动联系起来，才能更深刻地认识自身的价值所在，正确审视自己的不足，并在社会实践中锻炼自己、陶冶自己、完善自己，最终完成职业道德品质的提高。

3. 向新时期涌现的职业模范人物和身边的榜样学习

新时期，社会主义精神文明建设呈现积极健康向上的良好态势，为人民服务精神日益发扬光大，社会职业道德风尚发生了可喜的变化，涌现了一批批道德楷模，为进行社会主义职业道德教育树立了榜样。大学生不但要向这些模范人物学习，还要向身边的人学习，学习他们的长处，克服自己的缺点，把职业道德境界提高到一个新的高度。

4. 自觉地进行内省和慎独

内省，就是内心省察检讨，去除私心杂念，使自己的言行规范符合道德标准的要求，树立正确的道德观念。一个人只有自觉地严于解剖自己，善于反省自己，才能成为一个符合时代精神的有高尚职业道德的人。大学生在提高自身道德修养的同时，应该经常内省，善于认识自己，勇于正视自己的缺点，敢于自我批评、自我检讨，并决心改掉缺点，扬长避短，在实践中不断完善自己的职业道德品质，“吾日三省吾身”就是这个意思。

慎独，就是指在无人监督的情况下独立工作，仍然能谨慎地遵守道德原则而不做坏事。它是我国伦理思想史上一个特有的范畴，既是一种道德修养方法，又是在修养中达到的一种崇高境界。《孔子·中庸》中写道：“道也者，不可须臾离也，可离非道也。是故君子戒慎乎其所不睹，恐惧乎其所不闻。莫见乎隐，莫显乎微，故君子慎其独也。”大意是一个有道德的人，要做到在别人没看见的时候，能够谨慎行事，在别人不能听到的时候，能够警惕，不要以为隐蔽和微小的过失，就可以去做。因此，独自一人时，同样要谨慎行事，防微杜渐，自知自爱，把握住自己。山东省有一座四知庙，据说是纪念东汉名臣杨震的。杨震在赴任东莱太守时，路过昌邑县，县令王密，深夜只身送上黄金 10 斤。杨震很生气，埋怨王密不该这样做。王密却说，深夜无人知晓。杨震发火道：“天知、地知、你知、我知，何谓无知者?”王密听后，惭愧而去。杨震的故事很好地诠释了道德修养中的“慎独”。作为当代大学生，能否做到“慎独”，“慎独”所能达到的程度，是衡量个人是否坚持自我修养以及在修身中取得成绩大小的重要标尺。“慎独”讲究不仅在他人面前、领导面前能按职业道德行事，而且即使在别人不知道的情况下，也能自觉地做好事，只有这样，才能在新形势下始终保持清醒的头脑，经受住各种考验，模范地遵守职业道德，做一个具备高尚职业道德品质的新型劳动者。

5. 从小事做起，从现在做起，循序渐进

国外一项调查显示：学历资格已不是公司招聘员工首先考虑的条件，大多数雇主认为，正确的工作态度是公司录用员工时最优先考虑的，其次才是职业技能、工作经验。毫无疑问，工作态度已被视为组织遴选人才时的重要标准。

中国古代最有影响的思想家之一孟子，在道德修养方法和培养高尚道德感情上有很深刻的论述。他认为，修身养性，培养浩然之气，并非深奥玄妙之事，而是要从身边事做起、从小事做起，把内心德行修炼与现实生活紧密结合起来，避免不切实际的高谈阔论。大学生正处在培养良好职业道德和练就技能本领的大好时期，只有在平凡的日常学习和生活中，从点滴小事做起，通过长期积累，才能逐步培养形成优秀的道德品质。因此，在道

德修养中，要从我做起，严格要求自己，不能因为他人没有做到而原谅自己，或自己也不去做；也不能因为社会存在不正之风，还有许多不道德的现象而放纵自己、原谅自己，甚至放松对自己的要求。相反，更应该高标准、严要求，追求高尚的职业道德境界，只有这样，才能自觉养成良好的道德习惯，形成良好的职业道德信念和品质。

二、职业素质

（一）素　质

对“素质”一词有以下几种定义。

（1）《辞海》对素质一词的定义：①人的生理上的原来的特点；②事物本来的性质；③完成某种活动所必需的基本条件。在高等教育领域，素质应是第三个定义，那就是大学生从事社会实践活动所具备的能力。

（2）素质本来的含义是指有机体与生俱来的生理解剖特点，即生理学上所说的“遗传素质”，是人的能力发展的自然前提和基础。按此，定义素质为当你将所学的一切知识忘掉之后所剩下来的那种东西。

（3）素质是指个人的才智、能力和内在涵养，即才干和道德力量。历史学家托马斯·卡莱尔就特别强调作为英雄和伟人的素质，在他看来，“忠诚”和“识度”是识别英雄和伟人最为关键的标准。

（4）素质是指人的体质、品质和素养。素质教育是一种旨在促进人的素质发展，提高人的素质发展质量和水平的教育活动。一个有学识而不具备教育能力的人可以从事别的职业，但不能从事教师职业。

素质一词本是生理学概念，是指人的先天生理解剖特点，主要是指神经系统、脑的特性及感觉器官和运动器官的特点，素质是心理活动发展的前提，离开这个物质基础谈不上心理发展。各门学科对素质的解释不同，但有一点是共同的，即素质以人的生理和心理实际为基础，以其自然属性为基本前提。也就是个体生理的、心理的成熟水平不同决定着个体素质的差异，因此，对人的素质的理解要以人的身心组织结构及质量水平为前提。人的素质包括身体素质、心理素质和文化素质。素质只是人的心理发展的生理条件，不能决定人的心理内容与发展水平，人的心理活动是在遗传素质与环境教育相结合发展起来的。而人的素质一旦形成就具有内在的相对稳定的特征，所以，人的素质是以人的先天禀赋为基质，在后天环境和教育影响下形成并发展起来的内在的、相对稳定的身心组织结构及质量水平。

（二）职业素质的内涵

“素质冰山”理论认为，人的个体素质就像水中漂浮的一座冰山，水面以上部分的知识、技能仅代表表层的特征，不能区分绩效优劣；水面以下部分的动机、特质、态度、责任心才是决定人的行为的关键因素，可以鉴别绩效优秀者和一般者。

可见，基本的经验与技能（当然这也是公司刻意要求与培养的）是可以通过学习得到的，公司更关注的是员工的基本职业操守，如很强的责任意识、很强的客户意识、忠诚度、信誉、客观等。

职业素质是指从业者在一定的生理和心理条件基础上，通过教育培训、职业实践、自我修炼等途径形成和发展起来的，在职业活动中起决定性作用的、内在的、相对稳定的基本品质。由于职业是人生意义和价值的根本所在，职业生涯既是人生历程中的主体部分，又是最具价值的部分，因此，职业素质是人的素质的主体和核心，囊括了素质的各个类型，只是侧重点不同。

职业素质的特征主要表现如下：

1. 职业性

职业素质是一个人从事职业活动的基础，并且总是与职业联系在一起。不同的职业对素质的要求是不同的。例如，医疗卫生工作者的职业素质要求与工程技术工作者的职业素质要求就有很大的不同，它不仅表现在专业素质方面的不同，还表现在职业道德素质要求方面的不同。

2. 内在性

职业素质是个人接受知识、技术、技能的教育和培养，并通过实践磨炼后内化、积淀和升华的结果，是个人能做什么（知识、技能）、想做什么（自我认知、角度定位）和如何做（价值取向、态度、信念）的内在特质的组合。人的职业素质一旦形成，就会存在并表现于主体的一切职业活动和行为中，决定着主体职业活动和行为的效果，它的作用发挥是自觉的。在日常生活中，经常会听到这样的说法，“把这件事交给某某做，有把握，可以放心”。之所以有把握，就是因为他有了做好这件事的内在素质。

3. 稳定性

一个人的职业素质是经过较长时间的教育培训以及在长期从业实践锻炼中逐渐形成和发展的，它一旦形成便具有相对稳定性。这种稳定性是从业者做好本职工作的基本条件和保证。

4. 整体性

现代社会的职业岗位具有复杂性的特点，因此它对从业者的职业素质要求是多方面的。胜任本职工作不仅要有好的专业技能方面的素质，还要有好的思想道德素质和心理、生理素质，等等。

5. 发展性

现代社会经济、科学技术的发展必然带来社会职业和职业岗位的发展变化，这种变化不断地对从业者提出新的职业素质要求。因此，从业者要不断地培养、提高自己的素质，以适应社会需要。

结合职业的特点和要求，大学生应着重培养自己的责任意识、沟通意识、团队意识、创新意识和服务意识。

（三）职业素质的分类

寻找人的职业生涯成功轨迹，要从人的素质因素中找答案。一个人的素质又可以分为已经具备的竞争实力和尚待开发的发展潜力两部分。

1. 已经具备的竞争实力

对于任何人来说，在特定时期都存在一定的素质，这往往有一定的客观材料予以证明。例如，具有大学、研究生生物化学专业的学历证书，接受过 MBA 的专业训练，获得过国家技术进步二等奖，具有高级技师的资格，有发明专利等。这成为用人单位对某个人力资源个体招聘录用和培养提拔的依据，也证明了一个人的竞争实力。这种竞争实力是个人获得生涯成功的重要条件。

2. 尚待开发的发展潜力

人是可塑的，有很大的潜力。有学者指出，人的许多潜力没有得到发挥甚至没有被发现。例如，人被野兽追击的时候产生应激状态，跑的速度、跳的距离、拼命搏斗的力量，都是一般情况下远远达不到的，甚至是不可思议的。

人的潜力的发现与发挥，需要一定的环境与条件，诸如充分的教育、适当的培训、兴趣的导向、动机的赋予、外部的支持环境、经验的积累、实践的证明、外部的压力环境、紧急的形势、危险的来临等。现代管理学讲求人的潜能开发，大量采用各种角色扮演、评价中心、案例教学等方法，甚至运用极限训练、魔鬼式训练等拓展训练方法，目的就是开发人的潜能。

（四）职业素质的培养

1. 责任意识的培养

托尔斯泰认为：“一个人若是没有热情，他将一事无成，而热情的基点正是责任心。”责任意识是一个人日后能够立足于社会、获得事业成功与家庭幸福至关重要的人格品质。那么，什么是责任意识呢？

所谓责任意识，是指个人对自己和他人、家庭和集体、国家和社会所负责任的认识、情感观念，以及与之相应的遵守规范、承担责任和履行义务的自觉态度所产生的情绪体验。责任意识一方面是指人必须对他人和社会负责；另一方面是指必须对自己的行为承担相应的责任。

案　例

张定宇：以“渐冻之躯”铸起战疫铜墙铁壁

2019 年年底，一场突如其来的不明原因的肺炎疫情在湖北武汉肆虐。

面对人类未知病毒，时任金银潭医院院长张定宇感到了前所未有的挑战。医院门口排着渴望生命的长队，医院内医疗物资告急，连轴转的医护人员也都累得精疲力竭。“还要继续收病人吗?”张定宇的心里做着激烈的斗争。

“多收治一个病人，就是多帮助一个家庭。”他下定决心，“作为一名共产党员、医院院长、一名医生，无论哪个身份，在这危急时刻，都没理由后退半步，必须坚决冲上去!”

这一冲便很难停下来。迅速隔离病患、开辟专门病区、完成清洁消毒、紧急调配设备物资人员……那段时间，张定宇每天都要忙到凌晨，好几个夜晚，凌晨 2 点刚躺下，四五点又起来继续工作。

就在他日夜忙碌在抗疫一线时，同为医务人员的妻子程琳被确诊，在另一家医院的重症监护病房治疗。铮铮铁汉因没顾得上妻子的安危，眼泪忍不住往下淌：“很内疚，我也许是好医生，但不是好丈夫。”

在与病毒较量的同时，张定宇还要与自己身体的病痛斗争。早在 2018 年，他被确诊患上渐冻症，双腿萎缩。高强度的工作让他的身体亮起了红灯，他踩着高低不平的脚步、拖着“渐冻”之躯在医院来回穿梭，有几次差一点摔倒。

“搞快点，搞快点，这个事情一哈（一下）都等不得，马上就搞!”即便腿脚不利索，张定宇还是忍着疼痛靠前指挥。在这场抗疫之中，他率领金银潭医院 600 多名医护，在援鄂医疗队的帮助下，救治 2800 余名患者，其中不少为重症、危重症患者。

“身体状况都这样了，为何还这么拼?”面对别人的不解，张定宇回应：“我必须跑得更快，才能跑赢时间，把重要的事情做完。”

因在疫情防控中的突出贡献，2020 年 9 月，在全国抗击新冠肺炎疫情表彰大会上，张定宇被授予“人民英雄”勋章；2021 年 2 月，身患绝症坚守抗疫一线的他入选“感动中国 2020 年度人物”。

这就是张定宇同志，一个富有责任担当的人。他知道自己肩负的责任是什么，知道如何担当，并努力履行好自己的责任。

（资料来源：夏静，张锐，晏华华．张定宇：以“渐冻之躯”铸起战疫铜墙铁壁 [N]. 光明日报，2021-09-08）

2. 沟通意识的培养

（1）沟通能力的重要性。和谐的人际氛围是大学生顺利完成学业的基础。对于大学生而言，与周围的同学、老师在沟通交往中融洽相处，可以为自己减少烦恼、心身愉快、集中精力学习、顺利完成学业营造一个良好的学习和生活氛围。

良好的沟通能力有利于培养大学生健康的心理。大学生正处于自我社会性发展的重要时期，需要通过良好的人际交往和沟通，来互相了解、理解和认同。因此，大学生需要良好的沟通能力。

良好的沟通能力是大学生未来事业成功的必备素质。新时代的大学生，有条件、有能力，也有必要塑造自己的沟通魅力。具有良好的沟通能力是大学生职业生涯良性发展的最基本条件。在专业成绩相近的条件下，企业往往优先选择沟通能力较强的学生。

良好的人际交往与沟通能力有助于大学生未来家庭生活幸福美满。在不久的将来，今天的大学生可能会拥有自己的小家庭，家庭生活是否幸福美满，从某种意义上也取决于他们自身的人际交往和沟通能力。

（2）人际交往与沟通中存在问题的类型。在人际交往与沟通中往往存在一些有问题的类型：

①自我中心型。在与别人交往时，一部分学生"我"字优先，只顾及自己的需要和利益，强调自己的感受，而不考虑他人；不顾场合，不考虑他人的情绪，不尊重他人，漠视他人的处境和利益。

②自我封闭型。一部分学生不愿让他人了解自己，在心理上人为地建立屏障，自我封闭；还有一部分学生虽然愿意与他人交往，但由于个人性格内向、孤僻，而形成一种自我封闭的状态，因而很难融入大集体中。

③社会功利型。任何人在沟通交往过程中都有使自己得到提高、进步的愿望。但如果过多、过重地考虑个人愿望、利益是否能够实现，很容易被拜金主义、功利主义思想控制，使与人沟通带上浓厚的功利色彩。

④猜疑嫉妒型。进入大学校园，中学的优秀者云集在一起，有的学生由于学业上失去优越地位而失落，很容易产生嫉妒心理。轻者出现内向、躲避的情况，重者出现精神妄想、自杀甚至犯罪等。

（3）良好的人际交往和沟通能力的培养。良好的人际交往和沟通能力不是与生俱来的，需要在社会交往实践中学习、锻炼和提高。大学生在与人沟通交往过程中，只有遵循正确的沟通交往原则，才能建立起和谐的人际关系，并在交往中掌握更好的人际交往艺术。

首先，应遵循正确的沟通交往原则。

①正直原则。通过各种活动，有目的地营造互帮互学、团结友爱、和睦相处的交往氛围；反对拉帮结派、交酒肉朋友等无原则、不健康的人际交往。

②平等原则。尊重不是单方面的，而是双方的，既要自尊，又要彼此尊重。贯彻平等原则，就是要换位思考，在交往中尊重别人的合法权益，尊重别人的感情。

③诚信原则。真诚是换取友谊的钥匙。面对社会上诚信缺失的众多现象，要多看事物的正面，通过点滴小事，在与同学的交往沟通中自觉做到以诚相待、信守诺言。

④宽容原则。与人相处时，应当严于律己，宽容待人，接受对方与自己的差异。分析自己的缺点，回味别人对自己的帮助，以诚换诚，以情换情，以心换心，从对方的角度去理解对方。

⑤互补互助原则。由于大学生在经济生活上还没有独立，仍处在以学为主的学生时代，因此，互补性原则主要体现在精神领域。“尺有所短，寸有所长”，在与人交往中应善于吸取他人的长处，弥补自己的不足。

其次，加入良好的团队。良好的团队可以为良好的沟通提供很好的平台。通过团队建设，可建立共同的自信，锻炼沟通技巧，丰富沟通对象，强化沟通效果。良好的团队可以营造一种群体心理气氛，可以使成员团结、沟通顺畅。每位成员在这个过程中都可以得到锻炼，提升自己的沟通能力。

再次，锻炼并提高交往能力。人际交往与沟通的技巧很多，针对大学生的特点，可以从以下几个方面加以提高。

①善于结交。善于结交是指能够巧妙地引起对方注意，并主动制造机会，自然地与对方进行初步接触，进而保持进一步接触的过程。

②善于表达。谈话是沟通信息、获得间接经验的好方法，也是表达感情、增进友谊的重要手段。善于表达，要求表达的内容要清楚明确，表达的方式要恰当，幽默和风趣，能使对方感到轻松愉快。

③善于倾听。倾听的目的一方面是给对方创造表达的机会，另一方面是使自己能更好地了解对方，以便进一步与其交往和沟通。

最后，善于处理矛盾。在与人交往过程中，难免会产生各种各样的矛盾和摩擦。要善于处理问题，个人在遇到麻烦的时候能够打破僵局，能够做到大事化小，小事化了，保持良好的人际关系，创造深入交往的氛围。

3. 团队意识的培养

团队是由两个或两个以上相互依赖、承诺共同的规则，具有共同的愿望，愿意为共同的目标而努力且技能互补的人组成的群体。团队成员通过沟通，能相互信任、合作，共同承担责任，产生群体的协作效应，从而获得比个体成员绩效总和大得多的团队绩效。

一位畅游南美洲的游客曾见过一种奇观：游客们点燃干燥的原始草丛，把一群黑压压的蚂蚁围在当中，火借风势，逐渐蔓延，蚂蚁开始混乱，但逐渐变得有序，并迅速形成一个团，像雪球一样朝外滚动突围。外层的蚂蚁被烧得“噼啪”直响，死伤无数，但蚁球仍然勇猛地向外滚动，终于突出火圈。这就是人们常说的团队精神。

（1）团队的组织者和领导者。①团队的组织者，首先要健全有效的监督和约束机制，营造一种团结干事的工作氛围。使团队成员工作默契，上上下下“心有灵犀一点通”。②

消除不必要的工作界限。应注意培养团队全体成员配合、协作精神，使团队成员形成“分工不分家”“互相支持和努力”的工作习惯。③相信每一位成员，让每位成员都能拥有自我发挥的空间，还要破除个人主义，唯我独尊、夜郎自大的傲慢心理，凝聚团队成员的力量，同心协力、甘苦荣辱，树立团队集体主义观念。④尊重每一位成员。让每一位成员都学会包容、欣赏、尊重其他成员的个别差异性，使团队成员团结一致，树立共同的目标，共创未来。

（2）团队的成员。作为一名团队成员，要培养自己的团队精神，必须注重以下能力和品质的培养：

①表达与沟通的能力。表达与沟通能力是非常重要的，不论你做出了多么优秀的工作，不会表达，不能让更多的人去理解和分享，那就几乎等于白做。比如，公务员考试录用面试时，每个人的陈述时间也就 10 分钟，如果不能在有限的时间里很好地推销自我，那么可能就与一个好机会擦肩而过了。

“行胜于言”，强调做人应该多做少说。然而，现代社会是个开放的社会，好想法、好建议要尽快让别人了解、让上级采纳，为团队做贡献。所以，要抓住一切机会锻炼表达能力，积极表达自己对各种事物的看法和意见，并掌握与人交流和沟通的艺术。

②培养主动做事的品格。每一个人都有成功的渴望，但成功不是等来的，而是靠努力做出来的。任何一个团队都不喜欢只知道听差的人，我们不能被动地等待别人告诉你应该做什么，而应该主动去了解社会需要我们做什么，自己想要做什么，然后进行周密规划，并全力以赴地去完成。

③培养敬业的品格。几乎所有的团队都要求成员具有敬业的品质。有敬业精神，才能把团队的事情当成自己的事情，才能发挥自己的聪明才智。个人的命运是与所在的团队、集体连在一起的。要有意识地多参与集体活动，并且想方设法地认真完成好个人承担的任务，养成不论学习还是工作都认真对待的好习惯。有才能但不敬业的人是没人敢用的。

④培养宽容与合作的品质。今天的事业是集体的事业，今天的竞争是集体的竞争，一个人的价值只有在集体中才能得到体现。成功的潜在危机是忽视了与人合作或不会与人合作。

有些团队成员动手能力强，点子也不错，但当他的想法与别人的想法不一致时，就固执己见，不知如何求同存异；有的团队成员谈到自己的同事时，很挑剔，缺乏客观看待事物的品质；有的团队成员在家里是被照顾、被包容，有优越感，不容易做到宽容待人和与人合作；有的团队成员对周围的人缺少信任，使人无法与其沟通、合作；有的团队成员，在团队中是业务骨干、技术能手，但高高在上，对其他成员不屑一顾，不懂得尊重和包容别人。实际上，团队中的每个人各有长处和不足，关键在于成员之间以怎样的态度去看待他人，能够发现对方的美，而不是挑其毛病，培养自己求同存异的素质，培养团队精神尤其重要。这就要求团队成员在日常生活中，培养良好的与人相处的心态，这不仅是培养团队精神的需要，也是获得人生快乐的重要方面。

⑤培养全局意识、大局观念。团队精神不反对个性张扬，但个性必须与团队的行动一致，要有整体意识、全局观念，考虑团队的需要。团队成员要互相帮助，互相照顾，互相配合，为集体的目标而共同努力。

曾经有两个大学生，他们共同承担一个项目，但各有分工。其中一个学生在完成任务的过程中遇到了技术上的难题，此时他只会独自冥思苦想乱翻书，却不屑于向坐在旁边的另外一位同学请教。而另外这个同学此时也不是把他当作共荣共辱的合作伙伴，而是坐在旁边等着看笑话。他们共同承担的项目结果可想而知，当然是失败的。这是我们应该吸取的教训。

在工作中，有意识地培养全局观念极为重要。比如，要建设一个优秀班组，就不能只考虑自己的需要而不关注别人的感受。要建设一个优秀部门，每个人就不能借口自己有这样或那样的事情而不参与集体组织的活动。否则，集体将会像一盘散沙，自己也很难从中受益。

在实际工作中，由于个体差异，素质参差，培养团队精神总会有一些阻力、问题和困难。有这样一则故事叫作“五官论战”，故事是这样的：

一日，嘴对鼻子说：“尔有何能，而位居吾上？”鼻子说：“吾能别香臭，然后子方可食，故吾位居汝上。”鼻子对眼睛说：“子有何能，而在我上也？”眼睛说：“吾能观美丑，望东西，其功不小，宜居汝上也。”鼻子又说：“若然，则眉有何能，亦居我上？”眉毛说：“我也不愿与诸君相争，我若居眼鼻之下，不知你一个面皮，安放哪里？”

团队建设的道理也相似，只有大家形成一个共同奋斗的共识和目标，才具有威力。有团队精神，才能产生创新的力量、发展的力量。如果总是搞个人主义，处处抬高个人、贬低他人、钩心斗角、争占上风，个个想当主角、内耗不断，就会造成角色易位。如果互相拆台，无休止地搞内耗，团队就会像一盘散沙。如前所述，蚂蚁都有可贵的团队精神，更何况万物之灵的人类？所以，要培养团队精神，千万不能去做“五官论战”之类的蠢事。

培养团队精神，也不是无原则地搞一团和气。原则、感情与共同的利益和目标，是维系一个团队的纽带，少了哪一条都不行。团队精神是在原则的基础上产生的，放弃原则，迁就个别，虽然满足了个别人的利益需要，但却起了误导作用，由此必然导致人心涣散，从而失去团队的凝聚力，没有凝聚力，还谈何团队精神？

4. 创新意识的培养

综观历史，一个国家，一个民族，如果思想笃古不变，必然被动挨打，唯有创新求进，锐意进取，才能兴旺发达。正如江泽民同志所指出：“创新是一个民族进步的灵魂，是国家兴旺发达的不竭动力。”“一个没有创新的民族，难以屹立于世界先进民族之林。”在知识经济飞速发展的今天，创新已经成为知识经济时代的主要特征、核心和灵魂。随着社会的发展，世界各国对人才的培养提出了更高的标准，对创新的概念也有了全新的诠释，对大学生的创新能力也有了更高的要求。

创新能力是指个人提出新理论、新概念或发明新技术、新产品的能力；就其表现形式，创新能力就是发明或发现事物内部规律的能力。创新思维是创新能力的前提，培养有创新能力的大学生就是要培养大学生的创造意识、创新思维和创造能力，这也是 21 世纪高素质人才培养的重点。

（1）端正学习态度，建立积极向上的人生观。当前高校中有许多学生对生活没热情，学习没动力，通常表现为“出勤不出力”的消极状态。也有的学生学习目的不明确，只为一张毕业文凭，对将来能否找到满意的工作则抱着“车到山前必有路”的心态。还有部分同学认为，刚结束的高中生活太累太苦，目前的大学生活应好好享受，崇尚“今宵有酒今宵醉”的及时享乐观。更有甚者整天沉迷游戏，两耳不闻窗外事，埋头痴醉玩网游。这些学生对生活姑且度日，更别提勤奋学习和思维创新了，他们正在浪费自己美好青春的宝贵光阴。其实，大学阶段是人的一生中精力最充沛，培养创新思维最佳的时段，很多科学家在二十多岁就发现了伟大的定律、公式或方程而流芳百世，如经典力学奠基人牛顿，22 岁就发明了微分学，23 岁发明了积分学，为人类科学事业做出了重大贡献。意大利物理学家伽利略在 22 岁时发明了浮力天平，为当时的科学研究提供了很大帮助。伟大的物理学家爱因斯坦在 26 岁那年写了 6 篇论文，并在 3 个领域分别做出了光量子论、分子运动论、狭义相对论、质能相当性四个方面具有划时代意义的贡献。

古往今来，英年成才的大家不少，相比之下，现今的大学生无论是在物质条件、精神文明还是科学研究、社会环境方面都有前人不可比拟的优越性。然而，有很多大学生对人生没有规划，对生活没有目标，对知识没有追求，对发明、创新没有意识和兴趣。为改变这种困境，首先要端正学习态度，健全自己的人格，养成良好的心态和习惯，培养积极向上的人生价值观。只有在思想上健康了，才不会走邪路、弯路，才能为今后正常的大学学习提供可能。除此之外，大学生还应该努力发展自己的兴趣爱好，陶冶自己的情操，广泛参加有益的业余活动，积极参与社团组织，主动加入志愿者行列，深入社会生活，多与他人沟通交流，做一个思想健康、人格健全、积极上进的现代大学生。

（2）激发学习兴趣，树立创新意识。在校大学生应努力学习，充分汲取知识营养，扎实自己的专业知识，提高专业技能，提升知识水平和知识结构。因为，扎实的基础知识和良好的学习方法是创新成果诞生的起点，很多创新成果都来源于基础知识的深层次组合和对知识的再次挖掘。没有扎实的基础知识，创新就成了无源之水、无本之木。

如果没有坚实的知识基础，难以激发学习的兴趣，更难以真正理解高深的应用技术。除此之外，正确的学习方法、广阔的知识视野对学生学习兴趣的培养也是非常重要的。通过学习获得的知识和经验越丰富、越扎实，就越能观察和发现问题，越能开阔知识视野。广阔的视野能开拓学习思路，并诱发学习的兴趣，兴趣是第一老师，也是创新思维自我培养的前提条件。在学习方式上，可以选修，可以通过学术讲座，也可以采取学和研相结合的方式，无论哪种学习方式，都应该敢于问“为什么”，敢于打破陈规，敢于向权威质疑，始终保持学习的浓厚兴趣，不断激发创造性和求知欲，努力培养自我创新意识。

（3）细致观察生活，全面捕捉创新灵感。创新意识的形成并非仅来源于学习中的专业知识，更多更普遍的是来自对现实生活的仔细观察。创新基于生活，却高于生活，它来自生活又服务于生活。纷繁复杂的现实生活为灵感的滋生提供舞台。热爱生活，关注生活，仔细观察发生在身边的每件事，探讨它发展的规律，对看似平常的自然现象也要常怀好奇。好奇心是人们对新鲜事物以及纷繁复杂的大千世界进行探究的心理倾向，是推动人主动积极地去观察生活、观察社会，展开创造性思维的内在动因，也是诱发灵感的前提。

牛顿在他母亲的农场观察到苹果下落而顿生灵感，发现了著名的万有引力定律；阿基米德在一次洗澡时发现了浮力原理；鲁班不小心被路边的小草割伤了手后发明了锯子；瓦特在烧火时发现水烧开后壶盖跳动而发明了蒸汽机……像这样的例子不胜枚举。这些伟人若不是细致观察生活，时刻心怀好奇，也就不会有这些伟大的发明。随着科技的不断进步，来源于现代生活的创新性例子也越来越多，它们以各种专利的形式广泛应用于现实生活中。当然，除了通过对日常生活的细致观察来培养自己的创新思维外，还可以通过电视、广播等媒介学习他人的创新之举来激发自己的创新灵感。

（4）积极参与实践活动，不断提高创新技能。创新是一种探索、是一种尝试，它不但需要付出艰苦的思想劳作，有时甚至还可能需要献身。诺贝尔在进行炸药发明的400多次实验里，好几次都是死里逃生，他的弟弟和4名助手就在一次实验中同时丧失了生命。当别人看到炸药威力太大劝他停止实验时，他却说：“创造新事物哪能不冒危险，但我不怕！”18世纪美国最伟大的科学家富兰克林冒着生命危险，用“风筝实验”验证了天空中的闪电也是一种放电现象，打破了当时的闪电是上帝旨意的愚说。

如今，当然不是要求大学生冒着生命危险去追求创新，而是要立足当前的环境和条件，充分地利用它们，并有效地采用实践和学习相结合的模式进行创新意识培养。这种方式不但可以培养坚韧不拔、实事求是的科研精神，还可以提高自己探索问题、解决问题的能力。实践的过程，是理论与实践相结合的过程，是信息加工、动手操作和技术运用相互协作的过程，是培养创新思维的有效途径。

著名教育家陶行知曾说过：“处处是创造之地，天天是创造之时，人人是创造之人。”当代大学生应将创新思维的培养贯穿在自己的整个学习和生活中，做学习的主宰者，做生活的有心人，关心生活，关注事物，细心观察，胸怀创新。

三、职业能力

习近平总书记在2018年全国教育大会上强调，立足基本国情，遵循教育规律，坚持改革创新，以凝聚人心、完善人格、开发人力、培育人才、造福人民为工作目标，培养德智体美劳全面发展的社会主义建设者和接班人。这阐释了人的全面发展的基本内涵，为大学生职业能力培养指明了方向、提出了要求。

（一）职业能力的内涵

职业能力是指在特定的职业中，个人将知识、能力、概念进行类化迁移与整合，进而逐步培养起一种完成职业任务的能力，是对某类职业需要的各项能力的综合。

职业能力依据分层性的特点，可以分为三个层级：一是基本能力层，即基本的能力和素质，是所有行业和职业都通用的知识和技能。如基本的学习能力、文字表达能力、逻辑思维能力、人际交往能力、实际动手能力及终身学习能力等，这是进行深入系统专业能力培养和综合能力培养的前提。二是专业能力层，即特定专业的知识和技能，是某个专业所必需的知识和技能，覆盖相关职业和职业群。通过专业能力层，人们将掌握此类职业群的主要知识和技能，胜任相关职业的工作。三是综合能力层，是判断大学生能否胜任工作岗位的重要指标，主要包括社会能力与个人能力。社会能力主要是指个人在团队中的协作发展、交往合作以及运用理论知识解决实际问题的综合素养；个人能力主要包括爱岗敬业、严谨认真、诚信友善的职业道德和职业人格，是职业能力中最活跃的能动要素。

（二）职业能力的养成方法

习近平总书记在纪念五四运动100周年大会上寄语青年："努力掌握科学文化知识和专业技能，努力提高人文素养，在学习中增长知识、锤炼品格，在工作中增长才干、练就本领，以真才实学服务人民，以创新创造贡献国家！"这对于大学生的职业能力养成有着十分重要的指导意义。

1. 基本能力是大学生职业能力培养的基础

基本能力的培养主要依靠学校教育，特别是高等教育。大学阶段是学习知识丰富阅历、积累经验、培养能力、步入社会的过渡期。在大学阶段要加强对基本能力的培养，重点锻炼主动、自觉学习的能力，重点培养逻辑分析和解决矛盾的能力。

2. 专业能力是大学生职业能力培养的关键

专业能力是特定职业要求必须具备的专业素质，专业能力是核心的职业素养，是职业能力培养的关键一环。大学阶段要认真学习专业理论知识，并且要能够将之熟练地运用于工作中，需要掌握和运用多学科知识，研究和学习与工作相关的前沿问题。除了关注本学科的专业知识外，还要涉猎多学科知识，交叉学科研究是获得创新成果的重要途径，专业能力的形成需要多概念交叉以及知识整合，专业能力越扎实，理论结构越完善，相互联系越紧密，越容易产生创新内容。

3. 大学生职业能力培养的重点

任何职业都离不开与周围环境和人的交往实践，具备良好的环境适应能力、人际交往能力、团结协作能力以及心理承受能力是在工作中开拓进取的重要条件。在大学生活中大学生要多参加各项活动，通过人际交往、组织活动等方面加强自身综合能力的培养，有利于加强校园与社会的有效衔接，培养符合时代要求的社会主义人才。

思考与实践

创造力测试

创造性解决问题的能力是一种高级能力，它不仅是沿着前人开辟的道路前进，更是运用新的方法和步骤去研究、解决问题。创造力并非专家、发明家所专有，下面20个测验题不仅能测试你的创造力，还可以帮助你从中找到提高创造力的方法和途径，快来测一测吧！

测试题目：

1. 即使是十分熟悉的事物，你也常用陌生的眼光审视它。(是或否)
2. 你评价资料的标准首先是它的来源而不是它的内容。(是或否)
3. 对所从事的事业即使遇到困难和挫折也不会动摇你的意志。(是或否)
4. 你从来不做那些自寻烦恼的事情。(是或否)
5. 聚精会神工作时，你常常忘记时间。(是或否)
6. 你特别关心周围的人对你的评价。(是或否)
7. 你最愉快的是对某个问题深思熟虑、精推细敲。(是或否)
8. 你不认为灵感能揭开成功的序幕。(是或否)
9. 你对周围的事物有好奇心，一旦产生了兴趣便很难放弃。(是或否)
10. 你认为把事情做得尽善尽美是不明智的。(是或否)
11. 遇到问题，你能从多方面探索它的可能性，而不是拘泥于一条思路。(是或否)
12. 那些没有报酬的事，你从来就不想干。(是或否)
13. 你对于事情过于热心，当事情完成之后总有一种兴奋感。(是或否)
14. 你认为按部就班、循序渐进才是解决问题最正确的方法。(是或否)
15. 你宁愿单枪匹马，也不愿和许多人搅在一起。(是或否)
16. 和朋友争论问题时，你宁可放弃自己的观点，也不使朋友难堪。(是或否)
17. 对你来说，提出新建议比说服别人接受这些建议更重要。(是或否)
18. 你关心是什么，而不是可能是什么。(是或否)
19. 你总觉得你有用不完的潜力。(是或否)
20. 你不能从别人的成败中发现问题，吸取经验和教训。(是或否)

计分方法：

上面列出20个测试题，每题2分，共40分，凡在单号题选“是”的得2分，选“否”的得0分，在双号题选“是”的得0分，选“否”的得2分。

测试结果：

28~40 分：创造力强。你具有许多不寻常的个性心理特征。你既能灵活深刻、有条不紊地思考问题，又能将思考的结果加以实现，这是你最大的优势。你是个人才，如果已经有所成就，要戒骄戒躁；如果暂时还没有成就，也不要急，只要努力，总会崭露头角。

16~26 分：创造力一般。你习惯采用现有的方法与步骤考虑问题、处理问题，虽比较保险，但难有大的突破。思维灵活性是创造力的基础，你不妨做些自我训练，说不定机会适合时会显出你的才干。

14 分以下：创造力弱。你在工作中较少享受到灵活思维的快乐和喜悦，在个人生活中也往往缺乏趣味和魅力。不过，不要灰心，那些熟悉的工作是你的用武之地。

（三）专业核心能力

专业核心能力主要是指从事某一职业的专业能力。在求职过程中，招聘方最关注的就是求职者是否具备胜任岗位工作的专业能力。专业核心能力包括专业知识、职业岗位所需的特殊技能，是大学生就业能力中最基本的要素。例如，你去应聘教学工作岗位，对方最看重的是你是否具备最基本的教学能力。随着高等教育大众化的逐步实现，高等教育改革的不断深入，高等教育的内外部环境都发生了很大的变化，社会对人才的专业能力提出了许多新的要求。

1. 改革现有的课程体系，适应社会变化需要

在人才培养目标上注意加强基础培养，拓宽专业，注意高素质、强能力、会创新的教育，使学生构建起能够适应社会发展变化的需要，具有不断学习和更新知识的能力，切实做到“一专多能”。通过健全实习及校企合作培养机制，实现大学生实习的制度化、规范化，确保大学生实习顺利开展，以培养锻炼大学生的专业能力；通过适度地在就业市场的引导下调整专业结构，由过去单纯地以学科为中心转向现在以市场为导向结合学科的做法，针对工作环境变化的要求及国家对不同层次、类型专业技术人才的实际需求，进行学科专业结构优化；重新定位大学培养目标，以培养就业市场需要的大学生为目标，改革教学方法，提倡启发式教学，注重大学生的实践训练、能力培养和人格养成；通过加强实践性教学，从教学过程中加强大学生对专业能力的体验；通过增强就业指导，培养大学生人际沟通技能以及口头交流技能等，以多种方式培养学生的专业能力。

2. 尝试“订单式”培养人才

所谓“订单式”培养人才就是地方院校与特定的用人单位签订协议，大学生毕业后直接进入该单位就业，从而在大学教育过程中加入该用人单位所特需的一些专门知识的学习和特殊技能的训练，既可以实现高校规范化教学，又对当地经济建设和社会发展提供服

务，使两者有机结合。例如，通过加强企业与学校合作建立教学基地等措施，加强实践教学基地的运行管理，提高企业在高校培养学生过程中的参与性；通过企业参与高校专业建设和课程建设、校企共同制订教学计划、共同确定课程体系、企业主导课程开发、校企联合评价教学和管理学生等方式来增强企业与高校的联系，以培养学生适应社会的能力。

3. 做好专业知识和非专业知识的储备

大学生可以从专业知识和非专业知识两个方面做好就业准备。从长远来看，大学生必须积累系统、精深的专业知识，形成全面广博的知识结构，这些都需要从日常学习和生活中积累。

（1）重视专业知识的学习。当基础知识积累到一定程度时，知识专门化发展的要求就显得格外突出。高教教育专业的设置就是为了适应基础教育发展到一定程度时，随着社会分工的需要而建立的一个特殊的培养人才的计划。大学生应该努力学好基础知识，只有具备了扎实的专业基础知识才能进入下一个阶段的专业研究。专业知识通常是指大学生各自所学的专业知识，是大学生今后走向工作岗位的一技之长。大学生专业知识的学习贯穿整个大学学习时期，专业知识是大学生知识结构中的主要内容，大学生应该高度重视专业知识的学习，因为这是大学生就业时所拥有的重要资本之一。大学生必备的专业知识能充分显示自己的学识，体现自己的特长和价值。可见，离开了专业知识的学习，知识体系也就失去了完整的含义。大学生在进行专业知识学习的同时，要注意知识的系统化和结构化，要善于积累，同时也要注意知识的更新，根据社会的发展和需要及时调整自己的知识结构，并将理论知识与实际工作、生活和社会实践联系起来。专业知识是择业的基础，除了学好专业知识之外，还要做到“触类旁通”，尽可能多地学习并掌握相关专业知识。

（2）注重非专业知识的准备和运用。非专业知识的准备是针对目前高等教育中存在的“专才”教育的缺陷而做的准备。我国的高等教育以基础学科独立教学为主，这样使得大学生对单一的学科都有一定深度和系统的认识。但是，为了使大学生对整个系统的多个学科的学习能够有机整合，以达到具有解决问题的整体性的知识能力，现在许多高校或通过实施主辅修制，或通过增设某些课程以弥补本专业知识结构的缺陷。如文科增设高等数学、计算机等课程，理工科增设大学语文、人文社会科学等课程。由于学科呈多向、横向发展的趋势，大学生要充分理解某一门学科知识，必须借助其他学科的知识，也就是在完善自我知识结构时，必须充分意识到非专业知识的重要性，发挥自身的主观能动性和自身知识体系的特点，进行有针对性的非专业知识的学习。

（3）建立合理的知识结构。知识结构是指一个人拥有知识体系的结构情况与结合的方式，它是一个由诸多要素组合而成的有序列、有原则的整体的系统。合理的知识结构是良好的文化素质的基础，它与知识水平有机地结合形成个人的文化素质。

对学习任何专业的大学生而言，建立合理的知识结构，可以从三个层次入手：第一个层次，建立专业的核心知识。这种知识的建立主要是依靠参加课堂学习和专业学习来完成，是将来从事专业工作的理论基础。第二个层次，建立本专业的相关知识或边缘知识。这种知识的建立是靠课堂之外的学习来完成的，需要经常接触本专业学科的学术文献以及虚心向专业人员请教，将本专业的前沿领域、边缘领域或与其他专业的交叉领域和掌握的基础理论结合起来，还需要不断地接受新事物、新知识才能获得。第三个层次，建立个人专业以外的外延知识。如文科的学生要懂得理工科的知识，理工科学生也要学习一些经济、文学等人文方面的知识。求职者应具有合理的知识结构，这种知识结构不存在一个固定的、普遍使用的模式，它需要根据个人的特点和需求不断地更新和完善。目前比较有代表性的知识结构模式有三种：宝塔型知识结构、网络型知识结构、帷幕型知识结构。

（四）职业关键能力

1. 职业关键能力的内涵

职业关键能力是职业能力的一个重要组成部分。职业关键能力又称为职业核心能力和职业通用能力。职业关键能力是指任何职业或行业工作都需要的、具有普遍适用性和可转移性且在职业活动中起支配和主导作用的能力。职业关键能力是具有相通性的职业能力。职业关键能力是不针对某种具体的职业、岗位，是不论从事哪一种职业都离不开它的职业能力；职业关键能力也是在职业活动中起支配作用和主导作用的职业能力。职业活动种类繁多，所需要的能力多种多样，但在各种职业活动中，有一些职业活动能力是基本的要素，是各种职业活动中不可或缺的元素，它们可以引导、激发和其他职业能力的生成，具有重要的“生产性”价值；职业关键能力还具有可转移性的职业能力。职业关键能力包括具有转移价值的认知、情感、动作技能等方面的能力。职业关键能力可以划分为可转移的技能和使这种转移成为可能的技能或使能技能。可转移的技能是指可应用于不同情境里的知识和技能。使能技能是指促使将这些技能应用于新的情景的能力。从学习的角度，会学比学会更重要。使能技能是更高层次的技能。

职业关键能力培养的意义和作用正逐步得到人们的广泛认同。职业教育和培训的一个主要任务是将这些关键能力的培养目标、内容和方法整合进各种学习计划里。在各级各类职业学校里，人们需特别关注学生的职业关键能力的发展。在工作领域里，企业管理者也有义务为员工发展提供广泛的、高质量的学习机会，以便促进个体的职业关键能力的发展。

2. 职业关键能力的种类

为了更好地对职业关键能力予以分类，有必要建构一个理解职业关键能力的框架。1994 年，安德森和马歇尔出版了《核心能力与特定的职业核心能力》一书，在该书中他们提出了关键能力的分类理论。安德森和马歇尔建构了分 3 个阶段和 6 个大类能力的一个分析框架。在不同的阶段，人们学习和形成不同的职业能力。

第一阶段，人们形成的是基本能力。在这个阶段，人们所形成的能力并非直接为就业而形成和发展的。基本能力包括两类能力，一类是教育方面的基本能力，如阅读能力、写作能力、口头交流能力和计算能力等；另一类是个性特征，如开放性、诚实性、可信性等个人的特征。基本能力是年轻人为适应社会生活、参加工作和继续接受教育所必需的能力。它是一种工具性能力，是每个人参与社会生产和生活，成为一个建设文明社会和享受文明生活的好公民所必需的能力。基本能力可以在教育系统的不同阶段（如初等教育、中等教育和高等教育）习得。

第二阶段，人们形成与就业有关的并使自己的工作能力最优化的职业关键能力。在这个阶段，人们所形成的职业关键能力主要包括三类能力：一是职业所需的特殊能力，如驾驶能力、簿记能力、成本计算能力等；二是发生性的职业关键能力（generic core ability），如交流能力、问题解决能力、策划能力、工作过程管理能力等；三是个人的心理能力，如动机、果断性、决定性、创见性、判断力、领导能力等。与工作有关的职业能力主要在职业教育系统（如双元制、学徒制）、岗位培训和实践中习得。

第三阶段，人们形成一些概要性的能力（synoptic ability）。这个阶段形成的能力是促进组织变革所需的认识能力和工作能力，它主要包括团队工作能力、商业思维能力、连续学习能力、形成共识的能力、自我管理的能力以及商业意识、顾客意识、质量意识、成就意识等方面的能力。

综上所述，职业关键能力是指对劳动者从事任何一种职业都必不可少的跨职业的基本能力。它主要包括个体具备学会学习的能力、交流能力、社会活动能力、组织和管理能力、问题解决能力 5 种职业关键能力。

第一种职业关键能力：学会学习的能力。

人们普遍认同学会学习的价值。形成学会学习的能力不仅是在学校教育阶段顺利完成学业的必要条件和基本目标，而且也是职业教育和培训的基本目的，还是人们在工作场所进一步接受教育和获得终身发展的重要条件。工作领域的变革步伐的加快客观上要求人们具有学会学习的能力。为了使劳动者适应组织结构的变革、技术创新和工作过程的持续变化的要求，劳动者必须具备学会学习的能力。

学会学习的能力的含义主要包括两个方面。首先，学会学习意味着促进学生批判性学习能力的发展。学生的批判性学习能力主要体现在学生拥有反思能力。在一个社会组织里，有必要形成和维持一种促进学习和发展的组织文化，而个体反思能力的发展是有助达成此目标的基本要素。其次，一个具有范围广泛的职业关键能力的个体需要具有对实践和学习进行反思的能力。

第二种职业关键能力：交流能力。

人们普遍认同交流能力是当今社会劳动者最重要的能力之一。人们需具备运用现代语言和信息技术进行交流的能力。交流能力的含义非常宽泛。交流能力可以从 4 个方面加以界定，即交流的对象（与谁交流）、交流的目的（为什么交流）、交流的方式（交流者介绍自我的方式等)、交流的手段（交流得以实现的手段）。交流的能力包括提供书面陈述的能力（如写信、写报告、写文章），提供口头陈述的能力（如打电话、在公众场合发表意见），提供信息的能力，提供建议的能力，建立公共关系的能力，谈判能力，与顾客、学生等不同层次的人建立联系和持续地保持联系的能力。

第三种职业关键能力：社会活动能力。

与人合作技能是从所有职业活动的工作能力中抽象出来的，具有普遍适应性和迁移性的一种核心技能；是指根据工作活动的需要，协商合作目标、相互配合工作并调整合作方式不断改善合作关系的能力；是从事各种职业必备的社会能力。社会活动能力是与其他人进行交往、与其他人一起工作的能力和显示团体取向的行为和移情行为的能力。这种职业关键能力包括规划、组织和协调活动的能力、为开展活动收集相关信息的能力、与同事合作的能力、移情能力、适应能力、灵活处理事务的能力、处理紧张关系和不确定性的能力、自我约束的能力、对结果进行评价的能力、形成和使用反馈信息的能力。

第四种职业关键能力：组织和管理方面的能力。

在技术革新的推动下，社会组织方面的变革很快。美国管理学家杜拉克认为，在一个组织的生产能力里，专门知识是第一位的，而土地、劳动和资本是第二位的。企业的竞争优势在于劳动者具有创造知识和应用知识的能力。劳动者与组织的关系表现为劳动者将特定的知识和能力带到工作场所，组织则为劳动者提供利用知识和能力的目的和应用知识的手段。现在劳动者的流动性比以往更大了。由于在一个企业里永久性的劳动者减少，组织必须信任劳动者，而劳动者必须担负起管理自己职业生涯的责任。在新的环境下，劳动者要能在工作场所做决策，发展社会交往能力和继续学习的能力。组织和管理方面的能力是一种参与能力，它是指劳动者形成自己的工作场所和工作环境，做出决定，并为承担职责作好准备的能力。它包括理解业务的过程和组织机构的能力、理解组织的财政情况的能力、理解组织的行政管理和其他方面的管理事务的能力、理解并进行质量管理和质量控制的能力、监管的能力、教授和培训的能力（如发布指令、转移知识)。

第五种职业关键能力：问题解决能力。

可界定为确定问题、提出解决问题的方案并付诸实施、检查其实际效果的能力。在职业教育中，有必要强调利用认知过程解决现实中的跨学科性质的问题的能力，这不仅是解决问题的路径，而且是可应用的能力领域和课程领域，但这些都不是直接清晰明了的。问题解决能力的发展与三个因素有关：一是问题类型。它取决于问题解决的过程，如应用于特定的问题情景的决策、系统分析和设计、寻找疑难之处。这些问题情景通常有别于课堂的或学校课程里的情景，它们包括个人生活、工作和休闲、社区和社会里的情景。二是问题解决过程。它包括理解问题的性质、表明问题的特征、表征问题、解决问题、反思问题和交流答案。三是问题的情景。在学生的真实生活里，不同的问题类型得到应用。

培养职业素养能大大提高大学生的就业竞争力，随着大众化高等教育的发展，用人单位对人才的选择余地渐宽，超越学历之外的职业素养问题逐渐被用人单位关注。现在很多人缺乏对所投身职业的基本素养的了解，当一个人的职业素养和工作技能不符合用人单位的要求时，就业难的问题就难以避免。

四、职业资格

职业资格是衡量个人自身具备某一职业基本要求的重要尺度。一个人取得职业资格，不仅能提高其职业选择的竞争力，而且有利于提高其就业后的职业转换能力，从而有利于其职业生涯的发展。

（一）职业资格概念

职业资格是对将要从事某一职业的劳动者所必备的学识、技术和能力的基本要求。它包括从业资格和执业资格。从业资格是指从事某一专业（工种）的学识、技术和能力的起点标准，如教师资格、导游资格等。执业资格是指国家对某些责任较大，社会通用性强，关系到国家、社会公共利益的专业（工种）实行准入控制，是依法独立开业或者从事某一特定专业（工种）的学识、技术和能力的必备标准，如执业医师、注册会计师等。

职业资格由人力资源和社会保障部门及委托的机构，通过学历认定、资格考试、专家评定、职业技能鉴定等方式评定。其中，资格考试一般分为笔试和口试，同时还有多种多样的实际操作考核。职业技能鉴定分为五个级别：初级技能、中级技能、高级技能、技师、高级技师。

参加职业技能鉴定的人员，可向当地职业技能鉴定中心或其授权的职业技能鉴定所（站）提出申请。申请人需要填写职业技能鉴定申请表，同时需要出示本人身份证、培训毕业（结业）证书、职业资格证书，以及工作单位劳资部门出具的工作年限证明等。

（二）职业资格证书

职业资格证书是指根据《职业资格证书规定》，通过人力资源和社会保障部门、行业（企业）职业技能鉴定机构的鉴定考核，由相应行政部门核发的职业技能等级水平的凭证，是实行就业准入管理、就业证明、劳动监察、劳动合同监督的有效证件。职业资格证书是国家对申请人专业（工种）学识、技术、能力的认可，是求职、任职、独立开业和单位录用的主要依据。

目前，我国职业资格证书按从业人员类别，分为专业技术人员职业资格和技能人员职业资格；职业资格证书按性质，分为水平评价类职业资格和准入类职业资格。水平评价类职业资格是指社会通用性强、专业性强的职业建立的非行政许可类职业资格制度。准入类职业资格是对涉及公共安全、人身健康、人民生命财产安全等殊职业，依据有关法律、行政法规或国务院决定设置。按照相关要求，此类工作必须持证上岗，企业也不得招募无证人员。从业人员必须拿到准入类职业资格证书才能进入相关行业的工作岗位。2019 年《国家职业资格目录》共计 139 项，包括专业技术人员职业资格共 58 项，技能人员职业资格共 81 项。

常见的职业资格证书：行业单项技术证书，如珠算技术等级证书、会计电算化资格证书等；专业技术证书，如汽车驾驶证、电工等级证书、建筑业的证书等；公共技能水平证书，如教育行政部门组织的计算机、外语等级测试以及国家语言文字工作委员会组织的普通话水平测试所颁发的相应证书；专业职务证书，如教师资格证书和多种专业技术职务任职资格证书；国际通行的证书，如我国与英国皇家行业协会颁发的各行业等级证书。

案　例

“今年我去建行参加笔试的时候，一共 10 个人，除了两个本科生和我，其余全是名校的硕士，我的学历一点竞争力都没了。”卫佳佳瞄准的岗位都是南京地区的大公司，“苏南也可以考虑，但公司必须是叫得响的。”她说。卫佳佳分析，现在的就业竞争力不够，和自己“临时抱佛脚”有关系，“如果，我提前上网了解一下就好了，不管是学什么经济学的，只要考到 CPA（注册会计师）之类的证书，找工作也不至于这么费劲。”

学生从进大学起，就应该开始考虑自己的兴趣、性格、能力、价值观，本专业的特点、面向的就业市场，以及就业市场在当前国民经济发展中的地位、对人才的需求等。到毕业时，才能对自己进行准确定位，而不会盲目地提出地域、薪资等要求。盲目追求在经济发达地区就业，难度非常大，作为一个理性、成熟的大学生，应该能意识到中小城市所蕴藏的事业机会和发展潜力。

同学们可多向老师、学长、职场人士请教，根据自己的情况，确定需要考取的职业资格证书，了解职业资格证书的考试时间、内容、用途等，确定备考的方式，以获得相应的职业资格证书。目前各种职业资格考试让人目不暇接，眼花缭乱。有些资格证书是从业必需的。比如，证券从业人员资格证书、银行业专业人员职业资格证书、教师职业资格证等，但有些证书并非从业人员所必需。有些同学以为证书越多，工作越好找，就业机会越多，盲目地考了很多证，花了很多金钱、时间和精力，但却未考虑到自己的职业定向问题，也未必对就业有帮助，结果得不偿失。

以金融类专业为例，相关证书主要包含以下几个：

1. 初级会计专业技术资格证书

初级会计专业技术资格考试实行全国统一组织、统一考试时间、统一考试大纲、统一考试命题、统一合格标准的考试制度。初级会计专业技术资格考试，原则上每年举行一次。在国家机关、社会团体、企业、事业单位和其他组织中从事会计工作，并符合报名条件的人员，均可报考。会计专业技术初级资格考试合格者，颁发人事部统一印制，人事部、财政部用印的《会计专业技术资格证书》，该证书在全国范围内有效。用人单位可根据工作需要和德才兼备的原则，从获得会计专业技术资格的会计人员中择优聘任。

2. 注册会计师

【专业阶段考试报名条件】

符合下列条件的中国公民，可以申请参加注册会计师全国统一考试——专业阶段考试：

（1）具有完全民事行为能力。

（2）具有高等专科以上学校毕业学历或者具有会计或者相关专业中级以上技术职称。

【专业阶段考试免试条件】

具有会计或者相关专业高级技术职称的人员（包括学校及科研单位中具有会计或者相关专业副教授、副研究员以上职称者），可以申请免予专业阶段考试1个专长科目的考试。

【综合阶段考试报名条件】

符合下列条件的中国公民，可以申请参加注册会计师全国统一考试——综合阶段考试：

（1）具有完全民事行为能力。

（2）已取得注册会计师全国统一考试——专业阶段考试合格证。

【考试科目】

考试划分为专业阶段考试和综合阶段考试。考生在通过专业阶段考试的全部科目后，才能参加综合阶段考试。专业阶段考试设：《会计》《经济法》《税法》《审计》《财务成本管理》《公司战略与风险管理》6个科目；综合阶段考试设《职业能力综合测试》1个科目，该科目目分为卷一、卷二。考生通过注册会计师专业阶段考试后方可报名综合阶段考试。

【考试方式】

考试采用闭卷、计算机化考试方式。即在计算机终端获取试题、作答并提交答题结果。

考试系统支持8种输入法：微软拼音输入法、全拼输入法、智能ABC输入法、谷歌拼音输入法、搜狗拼音输入法、王码五笔型输入法、极品五笔输入法、万能五笔输入法。

【考试时间】

考试时间一般安排在每年8月份。

3. 证券从业资格证

证券从业人员资格考试是由中国证券业协会负责组织的全国统一考试，证券资格是进入证券行业的必备证书，是进入银行或非银行金融机构、上市公司、投资公司、大型企业集团、财经媒体、政府经济部门的重要参考，该考试时间由证券协会每年统一确定，资格考试已全部采用网上报名，采用全国统考、闭卷方式对学员进行考核。

考试内容：新的考试测试制度设定两门，名称分别为“证券市场基本法律法规”和“金融市场基础知识”。

考试时间：考试时间由证券协会每年统一确定，考试计划可能会根据市场情况进行调整，以当期公告为准。

4. 特许公认会计师（ACCA）证书

考试内容：ACCA 有 14 门考试科目，包括“财务报表编制”“财务信息与管理”“公司法与商法”“财务管理与控制”“财务报告”等。

注：ACCA 证书在国际上得到广泛认可，被全球许多国家确定为法定的会计师资格，会员可从事审计、税务、破产执行及投资顾问等专业会计师的工作。同时，ACCA 因其课程的全面性、完善性和综合性，而被誉为“财会专业的 MBA 课程”。适合准备出国进修或者准备进入大型跨国企业从事财务工作的人员，需英语基础。

证书是大学生在大学期间学习态度、学习能力、所具职业水平的重要体现，也是将来想从事人资、财会、金融等行业的同学们顺利就业的敲门砖。建议同学们对就业所需的职业资格从大一开始着手备考，争取大二、大三之前顺利考过，大学三年级集中精力去企事业单位实习或考研。此外，相较于证书，具备良好的职业素养与职业胜任力更为重要，建议同学们结合自己的兴趣、性格、能力优势确定职业目标后，有所重点、有所选择地考证。

第三节　职业认知的途径

明确了工作世界探索的意义，知道了工作探索的内容后，让我们一起学习，一起去了解探索工作世界的途径。探索工作世界主要有媒介、职场活动和生涯人物访谈等途径。

一、媒　介

通过媒介探索职业世界，是信息社会比较便捷的途径。但通过下面几种媒介搜集的信息量大，需要的时间比较多，同学们可有目的性、针对性地搜集职业信息。

（一）求职网站

网络已经成为大学生找工作、了解职场的重要工具。专门的招聘网站、企业网站、大学的就业网站、省市各级就业指导中心的网站都是不错的选择。

（1）专门的招聘网站有强大的数据库、分类的职业招聘信息、职业的指导和建议、职场的趋势、各地招聘会和人才市场的链接等。

（2）企业的网站可以了解企业的各方面情况和其校园招聘的要求。

（3）学校的就业网站可以了解到近几年到本校招聘的单位，招聘的具体要求等具体信息。

（4）各省市、高校的就业指导机构是专门负责毕业生就业的机构，就业指导中心的网站是大学生搜集职业信息最方便、直接、有效的途径之一，所提供的职业信息具有针对性强、可信度高、成功率大等特点。

（二）行业期刊、行业报告、杂志、报纸

行业期刊和行业报告可以帮助大学生更好地了解专业知识、行业动态、行业知识，把课堂所学的知识和行业的发展情况有机结合起来，完善自己的知识结构；了解专业和行业，使自己更加专业化；阅读报纸和杂志能拓宽知识面，了解世界、国家和社会的发展，扩大自己的视野。从阅读中发现自己感兴趣的工作，从阅读中发现自己想做的事情，从阅读中让更多的选择从冰山下走出来，让自己的世界更开阔。

（三）专业俱乐部、行业展会、研讨会、专题讲座等

参加专业的俱乐部，与一些志同道合的人定期交流或参与项目的研究与开发，是了解专业、发展专业能力的最佳途径之一。行业展会、研讨会、专题讲座也为大学生提供了很多与专家现场互动的机会，想了解职场的你，不妨参与其中。让你关于未来的梦想，在这些与专业人士近距离的接触中，早日实现。

（四）企业或公司的网站

无论是了解行业、专业，还是了解企业、岗位，都离不开企业或公司的网站。通过浏览不同企业的网站，可以了解到公司的历史、现状，近年的招聘信息，企业的产品和服务，企业的文化等信息。

（五）博客、QQ群、论坛、网络搜索

博客被誉为网络时代的个人出版物，个人是否有自己的博客，是否浏览过行业精英、职场专家、企业老总的博客？是否收藏了一些自己喜欢的博客，经常去浏览并且留言？

个人的QQ除了和朋友聊天外，是否添加了不同类型的QQ群？不同类型的QQ群，可以帮助个人实现学习、生活、职业发展的平衡，扩展人脉。

不同类型的论坛更是五花八门，看帖、发帖、跟帖已经成为很多人的习惯，把个人的疑问发出来，很多人会帮你出主意。在不同的观点交汇时，学会选择很重要。

网络时代几乎无所不能的就是网络搜索了。键入要了解的内容或关键词，几秒钟就有成千上万个选项供你查阅。

（六）微信、微信群、微信公众号和微信小程序

由腾讯微信、中国信息通信研究院、数字中国研究中心共同发布的《微信就业影响力报告》显示，2018 年微信带动就业机会达 2 235 万个，同比增长 10%。其中，带动直接就业机会 527 万个，小程序带动就业机会 182 万个。此外，根据微信官方公布的数据显示，小程序 2018 年累计创造商业价值 5 000 亿元。以微信为代表的互联网平台，建立了新的就业形态，同时降低了创业就业的门槛，惠及了广泛的小微企业和个人创业者，推动了就业结构的多元化，助推了智力创业时代的到来。据专业机构连续五年的研究表明，微信作为国民工具持续为社会就业带来新的影响力。那么你的微信好友中又有多少人是能给你提供关于职业和就业的信息呢？你又关注了多少如实习僧、北森生涯、简历酱等微信公众号呢？加入了多少就业微信群呢？使用了几个微信小程序呢？这些都将直接影响你对职业的了解及未来的就业机会选择。

二、实践活动

案　例

面试时碰上了校园活动中的合伙人

王星，以优异的成绩被美国波士顿大学录取。如今学有所成，并被国际四大会计师事务所之一的美国安永会计师事务所正式录用。

然而，求职之路并非一帆风顺，王星也经历了重重考验，来看看她的自述——

我进入波士顿大学商学院以后，选择了金融和会计两个专业。但因为金融方面的工作竞争相当大，尤其对国际生来说，近年来银行招收国际应届生的比例少得可怜，所以我就转向会计方面，最初定下的（就业）目标便是四大会计师事务所（后简称“四大”）。

大三的秋季学期一开学，一向重视我们学校生源的四大，纷纷开始发出暑假实习的机会。

我当然不愿意错过这样的好机会，在学校的工作申请网站一口气申请了 4 家，但最后只拿到了其中一家的第一轮面试。第一轮面试，公司派了人力资源部的高管到我们学校进行一对一面试。面试（时间）30 分钟左右，先是自我介绍，2 分钟左右，都是我事先练好背好的。接下来便是回答他的问题，主要是围绕我的简历上的各种经历经验，没有很难的专业知识。因为事先准备充分所以感觉很顺利。一周后得到通知进入了第二轮。

第二轮在公司举行，从早 8 点半到下午 2 点，其中有讲座，和公司员工聊天吃饭的

social party（社交晚会），还有背靠背的三轮面试。一周后又接到电话，非常无情地被拒了。

虽然沮丧，但我没有灰心。大三的一年里，学校经常组织活动，会请四大的资深合伙人到学校和会计专业的学生交流，内容没太大的差别，有学生就懒得去，我几乎都去参加了。一方面是想更多地了解公司和这个行业，另一方面是锻炼自己维持和他们之间的conversation（交谈）的能力。

大四一开学便是正式职位的申请了，这次运气很好，在4家中拿到了3家的第一轮面试，之后又拿到了两个第二轮面试。在安永第二轮面试的时候，其中一个面试官竟然是我大三在学校活动中交流很久的一位合伙人。她依稀记得我的脸，所以距离感觉一下就拉近了。可以说总体是非常顺利的。最后成功拿到了安永的offer。前前后后经过差不多一年多的努力，可以说是有了好的结果。

（资料来源：李荔．面试时碰上了校园活动中的合伙人[N]．常州晚报，2014-03-12）

事实证明，缺少经验使得应届毕业生难以找到工作。制作过个人简历、参加过招聘会的同学可能深有感触，雇主比较看重经验。传统的观点认为学生应该把主要精力放在学习上或得高分上，很多学生也不想去提高个人竞争力，因为他们认为找到好工作主要靠的是“关系”，而不是好的规划和竞争能力。其实，在大学生个人成长中，有些能力是无法在课堂上获得的，只有通过职场活动才能获得。

（一）社会实践

社会实践是大学生从校园走进职场的过渡，下面让我们看看不同的人，对大学生参与社会实践的看法。

案　例

某酒店人力资源部尹女士：酒店希望能最大可能地为实习生提供平台，但不少学生吃不了苦，不能正视打扫卫生之类的基础性工作。前几天，由于不满意酒店统一的服装，几名实习的男同学主动辞职不干了。也有学生工作迟到早退，无视酒店纪律。对此，尹女士很无奈：“实习生连基础工作都做不好，酒店很难把一些重要的工作交给他们。”

通过社会实践，大学生可以尽早了解社会，使自己的心理承受能力、人际交往能力、适应能力和创新能力得到锻炼，为今后参加工作、融入社会打下坚实的基础。社会实践分为校内社会实践和校外社会实践。

1. 校内社会实践

校内社会实践分为学生社团、各级学生会。学生社团作为学校课堂教育的补充和延伸，因其专业的交叉性、活动的实践性、组织的社会性而具有教育和实践的功能，为提高学生的综合素质提供了广阔的舞台。学校的学生会是在校团委领导下的学生自我管理、自我服务、自我发展的组织，是联系学校和学生的桥梁。学生会一般下设学习部、宣传部、文秘部、文艺部、体育部、外联部等。

校内的社会实践岗位多数是需要通过竞争或者竞选演说等得到的。事实上，校园是学生获得经验最多的地方，在课内外学到的各种知识和技能塑造了学生的能力和性格。参加校内活动，可以培养团队协作能力，解决问题的能力，计划、组织和解决问题的能力。通过参加这些组织的活动，可以培养自信心，拓展人际关系，发展自己的兴趣和爱好，获得生活的平衡，为未来的可持续发展做好准备。

2. 校外社会实践

社会实践是大学生提升自我认知能力和就业能力的有效途径。通过参加各种社会实践活动，大学生在对自身进行客观评价的同时，也对不同职业的工作内容和任职资格及发展前景有了一定的了解，有利于他们找到与自身知识水平、性格特征和能力相匹配的工作。这对将来顺利择业、成功就业十分重要。

在寒、暑假期间，很多大学生去做兼职。有的去超市做促销，有的去商店做服务员，有的去幼儿园当老师，有的帮助家里经营生意，有的去公司实习。他们在不同的职业岗位上扮演着不同的角色，在工作的过程中他们学会独立处理一些问题，学会如何直接面对顾客。例如，人力资源管理专业的一位同学在实习的过程中发现了某超市在用人机制和激励机制中存在的问题，并用文字的方式加以总结分析，可以说，他学会用专业知识去分析问题和解决问题。

（1）专业实践。到企业中去，到第一线去了解自己的专业。企业看中的工作经验，更多指的是专业实践经验，是指学生在专业相关度高或比较有优势的岗位的实习经历。专业的实习有机会接触专业人士，他们的职业发展对大学生的职业生涯发展具有明显的指导作用，这一点在校园里是无法做到的，同时可以结交更多而专业人士，建立良好的人脉。另外，大学生也要重视学年的专业实训，专心投入，珍惜机会，审视自己大学的收获。

案　例

袁岳：大学生实习行为“十要”

我强调同学们应该实习，不少同学也积极行动起来寻找实习单位，而暑假正是一个不可多得的黄金实习时光。你也许终于得到一个实习机会，我在这里给你提出实习的十项建议事项供你参考。

（1）到一个实习单位后首先要主动自我介绍，考虑下怎么样用引人注目的方式介绍自己的名字、学校、专业与自己的爱好，诚恳地希望大家多帮助。

(2) 穿上一身相对正式的职业装总是好的，拖鞋与短裙都不合适穿去上班，在开始的时候穿比较正式的西装可以使你看起来老练，而且比较保险，是一种不会引起其他人负面议论的做法。

(3) 出早勤、主动问候来的其他同事，尝试给办公桌周围的同事端水，尽量在前一天下班的时候确定你第二天做的事情并一早就开始做。

(4) 保证你办公桌面的清洁，公共空间中有需要收拾的垃圾与零乱的文件也要及时处理，让大家感知你的条理感。

(5) 带上实习笔记本，任何同事的招呼都清晰地记在你的笔记本上，工作感想也要及时记在上面，有些交办的事情的处理情况应该及时以书面备忘录的形式写好，报给负责实习生的同事。

(6) 多问、多听、少发表议论，与同事合作的时候多感谢与肯定，在实习期间原则上不发表口头的批评意见。如果有感觉不适应与不舒服的地方，尽量使用请教与询问的方式去探讨。但在实习结束的时候可以给公司提出自己的实习观感，但也要附上你的建设性意见。

(7) 积极参加单位的员工活动与同事聚会，这将使你很快为大家接受，也应该在这类活动中积极争取好的表现，给大家留下印象。

(8) 不在实习单位传播八卦，背后议论人，或者打小报告。这些做法虽然有其合理性，但往往会被人界定为人品不好。

(9) 在一个部门确定一名骨干做你的老师或者导师，要用很尊敬的态度去请教与沟通，找本书看看古代徒弟是怎么对师傅的，不需要全做到，就是做到一点点你就会得到导师在工作指导上的高度回报。

(10) 推荐信。离开单位的时候应该请单位人事主管或者直接管理你的业务主管，当然最好是公司老总给你写一份内容具体且生动的推荐信，并附有个人签名，这信对以后寻找实习单位与就职都有价值。

(资料来源：https://www.baidu.com/s?wd=袁岳：大学生实习行为十要&ie=utf-8&tn=02003390_100_hao_pg)

(2) 社会调查。所谓社会调查，是指应用科学的方法，对特定的社会现象进行实地考察，了解其发生的各种原因和相关联系，从而提出解决社会问题对策的活动。它就是通过听、看、问、思等方式，实地收集有关信息资料进行整理、分析和加工，描述了解到的情况，提出能推进社会进步的有针对性的具体方案或建议的一种实践活动。

(3) 志愿者活动。志愿者本质是把个人的时间和精力奉献给那些需要帮助的人。志愿者能做的非常多，例如辅导小学生、照顾孤残老人、清理城市垃圾、参与志愿活动等。志愿者活动不仅丰富了个人的社会经验，还培养了助人的习惯，有机会锻炼个人的沟通、教育、助人、团队合作、组织、计划、时间管理等能力。

案　例

大学生志愿者当一天环卫工

福建省第十八届“环卫工人节”来临之际，福建师范大学通过微博在全校招募换岗体验志愿者，组织20名大学生开展“校园感恩工人行”活动，让大学生当一天环卫工人。

环境科学与工程学院的大三女生郑萍萍报名参加了体验活动，她的任务是配合环卫工人清扫厕所。和郑萍萍同班的左佳昌，当天跟着环卫工人打扫3栋6层楼的楼梯。“听起来是6层楼，可是楼梯要拖两遍，楼梯扶手也要擦一遍，这样总共要3遍，一栋楼就等于有18层楼梯，3栋楼等于要扫54层。”左佳昌说，“环卫工人的工作看起来简单，做起来却不容易。干完这些活，我都直不起腰了。”

“平时我们都没有注意到为我们营造整洁环境的环卫工人。”化学与化工学院大二女生施叶卉说，今后自己会更加注意保护环境卫生，这是对环卫工人最大的尊重。

福建师范大学后勤集团副总经理林丽蓉希望通过这次换岗体验，让大学生用环卫工人的视角来换位思考，以提高环保意识，注意日常的环境保护，学会尊重。

（资料来源：郭小玲，陈强．大学生志愿者当一天环卫工［N］．中国青年报，2013-10-27）

志愿者活动会给大学生和社会带来“双赢”的结果。让大学生在实践中成长，在成长中进步。实践给了大学生进入社会的资本，实践给了大学生服务社会的能力。

（4）文化、科技、卫生“三下乡”活动。从1997年开始，中宣部、中央文明办、教育部、共青团中央、全国学联共同实施了全国大中专志愿者暑期“三下乡”活动。从参加过“三下乡”活动的同学反馈来看，大学生有了很多的收获，提升了对农民的感情，增加了对农村的了解，明确了对社会的责任感。

参与社会实践的过程，也是大学生在改造客观世界的同时也使自己的主观世界得到改造的过程。通过参与社会实践，青年学生在走出校园的过程中培养创新思维、锻炼实践能力，在融入社会的过程中学习实践科学发展观，树立社会主义荣辱观，增强主人翁责任感。经济与管理学院在开展寒假社会实践工作中，求真务实，大胆创新，不断探索社会实践的新内容与新形式，为全面提高学生深入基层、服务社会的能力和素质奠定了坚实的基础。

（5）兼职。大学生暑期实习要稳扎稳打，端正心态，从简单、基础的工作做起，多向身边的人学习经验。

案　例

“初到餐厅，脸上还显露这学生的稚气。我在餐厅做传菜生，工作时间是11：00-14：

00和下午的18：00-21：00。虽然工作时间有点长，但年轻且热情的我并未感到丝毫的累，我会很认真地记录每一桌客人的要求，并很细心地为他们服务，面带微笑，不觉得一丝的烦躁和疲倦。在餐厅里，除了传菜工作，我还会做一些清洁工作。在学校里，可能每一个任务都是从老师那里领取的，但是在餐厅，我更多学会的是自觉，在工作岗位上，热情是第一位，自觉是第二位，自觉性会让老板和同事都感觉到我对这份工作的热爱和积极，在保证工作质量的同时提高工作效率，既满足自己也得到别人的肯定，给自己带来并非报酬那么简单的东西。”这是电子商务专业小贝寒假进行餐厅服务员实习后写的感想，很多同学像她一样，在职业体验中收获了难得的经验，逐渐学会如何去应付各种突发情况，学会如何融入社会中去。

一个人适合从事何种工作，需要在实践中不断摸索。从这个角度讲，兼职本身就非常有意义，大学生对兼职工作不必过分挑挑拣拣。现代社会最重要的就是人与人之间的和谐相处，看起来没什么技术含量的服务业，却是锻炼与人交往能力的最好途径。而且，大学生毕业后的工作与所学的专业未必会完全对口，不妨多选择一些交叉行业进行尝试，用各行各业的知识和经验来武装和丰富自我。

（二）参加招聘会

目前很多学校、用人单位和各级人才市场都有很多招聘会、双选会。这些现场招聘活动具有时间集中、信息量大、针对性强、现场互动等特点，非毕业生参加招聘会可以提前了解就业信息，增加对自己和职业的了解，同时能通过与用人单位的接触，提高主动适应职场的积极性。

案　例

在高校大学生勤工助学招聘会现场，自动化专业本科毕业生小宴，在两家技术类企业展台前填写了求职登记表。小宴来自湖南长沙附近的一个小乡村，是村里走出的第一个名牌大学生。大学四年，为了供自己读书，父母日夜操劳，吃了数不尽的苦。他从大一起就尝试着打工，家教、图书馆助理……一份份工作，让他在分担父母重担的同时，也历练了自身。如今，面对即将开始的研究生生活，他立志要做一个真正独立的人，学费靠助学贷款解决，生活费全部通过打工搞定。“我供自己读研，就从这个暑假开始！”他充满自信地说。

三、生涯人物访谈

生涯人物访谈，是指选择一个你感兴趣的行业的在职人士，对他进行采访，从而了解该岗位的实际工作情况，了解有关职业生涯和工作方面更多的信息。生涯人物访谈一方面可以更好地了解该职业的确切信息，更近地走进该职业。另一方面也可以借鉴别人的职场历程和经验来设计、规划自己的职业发展，提高成功的效率。通过访谈职场人物，你可以了解职场里的现实和自己将会遇到的情况，也可以发现一些工作机会，可能是你以前想都没有想过的。你可能更清楚自己梦想中的工作，通过访谈会发现它比你梦想中的更好，或者根本不是你想要的。

如果你不能确定职业生涯的方向，那么职业访谈能够帮助你发现一些现实的选择，从而帮助你选择好方向，做出决策。你可能体会到一些更深入的关于职业生涯、工作或者雇主的信息，这些信息会让你在同他人的竞争中占据有利的位置。

（一）生涯人物访谈的流程

1. 寻找要访谈的人

（1）家人、朋友、学生、老师等人的介绍和引荐。

（2）通过报刊、媒体取得生涯人物的联系方式，自己直接联系。

（3）通过各种组织和协会取得自己想拜访的生涯人物的联系方式和相关资料。

（4）通过网络（企业网站、论坛、QQ 群）搜集，查找生涯人物的信息。

（5）考虑到要访谈的人的年龄、职位、入职时间等因素，以便获得比较全面的职业信息。

2. 确定要访谈的人

确定访谈人选后，就需要电话预约，确定访谈目标和具体的时间、地点的安排。预约时首先准备 1 分钟左右的自我介绍。其次，说明找到他的途径、自己的采访目的、感兴趣的工作类型、预约确定访谈时间、进行采访所需要的时间。最后，要是对方接受了你的访谈，就应表示感谢，然后确定具体的时间和地址；要是没有接受，就应该表示遗憾。

3. 采访方式

最好到工作场所面谈，还可以通过电话访谈、QQ 访谈、电子邮件访谈等方式。

（二）生涯人物访谈的内容

需要事先拟定好访谈提纲，可以就以下问题进行提问：

（1）您当初是如何找到这份工作的？

（2）您每天具体做哪些工作？

（3）本领域的初级职位和略高级的职位薪水是多少？

（4）对一个即将进入该行业的人，您能不能提出一些意见和建议？

（5）行业内要求从事这份工作的人应该具备什么样的教育和培训背景？

（6）您认为做好这份工作应该具备哪些知识、技能和经验？

(7) 您认为什么样的个人品质、性格和能力对做好这份工作是重要的?
(8) 单位对刚进入该领域工作的员工一般会提供哪些培训?
(9) 据您所知，从事这种工作的人在单位或者行业内发展的前景怎样?
(10) 平常，在工作方面，您每天都做些什么?
(11) 您在做这份工作时，什么是最成功的，什么最有挑战性?
(12) 就您的工作而言，您最喜欢什么?最不喜欢什么?
(13) 有什么职业杂志、行业网站或其他渠道能帮助我深入了解这个领域?
(14) 您的熟人中有谁能够成为我下次采访的对象吗?可以说是您介绍的吗?

(三) 生涯人物访谈的注意事项

(1) 采访前为自己准备个简短的自我介绍。
(2) 面谈前，应征求生涯人物的意见，视情况对谈话进行录音。
(3) 一次访谈提出的问题以5~10个为宜，不宜太多。
(4) 注意掌握时间，按约定的时间开始访谈，以30分钟左右为宜，不要延误时间。

访谈结束时，可以向被访谈人赠送小礼物，并表示感谢。职业访谈的缺陷是个人经验存在有限性，访谈者容易受被访谈人的价值观影响。如果真想了解一个职业，不要只依赖一个人的观点，可以多访谈几个人，以获得该行业、职业或岗位的比较完整、准确的信息。同时，职业访谈要结合其他资料，作为职业选择的参考。在一个职业领域采访三个以上的生涯人物后，就可以对照之前自己对该职业的认识进行比较，找出主观认识与现实之间的偏差，确定自己是否适合这一行业、职业和工作环境，是否具备从事这一职业所需的能力、知识和品质，进而详细地制订大学期间的自我培养计划。

案 例

对一名会计师的访谈

访谈对象：小王
专业背景：某大学财务管理专业毕业生
岗位：初级会计师
访谈内容：
(1) 您是如何找到这份工作的呢?

我大学刚毕业是在另一家公司实习的，后来就进入那家公司。经过一段时间工作，我觉得那份工作并不适合我。刚好那时我有位朋友在现在这家公司工作。他就介绍我来这家公司。

(2) 目前，行业内要求从事这份工作的人应该具备什么样的教育和培训背景?

会计对一般人来说，还是比较容易上手的，相对简单，没学过会计的，只要跟着单位的老会计学几个月，基本业务就学得差不多了。不过，一些大公司对会计的要求就比较高，要求必须接受过专业的教育与培训。如果你应聘这样的大公司，必须要具备本科以上的学历、中级会计资格证书和三年以上工作经验。如果应聘的是小公司或者刚成立的公司，要求就低些了。

(3) 您认为做好这份工作应该具备哪些知识、技能和经验？

首先，要学会简单的记账、算账和报账，这是会计工作中最简单的一部分；其次，学一些税法、税率的计算，这个比较麻烦，也比较容易记错与算错，需要细心；再次，要学会用计算机进行财务报表制作；等等。若要想进一步发展，这些远远不够，还要学会对企业进行全面、透彻、综合的分析，了解企业的生产经营流程，利用财务报告等信息资料，结合企业管理中的落后环节和存在的主要问题，能提出改进措施和建议，这些都属于高级会计或者管理者的能力。不可否认，会计是一个越老越值钱的行业，你的工作经验越多，工资相应也就越高，可见工作经验的重要性。工作经验只能在今后的日子里慢慢积累了。我的从业时间也不算长，工作经验还不够丰富，能教给你的不多。

(4) 您认为什么样的个人品质、性格和能力对做好这份工作是重要的？

首先，要有良好的道德素质。如果一个人不诚实，不能坚持原则，做假账，后果可想而知。其次，性格方面，一定要能够静下心来。会计工作免不了要和数字打交道，比较繁杂，还必须细心，要对数字敏感。总之，沉稳、细心的人比较适合干会计这行。最后，能力方面，会计工作对能力的要求不是很高，努力、好学才是最重要的。

(5) 这项工作需要的个人品质、性格和能力同其他工作的要求有什么不同吗？

其实会计这个行业和其他的行业对从业人员都有着共同的要求。比如，敬业精神、对职业的热爱与热情、要有职业道德、好学、勤于思考、好问等。当然区别也是很大的，要想得到进步，做到更高的位置，就必须了解国际国内的宏观经济形势，把握国际国内的经济发展趋势，理顺宏观经济和微观经济的关系，提高对经济政策的理解能力和企业战略决策能力，这些都是高级会计师的工作，很难。需要平时努力学习，到大公司去锻炼。

(6) 行业内，单位对刚进入该领域工作的员工一般会提供哪些培训？

一般大的公司或者单位对新员工都会进行短时间的培训，但时间很短。因为大的公司一般都会招聘有三年以上工作经验的会计，即使有培训，也不会是专业方面的培训，专业知识要靠自己学习掌握。但是规模比较小的公司，因为资金问题，培训的时间也不会太长，主要平时跟着老会计学习，所以平时要勤学、好问。

(7) 男女应聘者在这份工作上的机会是均等的吗？

这份工作对男女性别的要求并不是很严格，只要符合要求，具备一定的能力和具有勤恳、踏实和认真的态度，就可以胜任这一工作。除此之外，还要有负责任的态度和一定的灵活性。

(8) 据您所知，从事这项工作的人在单位或者行业内发展的前景怎样?

你想吧，无论什么样的公司和企业里都必须要有财务部门，可想而知，对会计的需求有多大，而且随着中国经济发展，企业的不断建立，需求还会加大。但同时有个巨大的问题那就是随着高校的扩招、盲目的随大流，这个行业在几年前就已经呈饱和状态了。虽然工作机会多，但找这个工作的人就更多了。不过这个行业的发展还是很乐观的，如注册会计师的缺口就很大，这可是一个高级白领职业，工资高，待遇高，发展前景绝对非常好，可是这个需要你的努力，因为注册会计师的职业资格证书很难考取。

(9) 你在这份工作中得到的最大收获是什么呢?

它让我变得更细心了。可以帮助公司做好工作，我很快乐，而且每年的奖金也可以让我很满足，那是我做好工作的证明，工资还很高，可以让我和我的家庭有很好的生活。

(10) 一般毕业生刚开始工作，工资是什么水平呢?

说实话我都忘了当时的工资是多少了。大概是一千多元吧，现在是翻了两三倍了。

(11) 谈谈你找工作和面试的经验吧，给像我这样的在校大学生一些指点。

他们除了看你简历上的成绩和奖学金情况外，还要看你参加或者组织过什么活动以及实习情况，才决定是否给你面试机会。写简历是有技巧的，现在很多大学生不会写简历，这是找不到工作的重要原因之一。在面试的时候，自然、轻松地展现自己就可以了。在这之前多了解一些招聘企业的文化；另外，着装也很重要，大方得体就好。

课后练习题

一、选择题

1. (　　)指的是大学生在职业问题上的心理活动，是自我意识在职业选择领域的表现，是在职业定向与选择过程当中对自己现状的认识与对未来职业的期待与期望。

A. 职业意识　　B. 职业态度　　C. 职业价值观　　D. 职业目标

2. 大学生如何提高沟通能力：①沟通需要渠道；②沟通需要技巧；③沟通需要自信；④沟通需要深入(　　)。

A. ①②③　　B. ①②④　　C. ②③④　　D. ①③④

3. 从职业生涯规划的角度看，下面对从业者的思想道德素质说法正确的是(　　)。

A. 思想道德素质对其他素质起统领作用，决定大学生未来职业活动的政治方向和价值取向

B. 衡量一个人职业道德素质的高低，主要是看他是否具有良好人际关系

C. 从业者的职业道德素质代表着个人的形象和个性，因而不必太压抑，必要时可以不必遵守

D. 职业道德素质的培养应立足于书本学习

4. 前程无忧网对大学生暑期兼职实习的调查结果显示，大学生兼职实习的机会日益增多和透明，企业满意率较往年有所提高，但是不少大学生却对暑期实习的意义打上了问号。针对这种现象，下列哪项表述是错误的？(　　)

A. 社会上为大学生提供了广阔的实习和兼职的空间，应该充分利用各种资源，寻找实习机会

B. 实习和兼职应避免盲目，要与自身的职业发展规划联系起来，为就业做好实践上的准备

C. 大学生应该有合理的实习和兼职期望，明确意图，在实践中有针对性地提高自身的素质和能力

D. 实习和兼职只是成为企业廉价劳动力，甚至是免费的打工者，还浪费了大量的时间

5. 某机械厂的一位领导说："机械工业工艺复杂，技术密集，工程师在图纸上画得再好、再精确，工人操作中如果差那么一毫米，最终出来的就可能是废品。"这段话主要强调(　　)的重要性。

A. 专业素质　　B. 思想道德素质　　C. 科学文化素质　　D. 身心素质

6. 国家对达到职业资格所规定的必备的学识、技术和能力的劳动者颁发的证明是(　　)。

A. 学历证书　　B. 职业资格证书　　C. 就业资格证书　　D. 开业资格证书

7. 职业资格包括从业资格和(　　)。

A. 资格凭证　　B. 执业资格　　C. 职业资格证书　　D. 执业证书

8. 日本的某家企业招聘员工，一个应聘者因为没被录取而企图自杀，被及时发现，经抢救脱离危险。不久传来新的消息，原来他在所有应聘者中成绩是最好的，只因为工作人员电脑操作失误，把他的成绩搞错了，公司向他道歉。此时的他春风得意，自认为被这家公司录用已是板上钉钉——没跑的事了。可没想到的是，又传来更新的消息，企业还是不准备录用他。企业为什么不录用他？请选择正确答案(　　)。

A. 企业看重的是应聘者的专业技能素质

B. 企业并不重视应聘者的面试或者笔试成绩

C. 企业重视应聘者的工作经验

D. 企业重视应聘者的心理素质

9. 法国警官多梅尔为了追捕一名强奸杀害女童埃梅的逃犯，查阅了十几米高的文件和档案，足迹踏遍四大洲，打了足有 30 万个电话，行程达 80 万千米，他的心思都放在追捕这个逃犯上了。经过 52 年漫长的追捕，终于将罪犯捉拿归案。此时他已是 72 岁高龄。他兴奋地说，小埃梅可以瞑目了，我也应该退休了。有记者问他这一辈子过的值得吗？他说：一个人这辈子干好一件事，这辈子就没白过。请选择正确答案(　　)。

A. 这个警官没必要这么做　　B. 这个警官的科学文化素质特别高

C. 这个警官的职业道德素质特别高　　D. 这个警官特别有风度和修养

10. 当你想了解一个不熟悉的职业时，找到这个职业的成功人士进行结构化的访谈。这种探索职业世界和了解职业信息的好方法称为(　　)。

A. 职场人物访谈　B. 生涯人物访谈　C. 职场人物探索　D. 生涯人物探索

二、判断题

1. 行政管理人员的职业素质要求：较强的表达能力、计划能力、组织协调能力和管理控制能力；基本的计算机和外语水平；能够根据国家和上级单位的有关法律法规、方针政策，结合实际情况正确决策，尽职尽责、有效地开展工作。(　　)

2. 大学阶段短暂而重要，在这个人生的关键时期，如果不做好自己的职业生涯规划，以后将要花费更多的时间与金钱来弥补。因此，作为新时期的大学生，一定要具有强烈的职业生涯规划的意识，在知己的基础上，审时度势，规划自己的职业生涯，确立自己的职业目标。(　　)

3. 职业素质是劳动者对社会职业了解与适应能力的一种综合体现。(　　)

4. 职业资格证书是表明劳动者具有从事某一职业所必备的学识和技能的证明。(　　)

5. 从业资格是指从事某一专业学识、技术和能力的最高标准。(　　)

6. 职业资格是对从事某一职业所必备的学识、技术和能力的基本要求。(　　)

7. “职业资格证书”是求职就业的“入场券”，是具有实力、能胜任岗位的标志；“取证”是增强就业竞争力的手段。如果能在毕业前多拿几个证书，就能成功就业。(　　)

三、思考题

1. 回顾一下你做兼职、担任干部、参加社团、竞赛、志愿者活动的感受，请以陈述具体的事件为主，适当评价及谈谈收获。

2. 访谈一个和你所学专业相近或者从事目标职业的职场人士，完成一份生涯人物访谈作业。

3. 在校学习期间，你打算如何提高自己的职业素质？

第六章　职业生涯目标

知识与能力目标

1. 了解生涯目标的概念。

2. 掌握职业职业生涯目标的分类和影响因素。

3. 能够分析短期目标、中期目标和长期目标之间的关系。

4. 能够合理计划和安排自己的职业生涯目标。

5. 能够结合综合分析确定自己的人生目标，实现学业以及事业成功，达到国家培养人才的需求。

思政目标

通过合理的职业生涯规划，明确自己的职业发展目标，不断加强自身专业技能的培养，发挥自己的特长，实现自己的个人理想，成为适应社会需求的优秀大学生；主动迎接未来职业发展的挑战，实现强国复兴的伟大理想抱负。

个人事业的成败，很大程度上取决于其是否有正确且适当的目标，没有目标的人生犹如大海上失去航向的孤舟。在人的职业生涯中，职业生涯目标是职业生涯规划的核心，是职业发展的动力所在。大学生一旦确定了自己的职业生涯目标，未来的职业之路就非常明确了。

第一节　职业生涯目标概述

导入案例

刘先生成功的职业生涯设计

刘先生，40 岁，22 岁大学毕业后进入地方高校当助教。他觉得自己的知识不足以支撑他的工作岗位，决定考研深造。3 年后他顺利获得硕士学位，进入一家高科技上市公司做管理工作。这时他给自己设计的路径：高级人事经理→人事部总经理→公司副总裁。两年后，他感觉自己的个性不是很适合办公室工作，觉得应该调整职业目标。他的新路径：人事部总经理→创办自己的人力资源管理咨询公司。为此，他毅然跳槽，到一家民营高科技公司做人力资源部总经理。那里的工作压力非常大，为了让公司的人力资源管理上台阶，他使出全身力气，取得了不错的效果，获得了管理层的认可。两年后刘先生毅然辞职，注册成立了自己的管理咨询公司。他的公司在当地小有名气，他的管理课程费已经达到 8 000 元/3 小时，有不少大企业请他做咨询。刘先生清醒也认识自己，及时调整职业目标，获得了成功。

刘先生的职业生涯设计给你什么启示？刘先生是如何实现自己的目标的？

（资料来源：姚裕群，曹大友．职业生涯管理（第三版）[M]．大连：东北财经大学出版社，2015：108）

一、生涯目标

（一）生涯目标的内涵

生涯目标是指引一个人成长和发展的导航标，就是人们常谈的人生目标，也就是探讨要成为什么样的人，人的一生该如何度过，怎样才能使自己的人生过得有意义、有价值，怎样才能取得成功，怎样才能拥有幸福的生活。

在职业生涯目标中，职业目标处于核心地位，贯穿人生的整个历程。孩提时期，人们就开始憧憬自己的职业理想。不过，由于少年时期对职业的理解过于肤浅，人在成长过程中往往会不断地调整、改变自己原先的目标，原先的目标可能不切实际或者根本不符合自己的需求。在大学时期要为将来走向社会，找到一份适合自己的职业而进行知识、能力、心理等方面的准备。进入职场后，人们通过职业来获得物质报酬，得到精神满足和自我实现等，所以，职业是实现人生目标的载体和基础。

然而，生涯目标并不局限于职业目标，其内容更加丰富和多元化。由于人在一生中要扮演多重角色，因此，人的生涯目标应该是多重的。舒伯提出的 9 种主要人生角色中，大学生已经扮演了子女、学生、休闲者和公民等 4 种角色，还有不少同学已经尝试扮演配偶（男友/女友）角色；进入工作岗位后，大家须承担工作者角色。承担不同的角色需要实现的生涯目标也是不同的：学生角色要求同学们认真听课学习，完成老师布置的课内外作业及练习；子女角色要求同学们建立和谐的亲情关系，学会感恩，学会尊重和理解父母等；公民角色要求同学们成为一个有责任感的人，学会自尊和尊重他人，学会自强和敬业，学会帮助与关爱他人等。大部分人希望自己能扮演好所有的角色，这就需要承担更大的责任。

大学阶段，同学们思考最多的应该是学习目标和职业目标。需要注意的是，我们不能把职业目标狭隘地理解为一份工作。职业目标是在人生目标的基础上确立的，需要考虑个人的内因与外因。内因主要包括价值观、性格、兴趣、掌握的能力和知识等，外因主要包括人脉关系、经济状况、父母期望、劳动力供求关系、岗位能力和素质要求、工作地点、企业文化等。

寻找职业目标并不是一蹴而就的，而是每个人对自我和社会进行认知并实践的过程，只有对自我和社会有了较充分的了解，才能找到适合自己的职业目标。

同学们还应该注意职业目标是动态的，需要不断地修正和调整。比如，20 世纪 90 年代中期以来，随着我国市场经济的发展，第三产业和第四产业成为新的经济增长点，银行、证券公司成为很多同学求职的热门，到美国读金融工程硕士，毕业后到华尔街找份高薪的职位成为很多商学院大学生的理想。然而，2008 年金融危机爆发，银行、证券公司成为“重灾区”，美国华尔街出现了大批失业者，不少同学意识到“高收入可能伴随着高风险”。

此外，职业目标并不是生涯目标的全部，在人生旅程中，人还要扮演其他角色，还需要实现其他角色的生涯目标。人不仅要扮演工作者角色，还要扮演子女及公民等角色。作为成年的子女，不劳而获与其扮演的角色是相悖的；作为公民，具有工作能力却整天待在家中好高骛远也是不符合角色要求的。

所以，同学们不仅要清楚自己明天需要什么，知道自己该朝哪个方向努力，而且要时刻意识到自己所扮演的角色，并尽力完成应该完成的生涯目标，不断地学习、实践和准备，培养自己完善的人格，只有这样，明天的事业成功和人生的幸福才不会遥不可及。

案例分析

目标规划与人生

美国哈佛大学对一群智力、学历、环境等条件都差不多的年轻人进行了一次关于目标对人生影响的调查。

最初的调查结果显示：27%的人没有目标，60%的人目标模糊，10%的人有清晰但比较短期的目标，3%的人有清晰而长远的目标。

25 年后，哈佛大学再次对这群人进行了跟踪调查，结果显示：那 3%有清晰而长远目标的人，在这 25 年里他们朝着一个既定的方向不懈努力，现在几乎都成为社会各界的成功人士，其中不乏行业领袖、社会精英；那 10%有清晰但比较短期目标的人，他们的短期目标不断实现，成为各个行业、各个领域中的专业人士，大多生活在社会的中上层；那 60%目标模糊的人，他们安稳地生活与工作，但都没有什么特别突出的成绩，他们几乎都生活在社会的中下层；剩下那 27%没有目标的人，他们的生活没有目标，过得很不如意，并且常常抱怨他人、抱怨社会、抱怨这个“不肯给他们机会”的世界。

（资料来源：悟学·十八子：规划人生目标的重要性[OL].2019-12-17，https://zhuanlan.zhihu.com/p/112154185）

思考：

1. 你怎么看待目标规划对人生的影响？
2. 请结合自身实际，想一想你打算成为哪一类人，为什么？

（二）确立生涯目标的意义

（1）能够使自己有方向感。生涯目标是人们职业生涯漫漫旅途中的灯塔，指引人们走向人生成功，让人们主宰自己的命运，而不是随波逐流、枉度一生。

（2）目标明确后，能够让人保持积极的人生态度，不断激发成就动机，遇到挫折不气馁。

（3）设定目标使人能够着眼于未来，更有远见，从而更愿意为现在的事负责。

（4）根据目标，可以努力缩小理想与现实的差距，使自己不至于眼高手低、好高骛远。

（5）可以专注于目标，根据目标调动和整合自己的资源；能够在资源有限的情况下，集中精力完成有丰富资源但没有目标的人无法完成的事情。

总之，生涯目标是一切行动的指南。有了目标，就有了行动的方向，更重要的是可以督促自己采取行动，去实现自己的目标，或者在实践中逐步调整，并找到真正适合自己的目标。从中学到大学，不只是学习内容、方法的变化，还有生活方式等诸多方面的改变。在初步适应了远离家乡和父母的独立生活之后，大学新生面临的首要问题是学习目标的调整。可以说，适应大学生活、重新找到奋斗目标是同学们进入大学后的首要任务。

二、职业生涯目标的分解

案　例

2004年，中国农业大学大四学生杨峥经过深思熟虑，决定放弃考研，自主创业。然而，考研是父母为儿子杨峥设定的唯一目标。在得知杨峥的决定后，父母强烈反对。杨峥专门请了三天假回家与父母沟通，希望说服父母同意自己的做法。

杨峥来自安徽桐城。清代桐城派散文让这一古镇闻名全国，桐城人至今仍以这里曾经出过闻名全国的美文而自豪，“敬学识、出才子”是桐城人多少年来形成的文化传统。

杨峥成长在一个典型的严父慈母的家庭中，父亲一直督促儿子将全部精力放在学习上，母亲则给了儿子很多的宠爱和呵护。让父母亲骄傲的是，杨峥的学习成绩非常优秀，中学时期考入了全市最好的学校，高考时又以高出重点线50多分的成绩考入了中国农业大学。拿到录取通知书时，杨峥就和父母约定：4 年之后，他要攻读硕士研究生，继续深造。

几年前，杨峥的父亲下岗了，虽然他不懂电工技术，却在一家餐馆学做电工。父母每个月的工资加在一起不到 2 000 元，但每月都会按时给儿子寄来 800 元的生活费。母亲给杨峥打电话时说："家里已为你攒下几万元，留着你上研究生时用。"杨峥不考研对他们来说是很没面子的事情，如果让邻居们知道了，他们会觉得很丢人。

杨峥自己有着明确的职业生涯规划：在 30 岁时达到较为成功的职业状态。他计划先用两年的时间尝试创业，如果成功了，30 岁前会有一份自己的事业，那时还可以继续深造；即便失败，两年后自己也才 23 岁，同样可以通过读研去寻求发展。杨峥认为，现在研究生毕业后去大公司应聘，用人单位都要求有两年的从业经验，自己先尝试一下创业，即使失败了，也可以从中获得很多经验。

在与母亲的交谈中，杨峥拿出了他的生涯规划图，看到儿子的职业规划，母亲的态度有所转变。然而，在儿子暂缓考研的问题上，她仍然有顾虑。原来，在外公家的 4 个孩子中，杨峥的舅舅和姨妈都有大学本科文凭，现在都已在广州、武汉等大城市有了比较好的工作和生活，只有杨峥的母亲没有走出桐城。母亲一直认为，是大专文凭限制了自己的发展，让儿子有一张过硬的文凭是她最大的心愿。另外，母亲告诉杨峥，她在工作后也有过继续深造的机会，但由于工作时间长了，学习的想法慢慢淡了，也就放弃了学习的机会。所以，对儿子暂不考研的决定，母亲是有担忧的。

最终，母亲对杨峥的想法还是表示了理解，同时也对杨峥提出了两个条件：首先，他必须完成本科学业；其次，如果第二年 5 月杨峥和合伙人还没有找到创业的资金，那么他必须找一份工作，一边就业一边创业，更加踏实地面对生活。谈话结束时，杨峥再次向母亲做出承诺：无论创业成功与否，两年之后，他都会回到学校继续深造。

（资料来源：苏文平．职业生涯规划与就业创业指导[M]．北京：中国人民大学出版社，2022：137）

本案例中，杨峥起初决定考研，是为了达成父母的心愿；杨峥的父母认定研究生文凭比本科文凭过硬，会令杨峥在毕业求职时占据有利地位，却并未想到这样的比较是没有意义的。实际上，学历在求职中的作用最显著地体现在简历筛选等环节，真正决定一个人能否得到一个职位的是其素质能力与岗位要求的匹配程度。如果一定要比较，不应该简单地比较本科生与硕士生的职场竞争力，而应将杨峥 24 岁研究生毕业时的素质能力与其 21 岁本科毕业参加工作，努力工作两年后的素质能力进行比较。孰强孰弱，很大程度上取决于他所从事的职业。有些职业的专业能力与学历有很大的关系，如研究人员、研发人员；有些职业的素质能力与工作经验的关系更密切，如管理人员、营销人员、程序员等。

本案例中，杨峥在决定暂缓考研、准备尝试创业时，并未认真分析自己的个性特征是否适合创业，对于创业环境、创业项目、资金支持等因素未做科学考量，而且将两年作为衡量创业是否成功的期限，显然也是没有科学依据的。他提到“研究生毕业后去大公司应聘，用人单位都要求有两年的从业经验”的说法也很片面：要求有从业经验的职位往往是在社会招聘会中发布的，而应届毕业生首选的求职渠道应该是校园招聘会，是不会对应届毕业生的工作经验提出硬性要求的。此外，杨峥向母亲承诺“无论创业成功与否，两年之后，他都会回到学校继续深造”，也很难实现。因为如果他本科毕业两年后读研，根据目前教育部的规定，他只能报考学术型或某些全日制专业硕士，他一边创业一边准备，胜算不会很大。而对笔试成绩要求不那么高的 MBA（工商管理硕士）联考、工程硕士联考等，对报名者的工作年限要求是至少三年。

杨峥的案例提醒同学们，进行职业生涯规划，既需要勇气和决心，更需要科学的方法与必要的知识和信息储备；既要对自我进行充分的认知，也要对环境进行全面的了解。

要想在未来的职业生涯中获得成功，首先，必须确定自己的生涯目标和切合实际的职业定位；其次，分解目标，设计出合理的职业生涯规划，并且付诸行动。职业生涯目标有以下几种。

（一）内职业生涯目标和外职业生涯目标

施恩把人的职业生涯分为“外生涯”和“内生涯”。人的目标有着不同的状态。职业生涯目标按存在的状态，可以分为外职业生涯目标和内职业生涯目标两个层次。

外职业生涯的目标一般是具体的，包括职位、工作内容、工作环境、收入、工作地点等，它侧重于职业过程的外在标志。

内职业生涯目标则侧重于职业生涯过程中的内心感受，包括观念、掌握新知识、提高心理素质、工作能力、工作成果、处理与其他人生活动的关系等目标。内职业生涯目标，与人的原动力和职业生涯系留点有着一定的联系和类似，也可以说是个人的愿景目标。

（二）热门目标和冷门目标

职业生涯目标按热门程度可以分为热门目标和冷门目标。

1. 热门目标

个人在确定职业生涯发展目标时，要考虑社会上的人对于这一目标的热衷、趋附程度，也就要看这个目标是否是“热门”。一般来说，当一个目标成为“热门”，吸引了众多的追求者时，往往社会对它的需要较大，社会环境也对它有利，但竞争者也数量庞大，在众多的竞争者中能取得成功，成为佼佼者，是较为困难的。例如，青年人大多爱好文学艺术，许多人都希望自己成为作家、演员、歌星，也为此做出了较大努力，但真正能取得成功的人寥寥无几，绝大多数人被淘汰了。某种目标成为“热门”时，其成功的不利因素、需要付出的艰苦劳动等往往被人们忽视，这就使一些人在选择这种目标时，过高地估计了自己的才能，也过高地估计了成功的可能性。

2. 冷门目标

在选择职业生涯目标时，着眼于社会急需的“冷门”，即目前暂时不为人们所重视，但却是未来非常需要的职业，不失为一种明智的策略。选择冷门目标，可以避免与众多的人竞争，只要这一目标确有社会价值，自己又做出了相当的努力，就较容易取得成功。冷门目标的优势在于有利于人才崭露头角，生涯成功的可能性大大高于热门目标。因此，人们在选择生涯目标时，可以根据自己的爱好与条件，多侧重考虑和选择目前尚属于冷门的方向。

（三）长期目标、中期目标和短期目标

职业生涯根据目标成功的时间设定可分解为长期目标、中期目标和短期目标。一般来说，短期目标服从于中期目标，中期目标服从于长期目标，长期目标又服从于人生目标，即人要实现的梦想。要实现梦想必须脚踏实地，从具体的、短期的目标开始，这就是人们常说的“想落地”。

当然，在确定自己的人生目标和长期目标时，要多综合考虑社会因素和自身特点；在制订中期目标和短期目标时，则要更多地考虑社会经济环境、工作条件和任职要求等职业因素与自身特点的匹配。通过自我认知和职业探索，制订出符合自身特点的个人短期目标、中期目标和长期目标，进而制订出完整的个人生涯目标体系。

1. 长期目标

长期目标是指 5 年以上的目标，主要受个体人生目标的影响。常言道：“人无远虑必有近忧。”尽管如此，在生活中人们最容易忽视的就是长期目标。很多同学认为，5 年后的事情太遥远了，考虑那么多、那么远没什么用。果真如此吗？当然不是。近年来，大学生就业困难，很多学生大学毕业后找不到满意的工作，可也有一些大学生在毕业前就被名企高薪聘用了。这些被聘用的学生几乎都是在大一、大二时就树立了长期的职业发展目标。他们立大志、立长志，大学期间在志向的牵引下制订并完成了自己的中期目标和短期目标，有了一个好的职业生涯开端。

设定长期目标一般要考虑的因素：目标非常符合自己的价值观，对自己的目标有足够的兴趣，目标具有一定的挑战性，目标是能够实现的。

2. 中期目标

中期目标一般为 3~5 年的目标，也就是大学学习期间应该达到的目标。中期目标在长期目标的基础上确立。比如，毕业后直接进入职场，找到一份满意的工作；考上理想的学校和专业的研究生；到自己梦想的国家去留学；选择创业，实现当老板的理想；等等。

中期目标相对长期目标更具体。中期目标的特点：通常与长期目标保持一致；目标是

结合自己所学专业、能力、兴趣和掌握的社会资源来确定的；用明确的语言来定量说明；对目标实现的可能性做出评估；有比较明确的时间，且可做适当的调整。

3. 短期目标

短期目标通常是指每日、每周、每月、每季、每年的目标，是对中期目标和长期目标的具体化、现实化和可操作化，必须清楚、明确。其主要特点：目标切合实际，具有可操作性；明确规定具体完成的期限；目标有把握实现；要适应环境，服从中期目标。

案例分析

目标明确更容易成功

有人曾做过一个实验：对三组人，要求他们分别向 30km 外的一个地点前进。

第一组：对实验地点的位置和距离一无所知，只告知他们跟着向导走。刚走了七八千米，就有人叫苦不迭。走了一半路程时，有人开始愤怒了，抱怨不知何时才能到达终点。走到三分之二的路程时，有人甚至坐下停止前行了。最后坚持走到终点的，只有一半人。

第二组：知道实验地点的位置和距离，但路边没有里程牌。当走到一半路程时，大多数人想知道自己已经走了多远，领队说："大概走了一半的路程。"于是大家继续前进。当走了四分之三的路程时，大家很疲惫，觉得快坚持不下去了。但在领队的鼓励下，大家最终全部走到了终点。

第三组：不仅知道实验地点的位置和距离，而且沿着路途上每一千米就有一块里程牌人们边走边看里程牌，每走过一个里程牌，大家就会觉得离终点更近了一步。在行程中，大家聊天、唱歌，情绪一直很饱满，很快就到达了终点。

（资料来源：柳君芳，姚裕群．职业生涯规划（第四版）[M]．北京：中国人民大学出版社，2022：86）

思考：

1. 第一组有一半人没有坚持走到目的地，主要原因是什么？第二组与第三组的人全部到达了终点，两组有无区别？主要原因是什么？

2. 请结合自身实际体会，说说制订近期目标时应注意哪些问题。

对大学生来说，短期目标十分重要。短期目标设定是否合理，决定着中期目标和长期目标是否可以实现。相对而言，短期目标的类型更复杂，依据不同标准有不同的分类。大学时期的目标可以按年级来制订，分为一年级目标、二年级目标、三年级目标、四年级目标。对按年级制订目标，有如下建议可供参考：

（1）大学一年级：自我认知及对专业初步了解阶段。这是独立人格形成的重要阶段，进行自我认知是同学们最重要的任务。脱离了高考桎梏的大学生也许目前尚不知道自己今后想要从事什么具体的职业。然而，了解自己的人格特征，找到自己真正的兴趣所在是至关重要的。所以，大学新生在适应了大学学习生活之后，首先需要花一些时间尽可能地了解自己的特长、爱好、兴趣和价值观。这些信息将帮助大学生了解感兴趣的专业和职业发展方向，并开始探索丰富多彩的工作世界。因此，大一新生应当有意识地、主动地进行自我认知，了解所学专业的特点及发展前景。具体要做的工作如下：

①发展自己现有的兴趣和能力，并不断地发现自己潜在的兴趣和能力，可以参加学生会组织的文体活动、通识教育课堂和课外活动等，抓住校内外提供的一切尝试和锻炼机会。

②阅读一些关于不同行业和职业的介绍材料，对行业和职业有基本的认识。比如，了解某行业的发展前景如何，各种职业应该具备的基本素质与能力。

③与家人、朋友、老师以及周围所有可提供信息的人（包括网上结识的人，他们大多会很坦诚地跟你谈论自己的工作以及对工作的认识、感受）谈谈自己的职业兴趣。

④做一些职业倾向测试，更多地了解自己，确认自己喜欢的职业和所长。

⑤刻苦学习，尽己所能争取取得好成绩，至少保证每门功课都能通过，以顺利地获取毕业证书及学位证书。

（2）大学二年级：生涯扩展阶段。通过大一对新鲜事物的尝试之后，同学们对自身的特质有了基础的、全面的了解，同时对职业概况和工作世界有了初步的认识。但还不够，还要继续深入探索和收集有关职业生涯发展领域的信息。可以通过暑期实习、社会实践和志愿者活动掌握第一手材料。在这个阶段，需要了解你所感兴趣的职业群的有关信息，了解就业市场；与一些在职业生涯发展领域工作且令你感兴趣的人取得联系，并争取在某一专业工作岗位上体验一天；通过实习实践、兼职和志愿者活动获得工作经历，更多地了解自己的工作偏好，主动参加就业市场和其他相关职业生涯发展项目，增加对整个就业领域的了解。在实践和比较全面把握信息的基础上，逐步明确自己专业和职业发展方向，并做出初步的职业选择。

（3）大学三年级：整理与评估你的选项。社会实践和暑期实习会帮助你获得一些能力，这时需要对自己的技能进行重新认识和评估，了解在哪些方面还有潜能。大三，这一专业课最为集中的学习阶段，可以进一步明确自己的方向。为明确你的专业和学术方面的目标，要再次问问自己："我是谁?""我到底要什么?"

在这个阶段需要逐步明晰：从大一到现在你的兴趣是否有变化，对现在的行为有什么影响？你本科毕业后是直接找工作，还是攻读硕士研究生，或是去海外留学？如果选择攻读硕士研究生，那么是继续学习本科的专业还是换专业？是在本校读研还是换学校读？如果希望留学，那么你想去哪个国家？最希望去哪几所学校？你需要为此做哪些准备？如果想尝试创业，就需要评估自身的创业意向和创业项目的可行性和外部资源支持情况。

总之，同学们需要分析自己的选择是否合理，需要通过哪些渠道、具有什么样知识结构和层次才能达成。

要研究相关的工作单位和工作环境，寻找你与这些职业相吻合的能力。开始建立专门的联系渠道，以便帮助你实现求职战略计划。

（4）大学四年级：就业决定阶段。在这一阶段要为自己提前规划和确定职业生涯目标。面对从学生到职业人身份的转变，应提前准备好求职申请信、简历和成绩单。通过校园招聘会、人才市场和网络等确认自己的就业岗位。

在这一阶段需要思考的主要问题如下：

在你希望生活、工作的地区/城市，有哪些职位可能提供给你？

你怎样找到适合自己的岗位？

你已经尝试找了几职业，哪一种最适合你？

所要做的准备：通过你的各种可利用的渠道寻找工作机会，并争取被推荐；尝试所有的机会；参加招聘会和用人单位的宣传活动；阅读提供就业岗位的目录，参加各种校园面试；与校友联系，了解他们在工作第一年面对的挑战、困惑、感受与体会。

大四也是很多毕业生的就业恐慌时期，找工作让大部分学生感觉很辛苦，可能备受挫折，而且结果不一定尽如人意。在这种情况下，要学会缓解自己的不安、焦虑、自卑等情绪。要知道，通过找工作，能不断地发现自己的不足，也会更加了解职场和职业，这些都是帮助大学生在未来的职场取得成功的重要因素。能够主动认识到这些因素，相当于提前进入了职场。

大学四年的规划应该在大一期间完成，然后根据规划安排接下来的大学三四年的学习和生活。当然，随着年龄与知识的增长，人的认识会发生变化，需要不断地对自己的目标进行调整，但总体规划应该较早完成。

在制订年级目标的同时，同学们还可以细化自己的短期目标，如制订上学期目标和下学期目标，按假期来制订暑假和寒假目标等。此外，还可以按内容来制订学习目标、生活目标、社团实践目标、兼职目标、实习目标等。

总之，目标的制订一定要考虑可行性。如果规划的目标太过宏大，难以实现，会使规划最终沦为一纸空文。目标的制订应该分阶段完成，同时必须结合自己的个性特征、考虑实施的可能性等因素。在大学期间制订职业目标时，最好能够根据所学专业特点与自身性格、兴趣、能力等因素的匹配程度，按照所处学习阶段来制订，并且必须执行。

三、职业生涯目标设定原则

1. 目标的确立要适合自身的特点

不同的人有不同的特点。这种特点就是个人的价值观、兴趣、性格、特长等。要将目标建立在个人的最优性格、最大兴趣、最佳特长上。如做到这一点，才可能在职业生涯中得心应手。

2. 目标的确立要长短配合

长期目标为人生指明了方向，可鼓舞斗志，防止短期行为。短期目标是实现长期目标的保证，没有短期目标长期目标也就不能实现。特别是在职业生涯发展过程中，通过短期目标的达成，能体验到达成目标的成就感和乐趣，鼓励自己为了取得更大的成就，向更高的目标前进。但是，只有短期目标，看不到远大的理想，也会失去奋斗的动力，还会使人生发展左右摇摆，甚至偏离发展方向。

职业生涯必将跨越人的青年、中年和中老年几个时期，人在各个时期的体能、精力、技能、经验、为人处世的方式与态度势必都会有所变化。与此同时，社会政治、经济也在不断地发展和前进。一个多层次、分阶段的目标可以使人面对不同的情况更好地保持开放、灵活的心境。

3. 目标要清晰可行

设置目标的目的在于更好地完成自己的职业生涯，而大学生做了许多这方面的分析与设定，就是为了能够更好地达成自己的意愿。然而，无论目标多么合理，分析多么准确，没有具体的行动就都是空谈。分析、讨论只是为了更正确的行动。一个明确、可行的目标，可以让人知道自己眼前应该做的事情，并努力工作，从而向着目标迈进。

职业生涯目标高一点好，还是低一点好呢？总体来看，还是高一点好。有了远大的目标，才能起到激励的作用。但目标过高，脱离实际，会因好高骛远而招致失败。目标太低，不用努力就能实现，目标也就失去意义。同一时期制订的目标不宜多。就事业目标而言，同一时期目标最好集中为一个。目标是追求的对象，你见过同时追逐 5 只兔子的猎手吗？别说 5 只兔子，就是两只也追不过来，那几乎是不可能的事。所以，在确定目标时，最好把目标集中在一个点上。我们来看一则关于“小刚的目标”的故事。

案 例

职业生涯梦想：每个人都能自我实现

18 岁，高中毕业典礼上，小刚发誓要当中国首富！

20 岁，春节老同学聚会上，小刚想创立自己的公司，30 岁时拥有资产 2 000 万元。

23 岁，在某工厂当技术员，第二职业是炒股。“在这里工作太没前途了。我将全力炒股，三年内用 5 万元炒到 300 万元。”

25 岁，炒股失意情场得意，开始准备结婚。希望一年后能有 10 万元，风风光光地结婚。

26 岁，在不太风光的婚礼上。小刚的理想是生一个胖小子，将来当个车间主任，别的不多想。

28 岁，工厂效益下滑，正逢妻子怀胎十月。小刚希望这次下岗名单里千万不要有自己的名字。

对于这样的生活写照，宗耀民从职业规划的角度谈了他的看法："要想在未来职业生涯中获得成功，首先必须确定一个切合实际的职业定位和目标，然后再分解目标，设计出合理的职业生涯规划，并且付诸行动。"

职场环境相对复杂，并不局限于一种可能性。"在职业发展过程中一定会碰到一些阻碍，首先不要放弃。"宗耀民说，"目标没有达到并不说明失败，走另一条路不一定比原先的那条路要差，要有弹性。如果一条路堵住了，那么可以再找一条路；如果再失败，那么可能还有第三条路可以走；到最后，你会发现最后的结果可能比第一条路更好。并不是说之前的规划都没有用，而是说每个阶段的规划都需要有一定的弹性，以适应不一样的情况。"

宗耀民向每一位急切规划自己和他人职业生涯的人指出："每个人的心中都有一个'Rudy'，每个人都是自己的职业规划师。"Rudy是电影*Rudy*的主人公，他从小就被人认为不够强壮，不够聪明，将来只会做蓝领。然而他很清楚自己的职业生涯将是橄榄球球员，并坚持到底，最终成为一名球员。

"从看他如何规划自己的职业生涯，可以汲取为自己实现梦想的源泉和动力。按照Rudy的职业规划模式，你也可以给自己做职业生涯规划，实现自己的职业生涯梦想。"

（资料来源：作者根据网上资料改编）

4. 目标需要随时评估

世界上没有一件事情是一成不变的，事物总在不断地发展变化中，人们的想法也在不断地改变着。这就要求我们定时对目标进行评估。评价以前制订的目标在当时是否还合理、可行，是否还符合自己的要求，自觉地总结经验，修正对自我的认知和最终的职业目标。

事实证明，大部分人在开始定义自己的职业目标时，是模糊而抽象的，有时甚至是错误的。在经过一段时间的工作之后，可以更进一步认识到自己的需要及能力是否契合。在回顾自己的言行得失以后，可以检验自我评价是否正确，更可以证明自己对职业目标的设计方向对不对。很多人都需要相当长的一段时间去尝试和寻找，才能了解自己到底适合哪个领域、哪个层面的工作，这段时间可能长达十几年。但是，只要坚持不懈地进行自我分析以及对于职业目标的评估，就会纠正目标中的偏差，增强实现目标的信心，最终走向成功。

实践活动

如果在看完上面的文字之后，你还只是觉得随手翻翻而已，不会对你有什么帮助，那么现在希望你能够坐下来，拿笔和纸规划一下自己未来的目标和计划。

注意事项：

找一个让你觉得最舒服的地方，不管是你喜爱的书桌，还是角落里照得到阳光的桌子，只要能让你心静的地方，花一个多小时好好规划一下你未来的希望。做些什么？看些什么？说些什么？成为什么？相信这会是你一生中最宝贵的时光。你要去学习如何设定目标和预测结果，你要画出一张人生旅程的地图，你要勾勒出自己的去向和行程的路径。

在开始时，要先给你一个忠告，不要给自己设限。当然，这并不是要你完全抛弃常理。如果你身高只有1.5m，就别指望参加职业篮球大赛会赢，因为不管你怎么试，也是不可能实现的。或许不给自己设限，会把你的注意力从你最在行的事上移开。换个角度看问题，何尝不是帮助你移开可能的限制呢？有限的目标会造成有限的人生。在设定目标时，要尽量伸展自己，唯有自己去制订目标，才能实现期望。

四、职业生涯目标设定方法

有些人不愿制订职业生涯的规划，因为这涉及做出具体决定。选定一个目标，就意味着放弃追求其他目标的机会。有些人不愿制订目标，是因为多变的环境使他们对做出的承诺感到不安，而且他们害怕假如达不到目标，会对其自我理想造成打击。分析制订、实现目标的主要影响因素，掌握目标分解和目标组合的方法可以使我们做出果断明确的目标选择。

实现一个远大宏伟的目标很少能够一气呵成，必须分解成若干易于达到的阶段性目标。目标分解是将目标清晰化、具体化的过程，是将目标量化成可操作的实施方案的有效手段。目标分解帮助我们在现实环境和美好愿望之间建立起可以拾级而上的途径。一直分解到你知道为实现10年以后的目标今年干什么、明年干什么。如果你不知道你明年应该干什么，那么你10年以后的目标永远是一个美好的愿望，变成不了现实。所以目标分解是实现目标非常重要的方法。让我们从下面这个案例中来理解目标分解的作用。

案 例

1984年国际马拉松邀请赛在东京举行，名不见经传的日本选手山田本一，出人意料地获得了冠军。记者采访他为什么会创造出这样优异的成绩时，山田只是说："凭智慧战胜对手！"

人们都知道，马拉松是一项体能和耐力的较量，身材矮小的山田有什么优势可言呢？"无米之炊"的所谓"智慧"又从何说起呢？很多人以为，山田本一获得这个冠军，纯属侥幸。

两年之后，意大利国际马拉松邀请赛在米兰举行。山田本一又获得了冠军。记者再一次采访他，山田还是那句话："凭智慧战胜对手！"

山田本一的冠军之谜着实让人一头雾水。

10年后，山田本一的自传终于将这个谜解开了。山田说："每次比赛之前，我总是沿着比赛的路线仔细勘察一遍。把沿途比较醒目的标志物记下来。例如，第一个标记是银行、第二个标记是大树、第三个标记是红房子……比赛开始后，我就以百米跑的速度向第一个目标冲去，等到了第一个目标，我又以同样的速度向第二个目标冲去。40 多千米的赛程被我分成了若干个小目标，轻松地跑完了。”

噢，原来如此！聪明的山田本一深深懂得，长跑中出现疲劳，并不意味着体能的耗尽，而是长长的赛程给人的心理造成巨大的压力，使得参赛者跑不到一半路程，就疲惫不堪。如果将长目标分解成若干短目标，大脑将会认为每个短路程轻而易举，算不了什么，因而巧妙地规避了心理压力，实施各个击破，轻松地跑完全程。再看同赛程的其他选手，他们可能在体能和耐力方面都强于山田，但是，他们是以一个不变的长目标去奔跑的，压力大，很容易疲劳。一个心理压力重、疲惫不堪的人跟一个压力小、轻松愉快的人比赛，谁胜谁负自然就很清楚了。

（资料来源：交广国际管理咨询集团：马拉松运动员的故事——分解大目标为一个个小目标，2022-04-15，https://easylearn.baidu.com/edu-page/tiangong/exercisedetail?id=b6792387de3383c4bb4cf7ec4afe04a1b071b014&from）

在现实中，有些人做事之所以会半途而废，这其中的原因，往往不是因为难度较大，而是觉得离成功的目标较远。确切地说，人们不是因为失败而放弃，而是因为倦怠而失败的。在人生的旅途中，学习山田本一的智慧，人生中也许会少许多懊悔和惋惜。

五、职业生涯目标的选择

一般人的职业生涯可分为 6 个时期，即职业准备期、职业选择期、职业适应期、职业稳定期、职业衰退期和职业结束期。在职业生涯的不同时期，人应当有不同的职业生涯目标（见表 6-1）。人的职业生涯目标不是一成不变的，而是会随着年龄和职业经历的变化而调整。

表 6-1　职业生涯分期表

职业生涯分期	目标选择的侧重点
职业准备期	• 科学地确定职业生涯发展的长远目标 • 积累专业基础知识，掌握专业基本技能 • 初步获得入职资格
职业选择期	• 以长远目标为导向，根据社会需要和自己的素质与愿望，及时做出“人职匹配”的职业选择 • 如果发现初次选择有偏差，及时进行调整或再次选择
职业适应期	• 通过“人职权衡”找出差距 • 通过调整、弥补、转换的方式，积极适应职业岗位要求

续表

职业生涯分期	目标选择的侧重点
职业稳定期	• 逐步实现阶段目标，尽力使自己的能力得到提高，使自己的潜力得以挖掘 • 拓展自己对工作和组织的视野 • 争取做职业领域的行家里手、出色人物 • 培养自己“训练和教导他人”的能力
职业衰退期	• 整合个人的经验与智慧，继续提升自己的职业素质 • 力求成为职业、专业方面的杰出人才 • 继续向职业生涯的长远目标迈进
职业结束期	• 将自己的经验提供给别人 • 做好职业角色移交工作

第二节　影响职业生涯目标的因素

影响人们职业目标设计与生涯选择的因素有很多，总体可以分为社会因素和个人因素两类。这两类因素共同构成人的职业目标设计的基础。

一、社会因素

每个人都处在一定的社会环境之中，个人在处理自己的职业生涯发展目标与社会环境之间的生存、发展关系就是个人适应社会、融入社会的过程。个人的职业生涯发展规划绝不能闭门造车，必须符合社会环境，而规划的最终实现也要取决于特定的社会因素和社会条件。如果一个社会的生产力水平低下，职业种类很少，那么人们选择职业的余地就很小，职业生涯发展目标的空间也相应很小；如果一个社会的科技在飞速进步，生产力水平日益提高，新的职业不断产生，那么人们选择职业的范围和职业发展目标的空间就会变得更加广阔。

职业生涯发展目标要适应社会条件，既包括适应国家经济社会发展的大环境，也包括适应有关行业、地区发展的中环境，还包括适应个人发展的小环境。社会政治和经济形势、文化与习俗等大环境决定了人们可以选择的职业岗位的数量与结构，还决定了人们对职业的认知和职业生涯发展的规划与决策；个人所在的学校、社区、社交圈子等小环境则决定了个人具体的职业活动范围、内容，还决定了个人的职业方向选择和职业生涯规划的起点。决定人们生涯设计的最基本因素——社会条件可以分为以下三个方面。

（一）经济、科技发展形势

社会大环境是影响人才成长的根本因素。一个国家政治安定、经济发展、科技不断进步，就会对人才产生极大的需求，并能为人才的成长提供多方面的条件，而社会动乱、经济衰退、科技停滞，人才就难于产生。

人才就是资本、就是财富，这历来是有识之士的见解。中国历史上有几个辉煌的时期，诞生了大批人才，这是因为“社会需要比办 100 所大学更重要”。春秋战国时期，列国纷争，各国国君纷纷搜寻人才，礼贤下士，从善于治国的管仲、韩非，到善于治军的孙武、白起，再到弹铗作歌、未做事而提待遇要求的门客，无不受到重用。这是因为只有刻意寻求人才、培育人才，并大力发挥人才的作用，才能够在激烈的竞争中获胜。

改革开放以来，我国又进入了一个人才不断涌现的时代。在中国当今日益宽松的人才成长、聚集、竞争的环境下，立大志、肯吃苦就会有收获的局面。许多出国留学的海外学子们，不再满足于做寄人篱下的“洋白领”，或者充当在国内外两头经营、时常“飞来飞去”的“候鸟式人才”，纷纷回国创业。他们正是看到了祖国迅速发展的大好势头和巨大的商机，而回国干一番大事业，真正把握自己的命运，把握发展前途和生涯前景。

我国正处在全面进行现代化建设的新时期，市场经济新体制正在建立和完善，社会的进步和经济的发展，都需要千百万各种专业、各个层次的高质量人才。这为人的成才提供了根本的机会，也为人的发展提供了良好的社会环境。

（二）用人单位对员工的培养

用人单位是人们在其中工作和生活的微观社会组织，可以把它看作一个“小社会”。随着经济发展和科技进步，使全国各地区、各部门和各用人单位对人力资源的素质要求越来越高。许多企事业单位都十分重视员工的培养，积极为人才成长创造条件。例如，支持员工业余学习或脱产学习，奖励自学成才等。

一般来说，具有良好发展前途的企业都会考虑组织的发展和技术的更新，从而为员工提供业务学习与深造的机会；具有前瞻意识和人力投资意识的企业家，会鼓励员工从事专业学习、提高技能、积累经验、更新知识，不断地有所发展，会从组织的角度进行职业生涯设计与员工培养，也会支持员工的个人职业生涯设计及相应的活动。

（三）其他社会条件

社会条件有着丰富的内容，除上述“政治、经济、科技发展形势”和“用人单位的培养”等内容外，还包括个人自身的亲戚朋友交际网、在职业发展过程中所能获得的帮助、提高素质所需的学习机会和图书资料、成才的社会舆论、与职业生涯发展面有关的制度和政策（如岗位培训制度，自学高考制度，培训、考核与待遇相结合制度）等。

上述社会因素不是个人所能决定的。社会大环境对于同一时期的人都是相同的。个人所在单位与职业生涯有关的条件，如单位的发展前景和规划等，对于同一单位的不同人也是相同的。对于人们来说，“其他社会条件”的差异则可能较大。发掘这方面的潜力，吸收职业生涯的“过来人”，尤其是成功者的经验，寻求他们的帮助，是一种聪明的做法，这是个人积极、理性地设计职业生涯的体现。

二、个人因素

一个人“志存高远”固然可贵，但如果不能结合自身的条件和特点，就免不了会把理想变为幻想。我们要的是有依据、能实现的职业理想，而职业理想要具体化到职业生涯发展目标上，这种目标的选择可从了解自己开始。只有对自己的能力、兴趣、个性、价值观等有比较清晰和明确的认识，才能够切实设定自己的职业生涯发展方向和目标；只有了解自己的优势与不足，才能使自己理性地面对纷繁复杂的职场，在规划职业生涯时走出盲目的从众、眼高手低、无所适从的误区，真正做到人职匹配。

（一）能力因素

关于生涯成功的能力因素，前面已经论述过。在能力因素与职业生涯目标设计的关系方面，应当把握以下三点：

（1）从客观实际出发。能力是一个人能否从事某种职业、能否在生涯旅程中顺利成长和获得成功的条件。能力具有客观性，在设计职业目标和选择生涯道路时，要以“人职匹配”为基本原则。

（2）寻找优势能力，发挥长项。有的人具有超常的能力，但这并不是说这个人在智力和能力等各个方面都超乎常人，都有杰出的表现，而只是在某个方面或几个方面与众不同、水平突出。有些人或观察能力强，既精细而又把握总体；或记忆能力强，能积累和运用大量的信息；或思维能力强，善于分析、综合，抓住问题的实质；或想象能力强，善于联想而获得创造性成果；或操作能力强，能较好地解决生产、工作中的实际问题；或交际能力强，能联络多方、团结他人、维系组织。

实际上，一个人只要在一个或两三个方面有过人之处，就具备了成才和成功的能力条件。如果一个人在某一个方面的特殊才能得到发挥又符合社会需要，就会取得巨大的成就。因此，一个人不必为自己在能力的某些方面不如别人而感到自卑，丧失进取的信心。某个人在能力上不如别人的背后，往往会有超过别人的潜在能力未被充分挖掘。一旦认识和发挥了自己的强项，能够把自己造就成社会所需要的优秀人才，那么他完全能够攀登生涯的高峰、奏响人生的华彩乐章。

（3）能力因素对职业生涯固然重要，但是非能力因素也有着巨大的影响，它对能力因素有着发挥、补偿或者约束、限制的作用。因此，在设计职业生涯目标时，要“有能力论，又不唯能力论”，注意发挥自身能力因素与非能力因素的最佳综合效应。

（二）非能力因素

在个人的职业生涯的道路上，能力因素和非能力因素相辅相成，缺一不可。一个人除了具备和培养一定的能力外，还应具备和培养良好的非能力因素，即良好的个性心理品质，这样才能顺利发展，取得职业生涯的成功。

心理学、教育学、管理学等方面的研究都表明，良好的个性心理品质，不仅对人的成长和成功具有不可忽视的重要作用，而且比能力因素，特别是单纯智力因素的影响要大得多。成就大的人往往具有良好的个性心理素质。比如，进取心、自信、乐观、谨慎、不屈不挠、执着、顽强等；而成就小的人的个性心理素质则明显劣于前者。这向人们揭示一个道理：一个人要想成才，除了应该具备较高的能力水平外，还必须具备良好的个性心理素质，否则很难取得成功。进一步说，在做职业生涯目标的设计时，也要深入认识自身的非能力因素，运用好非能力因素。

下面对个人素质中的基本内容，即兴趣、情感、意志做进一步阐述。

1. 兴趣

兴趣是人们成长的起点，兴趣广泛的人眼界开阔，容易从多方面受到启发，从而在职业生涯设定时有着较大的主动权，有利于取得生涯的成功。从不同的年龄看：少年儿童的早期兴趣对人的成长有一定的启蒙意义；青年人的兴趣显然是正确设定职业生涯目标、努力完成有关学业、恰当地选择职业和为实现职业目标而奋斗的动力；中老年人的兴趣则是在职业生涯已经有了很长时间的经历以后，对生涯再一次决策（这是一种非零决策）的重要依据，是生涯认定和转换的心理动力。

人的兴趣有 4 个特征，即兴趣的广度、中心、稳定性、效能。兴趣的广度是指兴趣的范围大小。广泛的兴趣促使人们去接触和注意各种事物，获得广博的知识，使能力向多方面发展，使人的职业生涯选择有着宽阔的空间。兴趣的中心是一个人广泛兴趣中的核心内容。中心兴趣使人获得专深的知识，发展某个方面的特殊才能，使人的活动富有创造性，也使职业生涯的选择具有针对性。兴趣的稳定性是指兴趣的持续时间。稳定的兴趣取决于正确的职业理想。有的人见异思迁，一种兴趣常被另一种兴趣代替，这种人很难在职业生涯上取得成功。兴趣的效能是指兴趣对活动能够产生的效果大小。有的人只把兴趣停留在期望和等待状态，这种兴趣缺乏行动力量，对人的职业生涯没有什么实际效果。只有推动人们积极参与活动的兴趣，才能提高能力、促进职业决策和塑造职业生涯的作用。

总之，一个人既有广泛的兴趣又有中心兴趣，而且还能保持兴趣的稳定性和发挥兴趣的效能，是人生顺利和成功的条件。因此，规划职业生涯时，应当认识自身的职业兴趣所在，依据个人职业兴趣并考虑社会的职业现实，是正确设定职业生涯目标的重要原则。

2. 情感

情感是人对外界事物的一种内心体验。情感包括心境、热情和激情三种状态。

（1）心境。心境是一种比较持久的情绪状态。人的人生观、性格和心胸的开阔与否，对心境具有直接的影响。良好的心境促使人们发挥积极性、主动性和创造性，可以提高学习和工作效率；不良的心境则使人心灰意冷，陷于消沉而降低学习、工作效率，阻碍成功的到来。

（2）热情。热情是强有力的稳定而深刻的情绪状态。热情虽不如心境那样广泛，但比心境强烈；虽不如激情强烈，但比激情深刻、持久。热情是一种具有巨大推动力的情感。一个人对事业的热爱、对工作的迷恋，是其能力表现和发挥的必要条件。对事业缺乏热情的人，是无法在职业生涯中取得成功的。

（3）激情。激情是强烈的、暴风雨般的、短促的情绪状态。积极、健康的激情在人的成长中起着重要的作用。一个人在积极的激情下，并有着冷静的、理智的和坚强的意志力的控制和调节，能够调动身心的巨大潜力，成为行动的重大推动力，激励其战胜艰险、攻克难关。这不论在谋求一个合适的职业方面，还是为自身的职业生涯目标而努力方面，都有着重要的影响。

保持良好的情感，在个人职业生涯目标的设计和后续的职业实践中，都非常重要。如果一个人的情绪忽高忽低，忽冷忽热，跌宕起伏，见异思迁，既不利于职业目标的合理选择，也不利于顺利成长。

3. 意志

意志是一个人自觉确定目标，并支配与调节自己的行动，克服各种困难，从而达到预期目标的心理状态。一个人的意志对人的具体成长过程和整体职业生涯发展，都有着重要的作用。没有坚强的意志，人在顺境中会得意忘形，在逆境中会消沉颓废。

人的意志品质包括以下 5 个方面，其一，自觉性。这是一个人对自己行动的目的有着正确、充分的认识。其二，果断性。这是指一个人善于明辨是非，能够当机立断做出决定并予以执行。其三，坚韧性。这是指一个人具有坚韧的毅力、百折不挠的精神。其四，自制力。这是指一个人在行动中善于控制自己的情绪，约束自己的言行。其五，勤奋性。这是指一个人在活动中刻苦而执着地努力。意志的这 5 个方面，是人们取得生涯成功的必要保证。

从职业生涯规划的角度看，提高意志水平有着重要的作用，具体体现为在职业生涯设计活动中的自觉性、职业选择决策的果敢性、为实现长期职业目标而努力的坚韧性、职业生涯规划和决策中的自制性、为完善职业生涯规划做出大量努力的勤奋性。它对达到职业生涯规划的科学性、合理性并获得成功，都大有裨益。

21 世纪是科技快速进步、经济迅猛发展的时代，因此，个人的职业生涯目标不应当一成不变，而是要紧跟时代前进的步伐。只有紧扣时代脉搏，才能保证个人的职业生涯目标不落伍、不过时；只有对社会条件的变化有比较充分的了解，才能更有效地利用社会条件和各种新的政策，使自己的职业生涯发展在纷繁复杂的社会环境中趋利避害。

第三节 职业生涯目标的调整

一、职业体验与反思

（一）人生的未知数

大学生在初次职业选择中思前忖后，对不同的职业难以取舍，是必然的。由于大学生没有人生实践，因此，存在着几个“未知数”：

（1）对职业自我的认知相当主观、没有把握。

（2）对外部职业世界如何接纳自己是心中无数的。

（3）对某一项择业决策的机会成本与收益心中无数，即不知道选择了这一个职业，会丢掉哪些职业、丢掉哪些随之而来的职业收益，自己的选择是不是最优选择等。

（4）个人对未来的期望是不确定的，甚至是盲目的。

（二）职业适应后的“解”

人在就业三五年以后，一般完成了职业适应期，获得了一定的职业实践经验和感悟。在职业实践中，个体发现了职业自我，体验了职业世界对自己的接纳情况，了解了个人所从事职业的收益和机会成本，对自己的未来的认识和期望也更加清晰。但是，要注意：上述有关人生职业的这些“未知数”，在个体有了一定的职业实践即职业体验后，只是有了一部分“解”。要取得“完全解”即真正合理的答案，还需要有更长期的职业阅历，有更多的对社会、对自身的了解，有更加深刻的人生哲理。因此，个人在基本完成职业适应以后，面对不少新的职业机会的时候，仍然难免犹豫徘徊。

二、长期职业体验后的认知

人们通过一二十年的职业生涯实践，在有了相当丰富的职业阅历，对自己的能力、价值观有了充分的自省以后，基于外界环境与自身情况，会对自己从事的职业产生一种心理认同，这种心理上的认同就使得人们真正愿意从事某一种职业，甚至愿意终身从事该职业。例如，张三愿意当经理，李四乐于做演员。这是因为他们从事的职业能够满足自身的心理需求。这是源于一个人的价值观，而不是为了一种职业的表面称谓。这种“职业认同基于心理需求和价值观”可以通过下面三个方面反映。

（1）同一种职业对不同的人有着不同的意义，也就是不同的人从事同一种职业是基于不同的价值观的，有着不同的目的。美国对职业社会学的研究指出，同样是当警察，有的人看重警察作为“政府公务员”的职业稳定性，有的人是为了打击罪犯、维护社会的正义，有的人觉得当警官威风，有的人则乐于干富有探索性、冒险性的工作，也有的人则为了获得额外的收入。

（2）一个人在原有工作和前途很好的情况下转换职业、重新选择，是基于新的职业更加符合自身的心理需求，对自己有更大的价值，与自己从业的根本目标更为接近。例如，有人放弃国外出色的科研条件和优厚的经济待遇而回国工作，是为了有一个更能够发挥才能、更能取得成就的环境。

（3）人们会在不同单位的同种职业方面进行流动，这显然是基于相同的职业在两个不同的单位对于人的价值和效用不同。例如，担任总经理的吴士宏离开著名的微软中国公司，到国有股份制企业 TCL 公司任职，原因在于她与微软公司的市场理念不同，她的观念又没有被微软公司接受，因此在微软公司工作缺乏自主性。她到 TCL 公司工作可以发挥自主性。

美国管理学家施恩提出的“职业生涯系留点”或者“职业锚”，把所认同职业的主要因素分为技术性能力、管理能力、创造力、安全与稳定和自主性 5 个方面。这反映了人们对职业人生价值的理性认知，人们在比较长期的职业体验以后，能够比较好地认识自己，比较清楚地了解职业世界与自身的关系，比较现实、合理地估算从事某种职业的成本-收益，从而在职业生涯的中后期，对个人职业生涯进行正确的认识和符合理性的塑造。

三、职业的再选择

（一）“人到中年”的任务

有人说，“人到中年万事休”；有人说，“人过三十不学艺”；也有人说，“三十而立”“人到中年万事和”。人们对“中年”的看法，往往与自身的职业目标高低、职业生涯顺利与否有关。

中年是人生的重要转折时期。不管人们怎样看待中年，不管一个人职业生涯的前一二十年顺利与否，不管他在三十多岁、四十多岁时想不想另谋新业，大多中年人会自觉不自觉地思考人生，思考人生中的职业，或对职业生涯进行再认识和再设计，以便有一个称心的后半个生。

（二）职业目标再选择的行动

成为社会从业者多年、有了充分的职业经验的人，往往要进一步制订职业生涯目标。美国管理学家巴达维（M. K. Badawy）针对职业再设计与再选择的内容，总结出“职业行动计划模型”。这一模型包括下述 7 个步骤：

第一步，明确自己的终身计划与职业意识。

第二步，进行职业再选择的分析与决策。

第三步，进行自我评价和对成功风险的分析。

第四步，为新的抉择做准备，了解成功的途径。

第五步，为实现新职业而努力，提高个人能力和素质。

第六步，职业发展的行动战略，这是最关键的步骤。人在这一步，要采取审慎而坚决的行动，做出“人职”决策，谋得预定的职业，并探究和掌握在该职业生存的秘诀，遵从该职业的规范，争取获得成功。

第七步，跟踪和再评价，重新审视和思索职业规划抑或重新制订终身计划。当人们重新制订终身计划时，实际上就回到了第一步。这样，这7个步骤就由一个链条连接成为一个闭合的环。必要时，人们还要做职业生涯再设计，从而使人的职业生涯在这一循环中不断发展、不断提高。

课后练习题

一、选择题

1. 对于近期目标的制订要领的描述，正确的是(　　)。

A. 脚踏实地，不好高骛远　　B. 实事求是

C. 用事实说话　　D. 认清自我

2. 职业生涯发展目标的选择，需要从以下哪些方面进行衡量(　　)。

①了解发展目标对从业者的素质要求，衡量本人现实条件与之匹配程度。

②了解发展目标对从业者可能有的回报，衡量本人价值取向得到满足的程度。

③了解发展目标对外部环境的要求，衡量本人可能有的发展机遇与之相符程度。

A. ①②　　B. ②　　C. ③　　D. ①②③

3. 调整职业生涯规划的第一个最佳时期是(　　)。

A. 工作后两三年　　B. 毕业前夕

C. 初入工作岗位的第一年　　D. 规划制订后

4. 要实现职业生涯发展目标，必须强化时间观念，从(　　)做起，尽早规划人生。

A. 入学　　B. 就业

C. 现在　　D. 积蓄一定实力时

5. 在一望无际的沙漠里，一个人如果只凭着感觉往前走，会走出许多大小不一的圆圈。有一位青年在北斗星的指引下，成功地走到了大漠边缘。这则故事对我们的大学生活给出了怎样的启示？(　　)

A. 要学会观察身边事物　　B. 大学生活要有一个明确的方向

C. 要正确认识自我能力　　D. 以上说法都正确

6. 大学职业生涯规划需要用一系列的目标为自己铺就一条成功之路。在制订大学生涯目标时应遵循一定的原则。以下原则错误的是(　　)。

A. 目标要符合社会的需要，有需要才有市场，才有位置

B. 目标要符合自身特点，以自己的性格、兴趣、能力等为依据，并考虑现实条件

C. 目标要高远，但不能好高骛远，要有利于自身才能发挥

D. 目标幅度不宜过窄，以便给自己多种选择的机会

7. 职业生涯规划第一步是(　　)。

A. 自我分析　　B. 确立目标　　C. 可行性分析　　D. 设计方案

8. (　　)是最重要的阶段目标。

A. 中期目标　　B. 近期目标　　C. 长期目标　　D. 阶段目标

9. (　　)是职业生涯发展中第一个指向明确并以此调整个性，提升素质的目标。

A. 中期目标　　B. 近期目标　　C. 长期目标　　D. 阶段目标

10. 职业生涯发展目标，似人走路一样，需要(　　)。

A. 一步一个脚印　　B. 飞跃

C. 有方向　　D. 车到山前必有路

二、判断题

1. 人生发展的目标是通过职业理想来确立的，并最终通过职业理想来实现。(　　)

2. 人生都是自己创造的，脚下的路靠自己走出来。(　　)

3. 根据他人的特点和现实条件，确立自己的职业生涯目标。(　　)

4. 职业理想既应该有远期的目标，也应该有近期的具体目标。(　　)

5. 职业生涯规划的阶段目标应包含该职位对从业者素质的具体要求，该职位对从业者可能有的精神、物质方面的回报或其他期望。(　　)

三、思考题

1. 你如何认识能力因素和非能力因素对职业生涯目标的影响？

2. 设计职业生涯目标时应如何把近期目标与长远目标结合起来？

3. 在选择职业生涯目标时，为什么说“适合自己的才是最好的”？

4. 注意一些40岁左右、职业发生大变动的人，分析他们的动机。你认为他们能成功吗？理由是什么？

5. 你如何看待“热门”和“冷门”？假如你身处“冷门”专业，该怎么办？假如“有幸”身处“热门”专业，你怎么看？

第七章　职业生涯决策

知识与能力目标

1. 了解职业生涯决策的概念。
2. 掌握职业生涯决策的原则。
3. 掌握 CASVE 循环模型及在职业生涯决策中的应用。
4. 掌握大学生职业生涯规划书的设计与撰写。

思政目标

制订切实可行的职业生涯决策，引导大学生将个人利益、国家利益和社会利益保持一致，强化国情教育，帮助大学生认识到价值判断和价值选择的最高标准是人民群众的根本利益。

导入案例

挖掘信息，引导决策

小张是一名大二学生，学的专业是软件工程，即将升入大三，目前面临大学学生会换届和后期选择考研或直接工作的两难问题，他曾经找过辅导员聊过自己的未来发展问题，但谈话时间短，没有涉及本质问题，而且缺乏真正落到实处的规划。他一直想着能找个机会把自己的问题真正解决，让自己在大三时明确人生发展的方向，做好充分准备，毕业时能从容、顺利地考上研究生或参加工作。为了明确自己的选择，小张进行了生涯规划咨询，希望能得到咨询师的帮助。小张想毕业后进国企或大型的私企从事编程相关工作，工作地点大致定在四川、重庆、贵州等周边省份和地区，对待遇方面也有相应的期待。但谈到考研，他只知道南京有几个学校可以去尝试一下，对如何选择专业不清楚；同时还说到他的学长、学姐很少有考研的，并且 强调了软件工程这个专业实践经验非常重要。通过与咨询师交谈，小张发现自己毕业后直接就业的倾向性还是很明显的。对自己有了一个比较全面的认识，明白了自己的真实意愿和职业倾向，成功地找到了自己的目标并制订了适合自己的近期生涯规划。

“我们的决定，决定了我们”，不同的选择通向不同的未来。今天的生活方式是由昨天的一些选择决定的，而今天的选择也将决定我们未来的生活。生活就是由一系列的选择所组成的，在做出选择之前有一个很重要的心理过程——决策。其中，职业生涯决策是一个人一生中必然要面对的重要决策。一个人在职业发展中所遇到的麻烦和不如意，往往是由于他做出了不合适的职业生涯决策或未能做出职业生涯决策。

资料来源：郎婕．挖掘信息，引导决策——一名大二学生职业生涯规划综合案例分析[J]．公关世界，2020，(04)：72-74.

第一节　职业生涯决策基本分析

一、职业生涯决策的含义

（一）决　策

决策，就是做出决定，是为了达到一定的目标，从两个或两个以上的可行方案中选择一个合理的方案进行分析、判断的过程。管理学家家西蒙（Simon）指出："决策是管理的心脏，管理是由一系列决策组成的，管理就是决策。"决策对目标的重要性不言而喻。决策正确与否决定着目标行为的成败。正确的决策能指引人沿着正确的方向、合理的路线前进；错误的决策则会使人走上错误的道路，可能导致目标行为的失败。

（二）职业生涯决策

职业生涯决策是综合了个人对自我的认识以及对教育与职业等外在因素的判断，面临生涯抉择时所做出的各种反应，其构成要素包括决策者个人的目标、可供选择的方案与结果以及对各个结果的评估。

职业生涯决策不仅是一个即时的职业选择行为，而且是一个决策过程，包括从初步确定可能的职业生涯道路、搜索职业生涯信息、比较各种可能选择的职业生涯道路，到最终选择一条适合自己的职业生涯道路的整个过程。

（三）职业生涯决策的特点

职业生涯决策作为一种重要的决策类型，具有目的性、选择性、满意性、过程性和动态性的特点。

1．目的性

职业生涯决策是根据一定的目的做出的。目的就是组织或个人在未来特定的时限内完成任务所预期要达到的目标。没有目标，人们就难以拟订未来的活动方案，评价比较这些方案也就没有了标准，对未来活动效果的检查更失去了依据。根据预先确定的目的来选择、调整组织或个人在未来一定时间内的活动方向、内容或方式，是一种理性的决策。

2. 选择性

职业生涯决策因“选择”而生，没有选择就没有决策。而要能有所选择：一是必须提供可以相互替代的多种方案，使选择成为可能；二是要有选择的依据，提供选择的标准和准则。

3. 满意性

职业生涯决策依据的选择标准往往和经济领域的标准不同，它依据的是满意化标准，而不是最优化标准。所谓最优化标准，一是要求决策者了解与活动有关的全部信息；二是决策者能够正确地评估全部信息的有用性和可靠性，了解其价值，并据此制订没有疏漏的行动方案；三是决策者能够准确地计算每一个方案在未来的执行结果和风险。而满意性只是一种相对的最优化标准，因为最优决策往往只是理论上的幻想。

4. 过程性

职业生涯决策是一系列决策的综合，包括前期决策（即职业生涯规划）、中期决策（即职业生涯规划的实践）和后期决策（即现实的择业决策）。从决策目标确定，到决策方案的拟订、评估和选择，再到决策方案执行结果的评价，诸多步骤和过程构成一个完整的决策过程。

5. 动态性

职业决策是一个不断循环、动态的过程。决策的主要目的之一是使决策者的活动适应外部环境的变化。外部环境在不断地发生变化，决策者就必须不断地分析、研究外部的变化，从中找到可以利用的机会，并在必要时做出新的决策，调整自己的活动，从而更好地实现自身与环境的动态平衡。

二、职业生涯决策的意义

哲理故事

选择的重要性

有这样一个故事：从前，某个国家里没有鞋，国民不论贫穷贵贱，都赤脚走路。一次，国王外出视察，走在路上被石子割破了脚，鲜血直流。国王下令：将全国的路都铺上牛皮。他认为这样，全国臣民走路便不会被石子伤到脚了。此令一下，举国惊愕，那要多少牛皮？行得通吗？一大臣建议：只要将人们的脚包上牛皮就行了。这样不是既方便又节省吗？国王想了想，觉得有道理，便更改了诏令，按这位大臣的建议办。久而久之，便衍生出牛皮鞋了。

选择用牛皮包脚，替代在路上铺牛皮，自然更加合理、划算、实用。智慧是一把神奇的钥匙，用它选择立身之业，就不难找到创业的乐园。

（资料来源：https://www.ruiwen.com/zuowen/zheligushi/3746120.html）

选择，当量材而为。诗仙李白说过，天生我材必有用。人皆可成才，但人与人禀赋不同，才气不同，境况不同，机遇不同。如何人尽其才，才尽其用？这就需要人们有自知之明，有认清自己的才能是什么的智慧，自量身材自裁衣。能够跳起来摘着的果子不放弃，跳起来够不着的果子也不强求。路有百条，才有差异，桥太拥挤，就绕开它，发挥自己的才能和特长，或乘船而过，或直接泅渡。

今天的生活是由几年前我们自己的决策决定的，而今天的决策将决定今后几年的生活。大学生可以选择接触最新的信息，了解最新的趋势，从而更好地创造自己的未来。

一个人在大学阶段为自己的未来职业生涯准备得如何，对其未来的职业发展有着非常重要的影响。职业生涯决策对大学生个人发展的重要意义主要有以下几点：

（1）有利于促进大学生形成积极上进的人生观。一个人的职业发展是一个长期的过程，在发展的道路上也不可能一帆风顺，前进中的挫折和暂时失败是难免的，缺乏积极上进人生观的人，意志非常容易消沉，从而丧失重新站起来的力量。而具有积极上进人生观的人不满足于一时的成功，能正确分析形势，制订远景目标，不断地超越自我，去实现更大的成功。

（2）有利于提高大学生职业生涯决策意识。以职业生涯决策为契机，对个人的专业特长、兴趣爱好、性格特征、待人接物的能力、擅长的技能做充分的、全面的分析，可以帮助大学生对自己进行正确的评估，迅速准确地为自己定位，明白自己更适合什么样的工作，自己将来有可能在哪些方面获得成功，逐渐厘清生涯发展方向，形成较明确的职业意向，并提升自己的职业生涯自主意识和责任，为今后的事业发展做全面、长远的打算。

（3）有利于促使大学生做好大学期间的发展规划。大学生涯规划是大学生为自己的成才和发展订立的契约，是对自己未来美好的生活的承诺。大学生为实现自己规划的目标，就要制订大学阶段的学习和能力培养计划，并根据自己的爱好、实际能力和社会需求制订正确的大学生涯发展目标和有效的实施步骤。有了目标，学生就会如饥似渴地追求知识，以充实自己、完善自己，使整个大学阶段的学习和生活由被动变为主动。

（4）有利于增强大学生就业核心竞争力。影响大学生求职的就业因素既有学校、社会需求的因素，也有学生自身的因素。其中，决定大学生能否找到适合自身发展工作的因素还是大学毕业生自身的核心竞争力。核心竞争力强的同学，不是人求职而会变成职求人。在现实生活中可见，同样的学校、同样的专业、同样的班级，有的同学能很快找到一份满意的工作，而有的同学却迟迟未能找到“东家”。究其原因，就是有的同学进入大学后，迅速适应了大学生活并重新树立了学习目标。在目标指引下，对大学生活进行了合理的规划，积极主动地提高自身的综合素质。大学的外在资源对每个同学都是一样的，能否将大学优质的学习资源转变为自身就业和职业发展的核心竞争力，取决于大学生自身。做好自身的职业发展规划，将促使大学生在大学期间主动、自觉地学习，增强核心竞争力。

（5）有利于帮助大学生理性选择职业发展道路。由日常的经验得知，很多大学生在面临职业选择时，往往存在两种倾向：一种是升学惯性，选择继续深造，但对继续深造的目的并不明确；另一种是在找工作时盲目攀比，受他人价值观影响严重。如果对自身进行一番职业生涯规划，则可使自己的职业选择更加理性。因为职业生涯规划能够帮助大学生厘清自身的需要，懂得和掌握职业生涯开发与管理的知识与技能，从而帮助同学在遵循自身个性特点、能力优势的基础上结合社会需要，真正选择一条适合自身发展的职业道路。只有选择了适合自己的职业发展路径，才有可能充分发挥个人的能力优势，对社会做出较大的贡献，将来成才的概率会更大，成才的速度也会更快。

（6）夯实未来事业成功的基础。“不经历风雨怎么见彩虹，没有人能够随随便便成功”，成功需要积累，需要抓住机遇，而机遇往往只会给有准备的人。命运的改变不是一朝一夕能完成的，事业的成功也一样。经常设想一下自己 5 年以后、10 年以后要做什么，想象一下自己未来是什么样子，然后设定一个职业发展目标，在这 5 年或 10 年里紧紧地围绕这个目标去做你应该做的事情，那么，你的未来一定不是梦。

职业生涯规划教育就是要使大学生先天获得的遗传素质得以充分发展，同时使大学生获得当今社会所需要的各种品质，通过科学的、行之有效的途径，充分发挥其天赋条件，提高各方面的素质水平，让有些本来不具备的能力通过职业生涯的教育、实践、锻炼、培养，得到弥补和完善。

三、职业生涯决策的方法

（一）SWOT 分析法

SWOT 分析法又称态势分析法，SWOT 由英文单词 Strengths（优势）、Weaknesses（劣势）、Opportunities（机会）、Threats（威胁）的首字母组成。此方法最早由哈佛商学院的 K. J. 安德鲁斯教授于 1971 年在其《公司战略概念》一书中提出。近年来常被用于生涯决策方法中。它是检查个人的技能、职业、兴趣，分析个人优点，评估自己所感兴趣的不同职业道路和职业机会的有用工具，同时是利用内外因素追求目标的决策方案。运用此分析法的主要目的是通过分析组织和个人内部的优势与劣势、外部环境的机会与威胁，制订未来发展的策略。运用 SWOT 分析法进行分析，即将与自己需要解决的问题密切相关的内外环境优势、劣势因素罗列出来，并根据影响程度等排序方式按矩阵形式排列，然后应用系统分析的方法，把各种因素相互匹配并加以分析，从而得出相应的对策。

（二）生涯决策平衡单

在进行职业生涯决策时，有时需要在两个甚至两个以上不同的职业发展方向中做出选择，职业生涯决策平衡表（见表 7-1）可以通过打分量化的方式，帮助同学进行职业生涯目标决策。职业生涯决策平衡表是将重大事件的决策思考事项集中到4个主题上：个人物质方面的得失，外在物质方面的得失，个人精神方面的得失（自我赞许与否），外在精神方面的得失（社会赞许与否）。个体在进行生涯决策时根据自身的条件，可以考虑不同的具体项目加以评价，从而得出不同选项决策目标的相应的分数。

表 7-1　职业生涯决策平衡样表

项目	考虑因素	加权分数						
		重要性的权数1~5倍	选择一（得分）		选择二（得分）		选择三（得分）	
			+	−	+	−	+	−
个人物质方面的得失	1. 收入							
	2. 工作的难易程度							
	3. 升迁的机会							
	4. 工作环境的安全							
	5. 休闲时间							
	6. 生活变化							
	7. 对健康的影响							
	8. 就业机会							
	其他……							
外在物质方面的得失	1. 家庭经济							
	2. 家庭地位							
	3. 与家人相处的时间							
	其他……							
个人精神方面的得失	1. 生活方式的改变							
	2. 成就感							
	3. 自我实现的程度							
	4. 兴趣的满足							
	5. 挑战性							
	6. 社会声望的提高							
	其他……							
外在精神方面的得失	1. 父母支持							
	2. 师长支持							
	3. 男（女）朋友支持							
	其他……							

续表

项目	考虑因素	加权分数						
		重要性的权数1~5倍	选择一（得分）		选择二（得分）		选择三（得分）	
			+	−	+	−	+	−
加权后合计								
加权后得失差数								

步骤一，确定个人的职业决策考虑因素，如做人力资源管理、营销、考研三个方案。

步骤二，把三个方案分别填入平衡表的选择项目中。

步骤三，在第一栏职业决策考虑要素中，根据对个人职业选择的重要性和迫切性，赋予它权数，加权范围 1 ~ 5 倍（5 表示“非常重要”，3 表示“一般”，1 表示“最不重要”），填写权数一栏。权数越大说明你越重视该要素。

步骤四，打分。根据每个方案中的要素进行打分，优势为得分，缺点为减分，计分范围为-5~5，5 表示“该因素在生涯选择中得到了完全的满足”，0 表示“不知道或者无法确定”，-5 表示“该因素在生涯选择中完全未得到满足”。

步骤五，计算方法。将每一项的得分和失分乘以权数，得到加权后的得分或失分，分别计算出总和，最后加权后的得分总和减去加权后的失分总和得出“得失差数”，并以此分数做出最后的决定，即比较三个选择方案的得失差数，得分越大，该职业方案越适合你。

四、影响职业决策的因素

职业生涯决策是一个非常复杂的过程，不仅要求人与环境相适合，即个人的个性特征、职业兴趣、价值观等与工作环境相适合，而且还受所学专业、学校、就业机会、职业信息获取途径、工作要求的培训时间、工作环境、独立程度、收入、人际关系等因素影响；同时，重要的他人，如父母、配偶、朋友及职业咨询师等都会影响个体的职业生涯决策过程。

（一）家庭环境

选择职业关乎一个人的生活和幸福。无论是毕业生还是职场人士，在选择职业时都会受到家庭成员及其他相关人士的影响。大学生由于年龄和社会阅历的原因，在求职时往往会受家庭因素、与家庭成员高度融合或密切相关的人的影响，不能独立做出某种选择。若家庭成员无法就义务、责任、价值观达成共识时，就会使个体决策出现问题。此外，同学、朋友的职业心态、职业价值观、职业行为特点也会对个体产生影响。

（二）个人的因素

1. 遗传因素

个人物质来自一些遗传因素，在某种程度上这些遗传因素直接会影响个人职业的选择。如在一些服务岗位和单位的窗口岗位的招聘中，身高、相貌、体型、健康状况等先天因素起了重要的作用。

2. 兴趣爱好

兴趣爱好是人们力求认识、掌握某种事物，并经常参与该种活动的心理倾向，它是影响职业定向的重要因素。美国著名原始派画家摩西奶奶说："做你喜欢做的事，上天会高兴地帮你打开成功之门，哪怕你现在已经 80 岁了。"她未曾受过任何专业训练，凭着对美的热爱，从 77 岁开始作画，80 岁时（1940 年）在纽约举办个人画展，引起轰动，到 101 岁去世前的二十多年内共创作了 1 600 幅作品。

3. 个性

每个人都有其独特的个性，人的个性特征会影响工作效率。如果一个人从事与自己个性特征相符合的职业，个人的工作满意度最高、工作效率最高、流动率最低，职业发展前景也较为乐观。如果从事与自己个性特征不符的职业，则满意度低，并且极容易发生倦怠，导致工作效率低下，甚至产生离职现象。比如，粗心、拖沓的人不适合文秘工作，内向、不善言辞的人不适合做营销工作。

4. 能力特长

自身的能力特长是影响大学生择业的重要因素。能力特长包括一个职业人所应该具备的各方面能力。如学习能力、适应能力、人际沟通能力、抗压能力等。不同的职业类型有着不同的能力要求。科研类职业要求求职者具备很强的开发能力、搜集和利用信息的能力。政府机关公务员则强调交际能力、表达能力、独立工作能力和语言文字能力。

5. 所学专业

兴趣和能力相似的学生，由于所学专业的不同，导致职业的选择千差万别。大学生具有某一专业的知识和技能，这是其优势所在。每个专业都有一定培养目标和就业方向，这是大学生职业定向的基本依据。

（三）社会环境

从社会角度，在一定的历史时期一般存在着相对共通的基本职业价值观标准，并形成职业社会中特定的名次系列和职业声望尺度。职业声望不仅体现了职业的等级层次，而且影响人们对职业的选择和社会的职业流动。社会对各类职业所持的倾向性态度会通过媒体、舆论等各种渠道渗透到大学生的职业评价心理，成为影响大学生职业定向的重要因素。职业声望较好的职业是个体获得心理满足并肯定自己的社会价值的必然选择。

（四）机遇及偶然因素

机遇也对职业定向有很大的影响。机遇就是契机、时机或机会，通常被理解为有利的条件和环境。机遇既有偶然性，也有必然性。机遇是可遇而不可求的，一个适合的工作机遇不是每个人都有机会获得的，它随机出现，具有较大的偶然性。但机遇只为那些高素质有准备的人敞开大门。下面附有霍兰德职业倾向测验量表，可为同学做职业生涯时提供帮助。

附：霍兰德职业倾向测验量表

姓名：________性别：________年龄：________学历：________日期：________

本测验量表将帮助您发现并确定自己的职业兴趣和能力特长，从而更好地帮助自己做出求职择业或专业选择的决策。

本测验共七个部分，每部分测验都没有时间限制，但请您按要求完成。

第一部分：您心目中的理想职业（专业）

对于未来的职业（或升学进修的专业），要提前考虑，它可能很抽象、很朦胧，也可能很具体、很清晰。不论哪种情况，现在都请您把自己最想干的3种工作或想读的3种专业，按顺序写下来，并说明理由。请在所填职业/专业的右侧按其在你心目中的清晰程度或具体程度，按从很朦胧/抽象到很清晰/具体分别用1、2、3、4、5来表示，如5分表示它在你心中的影像非常清晰。

一、职业/专业：________________________清晰/具体程度：________

理由：____

____

二、职业/专业：________________________清晰/具体程度：________

理由：____

____

三、职业/专业：________________________清晰/具体程度：________

理由：____

____

以下第二、三、四部分：每个类别下的每个小项皆为是/否选择题，请选出比较适合你、与你的情况相符的项目，选出一项适合的项目计1分的规则统计分值，将相应分值填写在第六部分的统计项目中。

第二部分：您所感兴趣的活动

下面列举了若干种活动，请就这些活动判断你的好恶。喜欢的，计1分，不喜欢的不计分。

R：实际型活动	A：艺术型活动
1. 装配修理电器或玩具	1. 素描/制图或绘画
2. 修理自行车	2. 参加话剧/戏剧
3. 用木头做东西	3. 设计家具/布置室内
4. 开汽车或摩托车	4. 练习乐器/参加乐队
5. 用机器做东西	5. 欣赏音乐或戏剧
6. 参加木工技术学习班	6. 看小说/读剧本
7. 参加制图描图学习班	7. 从事摄影创作
8. 驾驶卡车或拖拉机	8. 写诗或吟诗
9. 参加机械和电气学习班	9. 进艺术（美术/音乐）培训班
10. 装配修理机器	10. 练习书法
I：调研型活动	S：社会型活动
1. 读科技图书或杂志	1. 参加单位组织的正式活动
2. 在实验室工作	2. 参加某个社会团体或俱乐部活动
3. 改良水果品种，培育新的水果	3. 帮助别人解决困难
4. 调查了解土和金属等物质的成分	4. 照顾儿童
5. 研究自己选择的特殊问题	5. 出席晚会、联欢会、茶话会
6. 解算术或数学游戏	6. 和大家一起出去郊游
7. 物理课	7. 想获得关于心理方面的知识
8. 化学课	8. 参加讲座会或辩论会
9. 几何课	9. 观看或参加体育比赛和运动会
10. 生物课	10. 结交新朋友
E：事业型活动	C：常规型（传统型）活动
1. 鼓动他人	1. 整理好桌面与房间
2. 卖东西	2. 抄写文件和信件
3. 谈论政治	3. 为领导写报告或公务信函
4. 制订计划、参加会议	4. 检查个人收支情况
5. 以自己的意志影响别人的行为	5. 打字培训班
6. 在社会团体中担任职务	6. 参加算盘、文秘等实务培训
7. 检查与评价别人的工作	7. 参加商业会计培训班
8. 结交名流	8. 参加情报处理培训班
9. 指导有某种目标的团体	9. 整理信件、报告、记录等
10. 参与政治活动	10. 写商业贸易信

第三部分：您所擅长的活动

下面列举若干种活动，请选择你能做或大概能做的事。

R：实际型能力	A：艺术型能力
1. 能使用电锯、电钻和锉刀等木工工具 2. 知道万用电表的使用方法 3. 能够修理自行车或其他机械 4. 能够使用电钻订、磨床或缝纫机 5. 能给家具和木制品刷漆 6. 能看建筑设计图 7. 能够修理简单的电气用品 8. 能修理家具 9. 能修理收录机 10. 能简单地修理水管	1. 能演奏乐器 2. 能参加二部或四部合唱 3. 独唱或独奏 4. 扮演剧中角色 5. 能创作简单的乐曲 6. 会跳舞 7. 能绘画、素描或书法 8. 能雕刻、剪纸或泥塑 9. 能设计板报、服装或家具 10. 能写一手好文章
I：调研型能力	S：社会型能力
1. 懂得真空管或晶体管的作用 2. 能够列举三种蛋白质含量高的食品 3. 理解铀的裂变 4. 能用计算尺、计算器、对数表 5. 会使用显微镜 6. 能找到三个星座 7. 能独立进行调查研究 8. 能解释简单的化学 9. 能理解人造卫星为什么不落地 10. 经常参加学术会议	1. 有向各种人说明、解释的能力 2. 常参加社会慈善活动 3. 能和大家一起友好相处 4. 善于与年长者相处 5. 会邀请人、招待人 6. 能简单、易懂地教育儿童 7. 能安排会议等活动顺序 8. 善于体察人心和帮助他人 9. 帮助护理患者和伤员 10. 安排社团组织的各种事务
E：事业型能力	C：常规型能力
1. 担任过学生干部并且干得不错 2. 工作上能指导和监督他人 3. 做事充满活力和热情 4. 有效利用自身的做法调动他人 5. 销售能力强 6. 曾担任俱乐部或社团的负责人 7. 向领导提出建议或反映意见 8. 有开创事业的能力 9. 知道怎样做能成为一个优秀的领导者 10. 健谈善辩	1. 会熟练地打字 2. 会用外文打字机或复印机 3. 能快速记笔记和抄写文章 4. 善于整理保管文件和资料 5. 善于从事事务性工作 6. 会用算盘 7. 能在短时间内分类和处理大量的文件 8. 能使用计算机 9. 能搜集数据 10. 善于为自己或集体做财务预算表

第四部分：你所喜欢的职业

下面列举了多种职业，请认真地看，选择你有兴趣的工作，有一项计 1 分，不太喜欢或不关心的工作不选，不计分。

R：实际型职业	S：社会型职业
1. 飞机机械师 2. 野生动物专家 3. 汽车维修工 4. 木匠 5. 测量工程师 6. 无线电报务员 7. 园艺师 8. 长途公共汽车司机 9. 电工 10. 火车司机	1. 街道、工会或妇联干部 2. 小学、中学教师 3. 精神病医生 4. 婚姻介绍所工作人员 5. 体育教练 6. 福利机构负责人 7. 心理咨询员 8. 共青团干部 9. 导游 10. 国家机关工作人员
I：调研型职业	E：事业型职业
1. 气象学或天文学者 2. 生物学者 3. 医学实验室的技术人员 4. 人类学者 5. 动物学者 6. 化学者 7. 教学者 8. 科学杂志的编辑或作家 9. 地质学者 10. 物理学者	1. 厂长 2. 电视剧制片人 3. 公司经理 4. 销售员 5. 不动产推销员 6. 广告部长 7. 体育活动主办者 8. 销售部长 9. 个体工商业者 10. 企业管理咨询人员
A：艺术型职业	C：常规型职业
1. 乐队指挥 2. 演奏家 3. 作家 4. 摄影家 5. 记者 6. 画家、书法家 7. 歌唱家 8. 作曲家 9. 电影电视演员 10. 电视节目主持人	1. 会计师 2. 银行出纳员 3. 税收管理员 4. 计算机操作员 5. 簿记人员 6. 成本核算员 7. 文书档案管理员 8. 打字员 9. 法庭书记员 10. 人员普查登记员

第五部分：您的能力类型简评

下面两张表是您在6个职业能力方面的自我评定表。您可先与同龄人比较自己在每一方面的能力，斟酌后对自己的能力做出评估。请在表中适当的数字上画圈，数值越大表明您的能力越强。

注意，请勿圈同样的数字，因为人的每项能力不会完全一样。

表 A

R 型	I 型	A 型	S 型	E 型	C 型
机械操作能力	科学研究能力	艺术创作能力	解释表达能力	商业洽谈能力	事务执行能力
7	7	7	7	7	7
6	6	6	6	6	6
5	5	5	5	5	5
4	4	4	4	4	4
3	3	3	3	3	3
2	2	2	2	2	2
1	1	1	1	1	1

表 B

R 型	I 型	A 型	S 型	E 型	C 型
体育技能	数学技能	音乐技能	交际技能	领导技能	办公技能
7	7	7	7	7	7
6	6	6	6	6	6
5	5	5	5	5	5
4	4	4	4	4	4
3	3	3	3	3	3
2	2	2	2	2	2
1	1	1	1	1	1

第六部分：统计

测试内容		R 型 实际型	I 型 调研型	A 型 艺术型	S 型 社会型	E 型 事业型	C 型 常规型
第二部分	兴趣						
第三部分	擅长						
第四部分	喜欢						
第五部分 A	能力						
第五部分 B	技能						
总分							

第七部分：您所看重的东西——职业价值观

这一部分测验列出了人们在选择工作时通常会考虑的9种因素（见所附工作价值标准）。现在请您在其中选出最重要的两项因素，并将其填入下面相应空格上。

最重要：________次重要：________最不重要：________次不重要：________

附：工作价值标准

1. 工资高、福利好
2. 工作环境（物质方面）舒适
3. 人际关系良好
4. 工作稳定有保障
5. 能提供较好的受教育机会
6. 有较高的社会地位
7. 工作不太紧张、外部压力少
8. 能充分发挥自己的能力特长
9. 社会需要与社会贡献大

第二节　职业生涯决策过程

在日常生活中，常常可见有些人因为做出错误的职业选择而感到后悔，有些人因为不知道如何在多个职业发展方向中做出选择而痛苦，也有些人虽然掌握了“自我”和“职业”的大量信息，却不能有效利用这些信息做出有效的职业决策等。我们认为，以上诸多职业决策问题产生的原因，主要是缺乏对如何制订决策的知识和技能的了解。

当前，对职业生涯决策行为的研究主要沿着描述性和规范性两个方向进行。前者主要描述个体真实的决策历程——“决策是怎么发生的”，具有现象学的色彩；后者主要提供一个决策过程的规范——“决策应该是这样发生的”，具有逻辑实证论的倾向。两者的目的都是帮助人们做出有效的或适当的决策。下面关于职业生涯决策过程、方法等问题的讨论，都基于后者，并主要围绕“什么是好的决策”和“如何做出好的决策”来进行的。

一、CASVE循环模型

CASVE循环模型体现了决策过程的最大的一个特点：即职业生涯决策是一个持续不断的过程，而不是一个事件，它是整个事件的循环往复。它包括五个阶段：沟通、分析、综合、评估和执行，CASVE就是由这五个词的英文单词的首字母组成。它可以在整个职业生涯问题解决和决策制订过程中为你提供指导。这一循环如图7-1所示。

第一步沟通（communication），即识别问题的存在，让当局者清，找出差距。包括发现理想情景与现实情况之间的差距，通过内部和外部信息表现，意识到自己需要做出一个选择，充分认识到问题不能忽视。内部信息是对自身消极的情绪信号（不满、焦虑和失望等）

和身体信号（昏昏欲睡、头痛、胃部疾病等）的察觉，外部信息包括父母对你职业规划的询问，同学、朋友对你职业选择的评价，或媒体上关于你的专业就业趋势的资讯。这一步往往伴随着痛苦与焦虑，大学生会意识到应当从现在开始思考生涯的目标与意义。

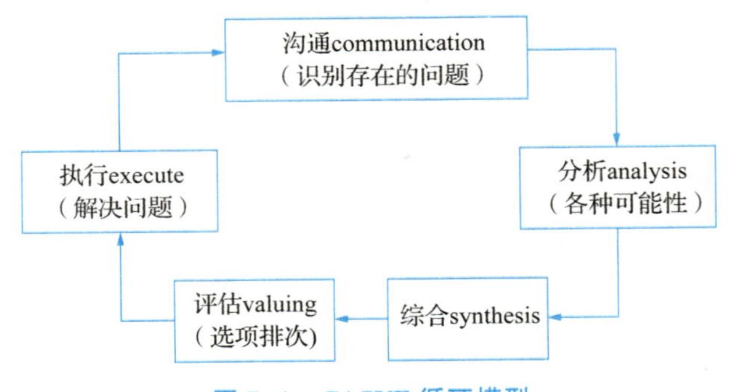

图 7-1　CASVE 循环模型

某高校大学生莫虹，会计学专业，考入大学前认为财会类专业毕业之后找到工作是顺理成章的事情。但步入大学校门后，听到来自媒体和高年级的同学在求职中遇到的种种问题后，才意识到找工作并非简单的事情，而自己对此却一无所知，开始考虑应当提前思考、准备。在这个阶段莫虹明白了需要重新认识自己，开始采取行动。

第二步分析（analysis），将各部分问题联系在一起。沟通阶段问题或差距已经产生，此阶段就是如何分析事理。首先，分析自己对自己了解的程度如何，对于将来的去向了解的程度如何。其次，把两者联系起来思考、分析、研究。本阶段应当对理想与现实之间的差距进行分析，要充分了解两者之间的差距，要将问题的各个部分联系起来，对现状进行总体评估，从而了解自己和自己可能的选择。充分了解问题或差距后，试着给自己提出以下问题：

（1）要解决这个问题需要自己具有哪个方面的优势？

（2）我确实需要做些什么才能解决这个问题？

（3）为什么我有这样的感受，我了解环境的哪些方面？

（4）我的家人、朋友、同学、师长如何看待我的决策？

（5）做选择的压力从何而来？

接下来对这些问题先进行分析。生涯问题解决者通常会改善自我知识，不断了解职业世界和家庭的需要。应当注意的是分析阶段是决策过程中最容易出现问题的阶段。许多人倾向以简单化的方式得出结论，直接跳到行动步骤，这样的决策并未能真正厘清问题的关键，未能收集到足够的信息，决策也往往不能很好地执行。

在分析阶段莫虹努力了解到造成第一阶段发现的差距的原因，即自我认知和职业认知都不准确。接下来，莫虹将通过以上自我提问环节充分了解这些因素，然后把各种因素和相关知识联系。例如，把自我知识和职业选择联系起来，把家庭和个人生活的需要融入职业选择中。

第三步综合（synthesis），形成可以行动的选项。本阶段为综合阶段，分析阶段是用来知己知彼的，综合阶段则是用来运筹帷幄的。即找出差距的根源和成因之后，再去寻求消除问题或差距的行动方案，其核心任务是“确定我可以做什么来解决问题”，这是一个扩大并缩小选择清单的过程。这份清单应该大致符合自己的性格、兴趣、气质、能力和价值观等个性因素。首先，尽可能多地找到消除差距的方法，发散性地思考每一种办法，甚至采用“头脑风暴”进行创造思维。其次，缩小有效方法的数量，通常缩减至3~5个选项，形成自己的预期职业库。

莫虹根据以前学到的职业认知的方法，多渠道加强对职业世界的探索，列出自己所感觉兴趣的职业清单（如银行柜员、企业出纳、会计等），运用自我认知工具，正确认识自己的能力、兴趣与人格特质，将以上信息进行整合，找出自己现状与备选职业的差距，从而制订出行动方案。

第四步评估（valuing），对各选项进行排序。这一阶段需要对行动方案进行评估，从而做出选择。评估分为两个阶段：第一阶段，评估每一种选择对决策者和他人的影响；第二阶段，对综合阶段得出的各种选择进行排序。此阶段的主要环节有对本人和重要他人的影响；根据当事人的道德观念对每种选择进行判断；对个人什么是最好的；对重要他人什么是最好的；对自己所处的团体什么是最好的；在综合阶段做出选择，进行排序，做出自己的最佳选择。

在这个阶段，莫虹就自己的几个职业方向请教了家人和同学，但是感觉他们的意见指导性不强，于是她运用了SWOT分析法和生涯决策平衡表，针对自己的职业目标进行了分析和排序，选出适合自己的最佳方案。

第五步执行（execute），形成目标计划并行动。这一阶段是决策者将认知转换为有计划有策略的具体行动。此阶段的主要环节有形成目标，并确定行动步骤以达到目标。以第一选择为目标重新建构计划，制订时间表、工作流程，进行压力和风险评估。在这一阶段有一种与执行相关的特定活动：计划、尝试和申请。计划是制订个人获得教育和培训的计划。尝试包括通过实践活动、志愿者经历、兼职工作等以便获得更多的实施经验。申请包括填写申请表、报名及采取其他具体步骤实施个人有计划的行动方案。很多人都觉得在执行阶段制订行动计划是令人兴奋和有价值的，终于可以开始采取积极行动去解决问题了。

根据评估结果，莫虹选择了最佳的职业目标，同时根据职业目标，制订出自己的行动计划与方案。她根据本节第三部分目标设立原则与实施中即将学到的内容，制订出自己在大学期间各阶段目标和学习行动计划，从而实现总体目标。当然，行动之后还需要进行检测，看行动结果是否有助于缩小理想与现实之间的差距。

最后，沟通再循环，用事实和结果来反馈开始。CASVE循环是一个自身不断循环的过程，在执行阶段结束之后，又回到沟通阶段，以确定自己的选择是否是最好的——理想与现实情境之间的差距是否已经消除。这时候，需要问答以下问题：

（1）事情是否已经发生了改变？

（2）我的朋友和亲戚对我的选择有何反应？

（3）我现在的感觉怎么样？

（4）我是否回避了某些应该做的事情？

如果原先在沟通阶段体验到的消极情感转化为积极的，就说明 CASVE 循环的问题解决过程是成功的。这一阶段是了解自己是否做了一个好的选择的阶段。此阶段的主要环节有检验问题信号是否消失，问题解决过程是否成功，是否需要启动 CASVE 循环。在此阶段中，可根据制订的学习行动计划实施后情况，进行了评估，通过自己和同学、家人的反馈，意识到自己是否在一步步向职业目标迈进，认识到决策是否科学的，计划是否可行的。

总之，CASVE 循环是一个持续的过程，一个循环过程结束意味着另一个循环过程的开始。利用 CASVE 循环可以解决职业生涯问题，能够使职业生涯决策过程处于高效率运作状态。

二、职业生涯决策需要考虑的因素

在职业生涯决策的过程中，需要考虑多方面的因素，这些因素如下：

向人（Who），“我是谁”“我具备什么样的性格”“我喜欢的生活方式是什么”“我的专长何在”“我父母对我的期望”……这些问题已在前文做了详细的讨论。考虑这些因素之后，再做决定，对自己就有了充分认识的基础。

何事（What），做决定时，要问自己“我有哪些选择”“我的问题在哪里”“我每个决定的可能影响是什么”。

何时（When），考虑时间的长短与急迫性。如“我的计划容许我收集资料的时间有多长”“我有多少缓冲期”“我预计完成的时间”等。

何地（Where），空间的因素。在我的生涯目标中，我向往什么样的工作环境与生活空间？我希望居住的地点与工作场所之间的距离越近越好，还是喜欢住在郊区？这些均与生活方式有关。

为什么（Why），探讨自己的原因、理由，思考。如“我为何偏好 A 而排斥 B”“我生涯困境的原因”等。

如何（How），“做完决定，如何化技巧、概念、想法为行动”“如何取舍”“如何完成目标”“如何找到工作”，以及“如何安排时间、运用时间”等。这些具体的实践问题将是下文叙述的重点。

三、职业生涯决策的影响因素

做出有效的职业生涯决策对许多人来说，并不是一件轻而易举的事，在决策过程中常会受到一些因素的阻碍，认识这些阻碍因素有助于我们采取必要的措施，从而逐渐接近决策的成功。

（一）个人因素

（1）状态不良。有学者研究发现，职业决策中感觉很困难的人，通常都没有处于“良好的决策状态”。要做出有效决策，就必须保证身体、情绪和精神状况都处在较好的状态。如果在疲惫不堪、紧张焦虑、精力不集中的状态之下做出决策往往会出现偏差或失误。

（2）特质不佳。决策者的个性特质影响决策的效果。积极、有主见等个性特质有利于职业决策，而缺乏主见或“船到桥头自然直”的态度等个性特质则不利于职业决策。

（3）意志薄弱。个人在做职业生涯决策时，有时会受到父母、亲人、朋友等他人意见的影响，而忽略了自己的真正需要，即使是志向坚定的人有时也难以坚持自己的意愿。这时决策者要想一想：我的理想是什么？我的生涯目标是否投射了他人的期待？真正适合我发展的方向在哪里？哪些因素影响着我做出适当的决定？我应该坚持哪些部分？然后朝自己掌握的方向去努力。

（4）发展困扰。有些人因为与他人的互动状况不好或异性交往问题而明显影响个人状态，从而无法全身心投身事业，以致形成职业发展和个人状态的恶性循环，其结果可能使个人无法实现自己的职业发展目标，这些人属于“生涯发展困扰高”的群体。这类决策者须寻找困扰的根源，进而调整修正，才能把握职业决策的时机。

（5）行动犹豫。有些人虽有想法有目标，但害怕风险、缺乏信心，迟迟无法做出决定。这类决策者首先要建立信心，或利用一些策略进行自我督促，才能提高决策的效果。

（6）学习状况不佳。有些人所处的学习环境不佳，学习的积极性不高，学习态度不端正，学习能力不强，进而影响自己为未来发展做准备。此时需要决策者从认识与行动上进行调整，积极投入到学习中去，提高职业能力。

（7）信息探索不足。有的人对社会发展趋势或相关职业前景等信息掌握不足或对信息取得渠道不清楚。这部分决策者应强化对信息的搜集与了解，因为只有有了丰富的职业信息和对自我有了足够的了解才能有效率地做生涯规划。

（8）方向选择未定。有的人对自己曾经做的职业生涯决策产生怀疑，或是目前有多重选择而不知如何着手。这部分决策者应多花些时间来探索自己的职业兴趣、能力、社会现状等，在此基础上，才不容易做出错误的决策。

（二）专业因素

大学生进行职业决策时，常将自己所学的专业作为一个非常重要的因素，也就是找工作要看是否专业对口。因为大学的学习时间都投入到某个专业领域了，同学们不仅积累了专业知识，而且受到了相应的思维训练，如果毕业后能够从事与专业对应的职业群，那么大学学习的知识和训练会对工作非常有帮助。

不过，现实情况是近年来应届大学毕业生初次就业的专业对口率仅约60%，有些专业毕业生的专业对口率甚至不足10%！

现实生活中，有些同学发现自己并不喜欢所学的专业，想调换专业或者在本科毕业后找一份与所学专业不一致的工作，这并非不可能。不过，一个人选择的职业群离所学专业越远，要求自我学习和自我提高的能力越强。

（三）家庭因素

对于多数人来说，亲人、朋友等重要他人的价值观、行为模式都会在一定程度上影响个人对职业的决策。家庭教育方式的不同，影响个人认知世界的方法。父母是孩子最早观察和模仿的对象，子女必然受到父母职业技能的熏陶，父母的价值观、态度行为、人际关系等都会对个人的职业决策产生直接或间接的影响。这种影响有时是正面的、积极的，有时则是负面的、消极的。年轻人的职业决策受家长影响较大，年长者的职业决策受配偶、孩子的影响较大。有的研究者提出，与家庭成员融和度越高、关系越密切的人，往往在职业决策时越难保持自己情绪和心理上的独立。如果一个人不能区分出“他（重要人物）认为我应该选择什么专业”和“我认为应该选择什么专业”，那么在职业生涯决策时就容易出问题。

（四）社会因素

在宏观上，社会的、经济的、历史的和文化的力量都能够影响个人做出有效的决策。在社会经济发展日益市场化的背景下，职业生涯发展必然会受到社会环境的极大影响和制约，其中包括社会的政治环境、经济环境、文化环境、科技环境和教育环境。社会环境中流行的工作价值观、政治经济形势、社会产业结构的调整与变动、用人政策管理体制的变化、社会劳动力市场人才的需求与变化、对人的职业岗位的认同等因素，无疑都在个人职业规划决策上留下深深的烙印。例如，一个国家或地区的法律、法规、方针、政策、经济管理体制、人才培养开发政策、人才流动有关规定等，会直接影响人才的成长，影响个人职业生涯规划的实施。不同的社会环境所给予个人的职业信息也不同。人们在职业选择受社会因素的影响较大，因此，应确立主体意识，培养科学的思维方式，对自身条件和社会需求做出明智的判断，树立自主、自立、自助的适应市场经济和社会大环境的职业规划观念。

除了上述因素外，就读学校的教学状况和地位，社会对职业的评价，以及周围人（包括老师、同学、校友等）对职业的评价等社会因素对大学生选择职业也有很大的影响。

职业生涯决策是同学们在大学时期面临的重大课题。由于决策对学生未来长久的职业发展有深刻的影响，因此，同学们要严肃对待。同时，决策本身又受到个人因素、专业因素、家庭因素、职业因素、社会及资源等多方面因素的影响，需要同学们了解多方面的信息，采用科学的方法。基于生涯混沌理论，职业生涯决策可以大致分为三个步骤：

（1）澄清和重构期待。澄清期待包括对自我的期待、对职业世界的期待、对问题解决的期待等。在这个步骤中需要认识到变化是这个世界的本来特征，我们需要接受和拥抱变化，而不是阻止变化，或者把所有的事情都定下来。

（2）探索和探讨职业发展问题，包括反思复杂性、变化、机会、建构和意义等。在这个步骤中主要讨论应对变化、与变化共处的方法。把找到一个自己喜欢的工作变成从当前的情境中寻找机会，鼓起勇气，突破思维的限制，在混乱的环境中找到意义感和自我的身份认同。

（3）获得更多面对复杂世界的力量。在混沌的世界中探寻新的可能的职业方向和选择，需要在当下的生活中寻找意义，而不是非要等到实现某个既定的目标之后。

第三节　大学生职业生涯规划书的设计与撰写

一、大学生职业生涯规划书的设计

（一）基本内容

大学生职业生涯规划书的基本内容如下：

（1）扉页。

（2）引言。

（3）自我认识。

（4）环境分析。

（5）职业目标与路径设计。包含职业目标的定位及其分解组合、实现目标的路径设计等。可自己分段规划，最少分为两段，每段可设职务目标、经济目标、能力目标、成果目标、健康目标、学习目标、家庭目标。

（6）具体行动计划。

（7）评估与调整。由于社会环境、家庭环境、组织环境、个人成长曲线等变化以及各种不可预测因素的影响，一个人的职业生涯发展往往不是一帆风顺的。应根据条件的变化适时评估、调整职业目标、职业路径与行动计划。

（8）结束语。

（二）基本格式

（1）扉页：包括题目，姓名、性别、年龄、院校、专业、联系方式等个人基本信息。

（2）引言：抒发个人对职业生涯规划的理解。

（3）自我认识：通过职业测评、360度全方位评估、橱窗分析等方法对自己进行认知分析，下面以结合相关的职业生涯规划测评报告为例，对自己进行全方位、多角度的分析。

①职业兴趣：喜欢干什么。在职业生涯规划测评报告中，个人兴趣最强的两类职业是什么，最弱的兴趣是什么，我的职业兴趣的特点，职业兴趣和对应的工作，应避免的一些工作。

②性格特征：适合干什么。个人的职业生涯规划测评报告显示……我的性格特征情况是……（从4个维度进行分析）

③职业价值观：最看重什么。个人的职业生涯规划测评报告结果显示前三项是××取向、××取向。我的具体情况是……

④职业能力（技能），即能够干什么。个人的职业生涯规划测评报告结果显示我的学习风格是××类型，我最擅长的技能是××，我最薄弱的技能是××。

自我分析小结：我的职业兴趣、性格特征、职业价值观、学习风格和技能的优劣势，所对应的岗位特质，适宜和不适宜的工作等。

（4）环境分析。参考职业生涯规划测评报告建议，对影响职业选择的相关外部环境和目标职业进行系统的分析。

①外部环境分析：

a. 家庭环境，如家庭情况、经济状况、家人期望、家族文化及对本人的影响；

b. 学校环境，如学校特色、专业学习、专业特点、就业状况、实践经验、毕业生在当地的就业竞争力、社会实践、能力培养等；

c. 社会环境，如社会发展、政治经济环境、国家政策、就业形势、就业政策、社会需求、竞争对手等；

d. 目标地域分析，如目标城市、城市竞争力、地区的经济发展状况及前景，生活习惯与气候水土，人脉资源等。

②目标职业分析：

a. 行业分析，目标行业的发展状况、前景、存在的问题以及机遇等；

b. 目标职业分析，目标职业的名称、岗位说明、工作内容、工作要求、任职资格、工作条件、类型、地域、就业及发展前景，人岗匹配分析等。

环境分析小结：通过……等职业认知，要选择……行业、单位、职位、地域等。

（5）职业目标与路径设计：

职业目标的确定：根据自我分析和环境分析，得出我的职业生涯目标的三个选项——生涯目标1，生涯目标2，生涯目标3。为选择最佳的职业生涯目标，制作决策平衡表如下：

a. 发挥兴趣和能力；

b. 有成就感；

c. 改变生活方式；

家庭收入；

为家人分担家里的事；

与家人相处时间；

与朋友相处时间。

结论：根据决策平衡表，职业生涯目标×得分最高，我的职业目标——将来从事（××行业的）××职业。

职业目标的分解与组合：把职业目标分成三个规划期，即：近期规划、中期规划和远期规划，并对各个规划期及其要实现的目标进行分解。

a. 短期目标（大学阶段）：20××—20××年，达到××总目标；

b. 中期目标：20××—20××年（毕业后5年），达到××总目标；

c. 长期目标：20××—20××年计划（毕业后10年或以上计划），达到××总目标（如退休时要达到……）。

职业发展的策略路径：

职业发展策略——进入××类型的组织（到××地区发展）；

职业发展路径——走专家路线（管理路线或自主创业等）；

具体路径：××员——初级××——中级××——高级××（专业技术类）。

（6）具体行动计划：

短期目标的具体实施计划：要求分为大一、大二、大三、大四4个学年来写，含每学年的分目标、策略或措施。如大一应在专业学习、职业技能培养、职业素质提升、职业实践方面怎么做，大二、大三、大四应怎么做等。一般大一以适应大学生活为主，大二以专业学习和掌握职业技能为主……

中期目标的具体实施计划：毕业后第一年要……第二年要……或在××方面要达到……目标，包含职场适应、三脉积累（知脉、人脉、金脉）、岗位转换及升迁等内容。

长期目标的具体实施计划：如毕业后10年要达到……20年要达到……。包含事业发展，工作、生活关系，健康，心灵成长，子女教育，慈善等内容。

（7）评估调整职业生涯规划是一个动态的过程，必须根据实施结果的情况以及变化情况进行及时的评估与修正。

①评估的内容：

a. 职业目标评估：（是否需要重新选择职业？）假如一直……那么我将……

b. 职业路径评估：（是否需要调整发展方向？）当出现……的时候，我就……

c. 实施策略评估：（是否需要改变行动策略？）如果……我就……

d. 其他因素评估：（身体、家庭、经济状况以及机遇、意外情况的及时评估）

②评估的时间：在一般情况下，我定期（半年或一年）评估规划；当出现特殊情况时，我会随时评估并进行相应的调整。

③规划调整的原则：……

（8）结束语。

二、大学生职业生涯规划撰写的基本要求

（一）资料翔实，步骤齐全

收集资料有多种途径，可以考虑使用职业规划测评系统的测评资料，也可以通过生涯人物访谈、从报刊图书中摘抄、上网下载等方式获取资料，要尽可能注明资料的出处，并多运用图表数据来说明问题，以提高资料来源的可信度和说服力。主要分为 4 步：

第一步，分析需求，分析条件及目标设定；

第二步，分析阻碍和可行性研究；

第三步，设计方案和提升（改变）计划；

第四步，制订详细的实施计划和措施。

（二）论证有据，分析到位

要了解有关的测评理论及知识，认真审视并思考自己的测评报告并对照自我认识与测评结果的异同，分析与测评结果形成差距的原因，从而确定自我评估结果，达到“知己”；要厘清自己所处的地理环境（包括居住的地方、喜欢的地方、亲朋的意见等），明确自己最大兴趣是什么、最喜欢与之共事人的类型、最重视的价值与目标、最喜欢的工作条件是什么，再通过目前环境评估（社会影响、家庭影响、学校因素、就业形势等）和当前社会环境分析（组织环境分析、技术的发展、经济的兴衰、政策法规的影响等）来确定自己的职业方向，做到说理有据，层层深入。

（三）言简意赅、结构紧凑，重点突出、逻辑严密

语言朴实简洁、用词精练准确、行文流畅、条理清楚、这是写作最基本的要求。撰写职业生涯规划时还应密切注意整篇文章的结构和重心所在。职业生涯规划书一般包含对职业规划的认识、对自我的剖析、对所学专业的认识、对职业方向的探索及确定目标并制订计划这 5 个方面的内容。对这些内容进行分析阐述时，必须紧紧围绕职业目标这条主线来展开，从而体现文章论述的逻辑性和连贯性。要将重点放在自我评估、环境评估、目标实施上。职业生涯规划是对自己将来的规划，职业生涯规划只有建立在对自我和职业的充分认识的基础上才能体现它的科学性和可行性。

（四）目标明确，合理适中

撰写职业生涯规划书应围绕论述的中心展开，职业生涯目标不能过于理想化，应“择己所爱”“择己所长”“择世所需”“择己所利”。职业生涯规划书撰写是否成功，在很大程度上取决于有无正确、适当、切实可行的目标。

（五）分解合理，组合科学，措施具体

目标分解、实现路径选择要有理论依据，而且与备用路径之间要有内在的联系性。目标组合要注意时间上的并进、连续，功能上的因果互补作用。全方位的组合要涵盖职业生涯、家庭生活、个人事务等方面。

（六）格式清晰，图文并茂

大学生职业生涯规划书的撰写要做到完整性、层次性。完整性，即不能缺少职业生涯规划书内容中的任何一部分；层次性，即规划书的格式清晰，每部分内容安排得体，分析翔实，有理有据，逻辑性强，文字配合图表共同阐述问题，这样才会使内容更具有说服力，增强感性认识，便于理解。

三、大学生职业生涯规划常见问题分析

（一）认识自我中的问题

（1）缺乏个人志向。大多数学生都没有谈到个人志向这个问题。志向是事业成功的基本前提，没有志向，事业的成功也就无从谈起。立志是人生的起跑点，反映了一个人的理想、胸怀、情趣和价值观，影响着一个人的奋斗目标及成就。所以，在制订生涯规划时，首先应确立志向，这是制订职业生涯规划的关键，也是生涯规划最重要的一点。

（2）认识自我的途径单一。90%以上的学生都是通过职业生涯测评系统来认识自己的。认识自我除了通过测评外，现任教师的评价，尤其是辅导员的评价；同学的评价，尤其是室友的评价；父母亲、兄弟、姐妹、亲戚的评价也是不可缺少的。通过周围熟悉自己的人对自己的评价，以获得对自己比较客观的认识。可以采用面谈的方式或者问卷调查的方式来获得这些评价。大学生在制订职业规划时，需要与周围的朋友、家人和专家多一点沟通，充分、清晰地了解自己，听取他们的建议并反复修正职业生涯规划，而不是单凭自己一个人想象。

（3）认识自我的内容不够全面。大部分学生只分析了个人的兴趣、爱好、特长、性格、价值观、个人的优缺点和个人的健康，没有谈到个人的情商。而这个因素对职业生涯有着非常重要的影响。

情商（EQ）又称情绪智力，是近年来心理学家提出的与智力和智商相对应的概念。情商主要是指人在情绪、情感、意志、耐受挫折等方面的品质。以往认为，一个人能否在一生中取得成就，智力水平是第一重要的，即智商越高，取得成就的可能性就越大。但现在心理学家普遍认为，情商水平的高低对一个人能否取得成功也有着重大的影响作用，有时情商的作用甚至要超过智力水平。美国哈佛大学心理学家丹尼尔·戈尔曼最早提出了“情商”的概念。他指出：“真正决定一个人能否成功的关键，是情商而不是智商。”他认为，情商包括这些内容：一是认识自身的情绪。因为只有认识自己，才能成为自己生活的主宰。二是能妥善管理自己的情绪，即能调控自己。三是自我激励，它能够使人走出生命中的低潮，重新出发。四是认知他人的情绪。这是与他人正常交往，实现顺利沟通的基础。五是人际关系的管理，即领导和管理能力。

情商的水平不像智力水平那样可用测验分数较准确地显示，情商只能根据个人的综合表现进行判断。情商水平高的人具有的特点：社交能力强，外向而愉快，不易陷入恐惧或伤感，对事业较投入，为人正直，富于同情心，情感生活较丰富但不逾矩，无论是独处还是与多人在一起都能怡然自得。

（4）兴趣、经验和能力的展示与未来职业目标关联度不大，未突出自己的职业能力优势。例如，有人谈到兴趣爱好是旅游，但职业选择却是与旅游相差甚远的大学教师职业，诸如此类的兴趣还有打篮球、打羽毛球、听音乐、看电视、上网、书法、跳舞、定向越野、绘画、文艺等。另外，多数人把自己的社会实践活动不加区分类别地列上去，多至 20 多项，而且没有任何评价。罗列的社会活动实践活动与未来职业没有实质上的关联。例如，未来职业选择当教师，社会实践却是参加销售等；未来职业选择是经理，社会实践却是家教。

正确的做法应该将个人的兴趣、社会实践经验和能力的展示与未来从事的职业有一定的关联，而且要认真地分析它们对未来职业有何帮助。如果没有，就没有必要列出来。有了职业生涯规划，学生的社会实践就不会盲目，而是有所选择的。如果未来职业目标是房地产销售经理，那么社会实践就应选择与房地产销售有关的活动。

除了上述几点外，认识自我还要注意以下几个方面：①不要过度概括过去的经验；②不要过于依赖他人对自己的价值观、兴趣和技能的看法；③要避免在处于某种情绪危机时制订职业生涯决策；④充分利用现有的职业生涯干预服务中的各种工具；⑤通过在不同的工作环境中得到的各种工作经历，进一步清晰自我形象，同时要注意自己的感受以及对这些工作经验的反应。

（二）环境分析中的问题

（1）对环境分析只有普遍性没有特殊性。大部分人都介绍了家庭、学校、社会（政策、法律）等环境对自己的影响。对家庭环境，着重介绍家庭经济情况的好坏、家庭期望，却没有介绍家族文化。对学校环境，只简单地介绍学校性质，没有介绍社会认可程度、校风、专业、专业主修课程与成绩以及适应本专业的工作领域。

对就业形势的评估，也只是从宏观的角度分析问题，犯了“大而全”错误，缺乏针对性。如能从本省和具体就业区域（如广州、深圳等）的角度评估就业形势，就更全面而具体。同时还应评估该行业的就业形势。如果英语专业学生打算就业地点在深圳，那么就应该分析深圳的英语专业供需市场、竞争对手等方面内容。

（2）注重行业发展趋势，关注职位能力不够。大部分学生对行业进行了比较详细的分析，诸如国家对该行业的政策扶持，行业发展潜力，对职位需要的能力关注不够。要清楚未来职业的工作内容、工作环境、任职条件（所需的知识、能力、经验和证书等），以及相适应的职业兴趣类型。如何才能知道职位需要具备什么能力呢？可通过中文搜索引擎www.jobsoso.com，输入相应职业的关键词，可以了解“××职业要求具备的相关知识、能力、经验和证书等”。如果未来职业是心理健康咨询师，在中文搜索引擎中输入“心理”两字，就能找到与心理相关的各种职业，单击相应职业的关键词就能得到一份关于心理健康咨询师的报告，包括做心理健康咨询师的职业概要、工作任务、各种技能、各种知识、各种能力、劳动活动、工作环境、工作价值、风格、兴趣。

（3）对行业、职位了解的途径单一。大部分人是通过互联网对行业、职业进行了解的，认识单一。除了互联网外，还可以通过多种途径来了解，如报纸、人才招聘会、行业展览会、专业协会、生涯人物访谈（如访谈毕业的师兄和师姐、在职人员以及该行业的领军人物）、资深的职业生涯规划师、校友会和实际接触等。

（三）职业定位中的问题

（1）定位分析不明。大多数人没有谈到选择该职业目标的原因，以及达到目标的途径，达到目标所需的能力、训练和教育。没有提到达到该目标可能得到的助力和可能遇到的阻力。

（2）专业与职业关联度。小部分学生在规划职业定位时，并没有把自己的专业和能力与企业职业所需的能力一一对应起来。例如，专业是中文，职业目标是高级心理咨询师。专业是行政管理与计算机，但职业目标是会计。抛开自己所学的专业，从事其他职业，不是不可以。而要具体分析自己的职业目标，自己在大学时期对这方面的知识储备和社会实践。放弃自己花费三四年所学的专业，从事其他的工作，考虑要特别慎重，不能仅凭个人喜好做出重大的决定。

（3）职业目标定立过于理想化。大学生缺乏对行业、职位详细信息的了解，不能真实体验职业环境，职业目标定立理想化，而具体行动计划又脱离实际。80%以上同学的职业目标是今后成为社会精英，如大学教授或总经理、董事长等。有些同学是专科生，选择的职业目标偏偏是大学教授。理想的计划是专科毕业后考专升本。本科毕业后，参加考研，读硕士、博士。最后是在大学教书，慢慢评上教授。当初只能考上专科，这说明自己在读书方面或考试方面就不是很有优势，现在竟然用自己不是特别擅长的方面来与当初考上本科的同学竞争，取得成功的机会不会太大，只能说过于理想化了。可以根据自己的具体情况，向管理能力或人际交往能力、销售能力这些方面发展，可能取得成绩会更快些。职业规划有远大的理想固然好，但一味追求速成，会导致择业眼高手低，反而欲速不达。学生最好根据自己的专业知识做出职业规划，最重要的是抱着积极而又务实的心态，从底层做起，积累经验。

（四）计划执行中的问题

（1）计划可操作性不强。一些学生的专业是非师范类的，选择的职业却是师范类的。大学阶段的计划没有凸显达到目标职位的社会实践和读书计划。大学毕业后的计划只是对未来职业的各个岗位的具体描述，而且大多是从互联网搜索得来的。没有请教在职人员描述职业的实际经历。执行计划模糊，即使有社会实践和读书计划，但是并没有制订具体的时间计划，没有确定的社会实践的地点，计划读的具体书籍。例如，职业目标是英语岗位，口语好，这也只是一个模糊的目标，没有可操作性。

计划应分为总体计划和阶段性计划。总体计划指的是一生总的职业目标；阶段性计划至少分为两大部分：一部分在校期间，另一部分是大学毕业后。大学期间的计划应该具体而详细，既要有年计划，也要有学期计划；既有月计划，也有周计划，最好每天都有计划。每天除了常规的上课外，应有自己的读书计划；双休日怎样度过、如何安排勤工助学与学习的时间、寒假准备去哪家企业调研、暑假准备去哪家公司参加社会实践活动等也要有计划。

计划中应包括采用什么措施来提高学习和工作效率、计划学习哪些专业知识、掌握哪些职业技能、提高哪些业务能力、采用什么方法来开发自己的潜能、如何提高自己的情商水平、如何坚持计划、计划遇到挫折怎么办等。

（2）重考证，轻实践。大多数学生特别强调拿英语四级证书，有的学生还在计划中提到英语六级证书、商务英语证书；还有的学生提到了计算机等级证书、计算机软件工程师证书。但是大多数学生很少在计划中提到与职业相关的社会实践。社会实践对在校大学生非常重要，通过寒暑假期参加社会实践才能知道自己所学是不是将来职业所需的，自己能不能胜任工作。如果不能，那么在校期间应该尽快完善这方面的知识。这对大学生今后的职业生涯有极大的指导作用。

（3）想当然的多，结合实际的少。未来职业目标是计算机行业方面的管理人员，做的职业生涯计划：基层管理（1 年）—初级管理（2 年）—中级管理（3 年）—高级管理（5 年）。这个计划是如何制订的呢？是请教了在职人员，还是自己想当然的呢？大学生应该多和社会职场人士沟通、交流，获取足够的行业、企业和职位信息，那么就可以保证职业规划的社会性和实施性。应该结合自己的四项测评报告，发挥自己的长处，尽量使计划执行不再只是凭想象。

（五）反馈修正中的问题

（1）一部分学生根本就没有反馈修正这个步骤，每天晚上没有评估自己的计划执行情况，布置第二天的情况。应该坚持每晚反省一天的行为。有些学生这部分压缩得过于简单。例如，未能按原计划实行，而是从事其他工作，却没有说明为什么“其他的工作是”作为自己的第二选择。

（2）计划与备用方案之间缺乏内在联系。如计划是报社的广告营销工作，备用方案是保险公司销售人员。计划与备选方案可能都行不通。例如，法律专业的学生，计划是当法官，备选方案是做律师。这两个职业都要经过严格的考试，很有可能都无法通过。这样就没有起到反馈修正的作用。还有的大学生以为备选方案多多益善。不管前面做出了多少分析，总不忘记要在从事职业前，选择公务员考试。表面看起来是保险，实际上可能是浪费时间。

应根据自我发展变化与社会需求的变化，与时俱进，灵活调整，不断修正、优化职业生涯规划，主动适应各种变化，积极发展职业生涯规划。要对计划进行评估、修正，要有备用方案。

总之，大学生职业生涯规划存在自我认识简单化、环境分析普遍化、职业定位理想化、计划执行考证化、反馈修正省略化的倾向。对策应是自我认识全面化、环境分析个性化、职业定位实际化、计划执行渐进化、反馈修正灵活化。

当大学生对未来满怀期待和憧憬时，每个人首先要思考的一个问题是：我将从事什么样的工作？我的职业发展领域在哪里？当你打开门走出去时，如果不知道自己要去哪里，要干什么，可能得到什么结果？你将会走许多弯路，碰不少钉子。在人生道路这个宏大的问题上，应该深思熟虑、精心筹划自己的职业目标之后再出发。一个人将成为什么样的人在很大程度上取决于他选择了什么样的路。所以大学生的职业生涯规划过程必不可少。

第四节　职业生涯规划调整

职业生涯是一个动态的过程，变化总在发生，职业生涯规划也不可能一成不变。职业生涯规划制订之后，客观的实际情况发生变化了，职业生涯规划也需要根据变化的情况不断地调整、修正和完善，从而行之有效，真正做到与时俱进。

职业状况与经济社会的发展水平密切相关。随着经济社会的快速发展，产业结构、行业结构调整速度加快，与之相适应的职业结构，如职业的种类、数量和分布情况等，也发生着快速的变化。在现实生活中，一些新职业涌现，一些传统职业的内容正在发生着变化，还有一些职业则已消亡。近年来，由于产业结构的调整、升级，新兴行业在我国不断兴起，互联网金融、电子商务、物联网等迅速发展，这些都是经济社会发展的直接结果。

科学技术的进步推动着职业的变迁，现代科技的发展带来了许多新技术、新产品、新工艺、新设备，对它们的研究和应用也会导致新旧职业更替。比如，伴随着移动互联网的普及，出现了 App 工程师、新媒体运营专员、UI 设计师等新职业。

变化是人生常态，大学生需要在规划职业生涯时做到与时俱进、灵活调整，在实施中检验规划的效果，及时诊断职业生涯规划各个环节出现的问题，找出相应的对策，并对职业生涯规划进行调整与修正。这样才能让职业生涯规划更加合理、更有意义，职业理想才有可能实现。

一、职业生涯规划的调整时机

在职业生涯发展过程中，会出现各种机会或问题，为此应当适时调整职业生涯规划以应对环境及自身条件的变化。关键在于判断和把握好调整的时机。那么，具体应当在何时进行调整呢?

随着环境以及自身条件的变化，人们会有更多的选择与调整的机会，这种选择与调整贯穿职业生涯的始终。对初次走入社会与职场的大学生，职业生涯规划调整有两个最佳时期，即毕业前夕和工作后 3~5 年。

（一）毕业前夕

在这一时期，大学生有了一些求职的实践，根据求职过程对自身条件的检验，以及新的职业信息和供需实际，可能会感到自己的职业生涯规划与实际情况有一定的距离，甚至相距较远。产生这种感觉的主要原因有：①在制订职业生涯规划时，对实际情况了解得不够；②随着时间的推移，环境和本人都发生了较大的变化；③自己还没有完成从“学校人”到“职业人”的角色转换。如果属于前两个原因，建议调整职业生涯规划。如果属于第三个原因，建议从自身入手，加快自己适应社会的步伐，尽快完成角色转换，然后再考虑调整规划。

（二）工作后 3~5 年

这一时期，大学生毕业后有了从业的实践，根据从业过程对自身条件的检验，以及周围环境和自身素质的变化，可以适当调整职业生涯规划。这一时期调整的原因主要有三个：一是“人职不匹配”。初入社会，很难一下子就找到适合自己的职业。在初次上岗的从业实践中，又很难按照岗位对从业者的要求调整自己，难以达到人职匹配。二是规划不明确。面对千变万化的职场，对自己到底适合做什么、不适合做什么，都需要靠实践检验。三是有了新认知。此时的大学毕业生已有了从业经历，对社会、对人生有了切身体验和更深的认识，对职业生涯的发展有了新的追求。

职业生涯规划的最佳调整期大致在职业生涯的前 5 年，及时认识这期间可能出现的问题，把握住解决问题的时机，提前做好规划，才能掌握主动权。

知识窗

蘑菇定律

蘑菇定律是指初学者常常像被培育的蘑菇一样被置于阴暗的角落不受重视，得不到必要的指导和提携，而处于“自生自又灭”的状态。蘑菇生长会经历这样一个过程，人的成长往往也会经历这样一个过程。这就就是蘑菇定律，又称萌发定律。

思考：我们应当如何度过蘑菇期呢？

二、职业生涯规划调整的方法

“工欲善其事，必先利其器。”职业生涯规划的调整要讲究方法，切忌盲目。要在充分评估职业环境、职业要求以及自身情况对职业生涯影响的基础上，找准职业方向进行修正与完善。

通过“我能干什么”“我能干好什么”的自我审视，掌握个人条件的变化及在职业实践中检验的结果，可以加深对自己的认识，同时检验自己的职业素质是否符合所选择的职业。

（一）评估自身条件

大学生在进行初次职业生涯规划时，应强调先分析发展条件，后确定发展目标，以避免眼高手低。但对已有求职或从业经验的大学毕业生进行职业生涯规划的调整，往往应先确定发展目标，再评估当前自身的条件，这样才能检验初定目标是否符合实际。

（二）职业生涯机会

职业生涯机会的评估，主要是分析环境因素对自己职业生涯发展的影响，每一个人都处在一定的社会环境中。离开了这个环境，便无法生存与成长。可通过“我可以胜任什么职业”的自我审视，对求职环境或从业环境进行再分析，评估自己职业生涯的机会和障碍。

职业生涯机会的评估，是指对当前经济社会发展趋势、所从事的职业在当前与未来社会中的地位、社会发展对自身发展的影响、自己所在企业的内外部环境、个人的人际关系等因素进行评估。但是，这种对发展环境的评估，与对自身条件重新评估一样，都是在原定目标和实际情况已有差距、对新目标已经有新想法的基础上进行的。因此，重新评估职业生涯机会，不但要对原先规划的职业生涯发展机会进行再评估，而且要围绕新目标实现的可能性和外部环境进行分析，以便对职业生涯未来的发展机遇和障碍做到心中有数。

（三）修正职业生涯规划

修正职业生涯规划应在对自身条件和职业生涯发展机会重新评估的基础上，调整职业生涯发展目标。职业生涯规划修正的主要内容包括职业方向的重新选择、职业生涯路线的选择、阶段目标的修正、实施措施和计划的变更等。其中，选择更适合自己的发展方向，彻底解决“我为什么干”的问题，是修正职业生涯规划的关键。

大学毕业生应该明确自己发展目标的价值取向，定期根据自己的职业实践进行理性评估，找出差距和不足，根据内外环境的变化，及时修正自己的职业生涯规划，针对自己的薄弱环节予以弥补和提高。这样才能使职业生涯规划行之有效，引导职业生涯正确发展。

（四）落实修正后的职业生涯规划

职业生涯规划的贯彻、落实和设计与制订规划同样重要。回顾自己对原规划中发展措施的落实情况，反思原规划中发展措施的针对性、实效性，既有利于新措施的制订，也有利于新措施的落实与执行。这种回顾与反思，既是调整职业生涯规划的需要，也是自我管理能力提高的需要。

没有行动的理想、目标和计划只能是空中楼阁。大学生要想获得职业生涯的成功必须注重培养自己的行动能力，把目标和措施落实到每一天的具体活动中，决不能做“语言的巨人，行动的矮子”。

课后练习题

一、选择题

1. 进行职业生涯规划设计的关键是(　　)。

A. 分析发展条件　B. 确立发展目标　C. 构建发展阶段　D. 制订发展措施

2. 进行职业生涯规划设计，制订发展措施的根据是(　　)。

A. 自身条件和职业需求之间的差距　B. 用人单位招聘信息

C. 自己的兴趣与爱好特长　D. 老师和家长的要求

3. 以下对决策的理解，哪项是错误的？(　　)

A. 决策是做决定并付诸实施的过程

B. 决策是对一个问题产生解决要求，经过思维活动做出行动决定并付诸实施的全部过程

C. 决策是明确目标的过程

D. 决策是提出问题、分析问题、解决问题的过程

4. 职业生涯规划的影响要素有(　　)。

A. 国家、区域的政治、经济、文化环境

B. 目标行业前景和企业组织环境

C. 个人的职业兴趣、职业能力和职业价值观

D. 以上均是

5. (　　)和职业活动是落实职业生涯规划"措施与安排"的最佳机会。

A. 理论学习　　B. 社会实践　　C. 阅读　　D. 教师的讲授

6. 调整职业生涯规划要抓住最佳时机，职业发展的关键在工作后(　　)。

A. 前 1 年　　B. 前 5 年　　C. 前 7 年　　D. 前 10 年

7. 调整职业生涯规划的第一步是(　　)。

A. 重新剖析自我　　B. 重新评估职业生涯机会

C. 修正职业生涯目标　　D. 修订落实计划

8. 对于职业生涯目标的修正，除了自我和环境再分析是重要依据外，更侧重于(　　)。

A. 所学专业的分析　　B. 理论的目标

C. 目标的价值取向　　D. 自身的条件

9. 一个人的思想发展、成熟的过程，其实就是认可、接受社会主体价值观念的过程，这说明个人的职业选择受(　　)的影响。

A. 经济发展水平　　B. 社会文化环境　　C. 价值观念　　D. 政治制度

10. 在职业生涯规划的评价体系中，社会评价的评价者是(　　)。

A. 本人　　B. 父母　　C. 上司　　D. 社会舆论

二、判断题

1. 制订一个明确的实施计划，首先要明确给社会定位。(　　)

2. 成功的职业生涯规划时时审视内外环境的变化，并且调整他人的前进步伐。(　　)

3. 设计一个成功的职业生涯规划应该把握的要点是分析自身条件、确定职业目标、规划发展阶段、制订现实措施。(　　)

4. 要使职业生涯规划行之有效，就要不断地对职业生涯规划进行评估、修正，调整的内容包括发展目标、工作时间、发展阶梯、发展措施。(　　)

5. 在职业生涯中调整规划并非轻易放弃自己的追求，而是让自己的规划更适应社会、更适应自己。(　　)

三、思考题

1. 什么是职业生涯决策？它有哪些特点？

2. 结合 CASVE 决策模型，分析如何做出好的职业生涯决策。

3. 根据本章内容撰写自己的职业生涯规划设计书。

4. 结合自身分析职业生涯规划对自己的作用。

第八章　职业生涯规划方案实施

知识与能力目标

1. 了解就业形势、政策和择业观以及创业的意义，培养大学生创业、立业、敬业的职业精神和家国情怀。

2. 掌握就业准备的内容、简历的撰写及面试的主要方式。

3. 掌握创业者需要具备的能力和素质。

4. 熟悉大学生创业流程。

思政目标

做好职业生涯规划，引导学生树立正确的择业观、创业观，正确认知社会现实、认识自我，提升学生的职业道德，让学生拥有足够多的社会责任感，清楚地认识个人利益和社会利益的关系，实现自我价值和社会价值的统一。

导入案例

面试中凭借两块钱进外企

在一次招聘会上，北京某外企人事经理说，他们本想招一个有丰富工作经验的资深会计人员，结果却破例招了一位刚毕业的女大学生，让他们改变主意的起因只是一个小小的细节：这个学生当场拿出了两元。

人事经理说，当时，该学生因为没有工作经验，在面试一关即遭到了拒绝，但她并没有气馁，一再坚持。她对主考官说："请再给我一次机会，让我参加完笔试。"主考官拗不过她，就答应了她的请求。结果，她通过了笔试，由人事经理亲自复试。人事经理对她颇有好感，因为她的笔试成绩最好，不过，该学生的话让经理有些失望。她说自己没工作过，唯一的经验是在学校掌管过学生会财务。找一个没有工作经验的人做财务会计不是他们的预期，经理决定收兵："今天就到这里，如有消息我会打电话通知你。"她从座位上站起来，向经理点点头，从口袋里掏出两元双手递给经理：“不管是否录取，请都给我打个电话。”经理从未见过这种情况，问：“你怎么知道我不给没有录用的人打电话？”“您刚才说有消息就打电话，那言下之意就是没录取就不打了。”

经理对这个学生产生了浓厚的兴趣，问：“如果你没被录取，我打电话，你想知道些什么呢？”“请告诉我，什么地方我没达到你们的要求，在哪方面不够好，我好改进。”“那两元……”她微笑道：“给没有被录用的人打电话不属于公司的正常开支，所以应由我付电话费，请您一定打。”经理也笑了：“请你把两元收回，我不会打电话了，我现在就通知你：你被录用了。”

（资料来源：般若．两元钱进外企[J]．教育视界，2016（29）：37．）

谈谈你从案例中得到的启示。

人生的道路虽然漫长，但紧要处常常只有几步。当同学们完成了在校期间的职业生涯准备阶段后，就进入职业生涯规划方案实施阶段，或就业，或创业，或考研、出国、考公务员，等等，由于考研、出国、考公务员，最终也要择业，本章重点介绍就业和创业。大学生应结合自身实际和社会现实，树立正确的就业观、创业观和价值观，处理好职业生涯发展与未来职业的关系，这样才能高瞻远瞩、运筹帷幄，在职业选择竞争中成为强者。

第一节　就　业

一、就业形势、就业政策和择业观

（一）我国的就业形势

当前，我国就业形势总体上保持基本稳定，但压力有所加大。劳动力供给方面，“十四五”时期年均需在城镇就业的劳动力数量与“十三五”时期基本持平。随着城镇化提速，每年还会有一定规模的农业剩余劳动力需要实现转移就业。劳动力需求方面，受内外部环境复杂多变影响，一些企业面临生产经营困难，加之技术进步和“机器换人”促进生产方式变革和劳动生产率提高，这些因素都会直接或间接地影响劳动力需求。在供给不减的条件下劳动力需求转弱，就业总量压力较大。具体表现如下：

1. 人岗不匹配的结构性矛盾较为突出

人岗不匹配的结构性矛盾表现为大量劳动者在产业、行业、区域、职业和岗位之间调整，一些地区的摩擦性失业和结构性失业抬头。产业结构方面，高层次人才和技能人才短缺问题突出。传统低端制造业对就业的贡献逐步下降，新增岗位主要集中于生产、生活服务业。企业效益下滑影响劳动者工资增长和福利提升，在劳动者预期不变的条件下，一些劳动条件较差的岗位对从业者的吸引力下降，部分企业出现招工难。区域结构方面，受产业调整影响、生活成本上升较大的地区，对劳动力需求有所下降。随着产业转移，中西部地区和部分中小城市对劳动力需求明显上升，对就业增长的贡献不断提高。供给结构方面，在新增劳动力供给中，高校毕业生占多数，中高端劳动力比重较大，低端劳动力存在短缺。

2. 促进青年群体就业任务艰巨

促进青年群体就业是世界各国面临的共同难题。“十四五”时期，我国高校毕业生规模持续增加。根据教育部统计，2022 年中国高校毕业生人数达 1 076 万人，比 2021 年增长 167 万人，规模和数量均创历史新高。这也是年度毕业生人数首次突破千万大关。2023 年高校毕业生人数高达 1 158 万人，再创历史新高。再考虑到往年未就业的高校毕业生和留学归国毕业生等，就业需求的高校毕业生规模更大。然而，市场上适合的岗位数量不充足，企业招聘意愿下降，高校毕业生的教育结构、就业观念与市场需求脱节的结构性矛盾依然存在。同时，新生代农民工比重增加，他们对就业岗位有更高的要求，对融入城市有更强的诉求。总体上，青年群体的就业压力正在增大。

3. 现有政策滞后于新就业形态发展

当前，灵活就业和新就业形态与现有的劳动制度不够适配，相关法律法规不能充分规制新业态的用工管理、工资支付、各方权责等，加强这部分劳动者的权益保障还面临一些挑战。同时，支持新就业形态的政策较少，就业、社保等政策大多以建立劳动关系为前提，难以适应灵活就业的特点，就业补贴政策也难以充分覆盖新就业形态的劳动者。

鉴于以上对就业形势的分析，大学生应客观审视和顺应当前的就业形势，从个人实际、社会需求和长远发展入手，树立正确的择业观。只有这样，才能顺应经济社会的发展，实现自己的职业理想。

（二）就业政策

党的二十大报告再次强调了“强化就业优先政策”，强化了就业优先导向；实现更加充分的高质量就业，是推动高质量发展、全面建设社会主义现代化国家的内在要求。这意味着，未来在制定各项政策——包括财政政策、货币政策、产业政策的时候，都需要考虑政策与就业的关系以及带来的影响。

“就业优先”强调的是一种关系，是将就业优先政策置于宏观层面，强化财政、货币等宏观政策支持就业的导向。强化就业优先导向，就是要把就业摆在经济社会发展和宏观政策优先的位置，将就业优先融入稳增长、促改革、调结构、惠民生、防风险等经济社会发展的各个领域，贯穿制定各种区域发展战略、产业发展规划、公共投资项目等各个环节。强化就业优先导向，就是把技术技能人才培养培训放在更加突出的位置。强化学校教育更加着眼于认知能力、非认知能力和学习能力等软技能的培养，更加重视科学、技术、工程和数学等基础学科建设；对存量劳动者，则从职业教育和技能培训入手，帮助提高劳动者的人力资本，缓解结构性失业或结构性就业的困难。

我国当前的就业政策主要体现在劳动者自主就业、市场调节就业、政府促进就业和鼓励创业等方面。

（三）择业观

正确的择业观是顺利就业的关键。这不仅关系到能否顺利就业，而且关系到今后的职业发展。面对严峻的就业形势，大学生应当如何树立正确的择业观呢？

1. 立足个人实际

大学生在选择岗位时，要立足本人的具体实际情况，遵循个体的差异性。一份工作，在别人眼中是好单位、好工作，但不一定适合自己。因此，大学生在选择职位或者岗位时，要紧密结合自身的性格特点、兴趣爱好等，立足自身学习经历，不好高骛远，寻找适合自己的职业才能在职业中体现自己的价值。立足本人实际的职业生涯规划才是科学合理的规划，才能最大限度地发挥自己的潜能，才能为职场生涯助航远行。

2. 立足社会需要

当个人兴趣转变为职业后，它就具备社会属性，成为半个或者一个商品，你再也不可以随心所欲地说“不，这不是我想要的。”现在就业形势如此严峻，在满足工作的基本要求（如薪资、工作地点，同事要求和兴趣爱好相符合）后，可供选择的岗位随之变少，找工作的难度提高。所以大学生在择业时，首先基于社会需要选择工作，先积累一定经济基础和工作经验，逐渐达到职场高收益职位的需求，这样你才能获取更多的机会，得到的回报也更高。

3. 立足长远发展

求职并非短期行为，而应该是基于个人发展规划的职业发展行动。在选择就业岗位时，要清楚不谋全局者，不足以谋一域；不谋长久者，不足以谋一时，要目光长远。我们要分析经济大环境的发展走势，及时感知经济大环境的变化，特别是分析所在行业或相关行业的发展态势，从而对自身发展做出调整，在变化中寻找机会，趋利避害；认识和分析自身的价值，结合专业背景、资历、经验、年龄、所从事行当在职场上的竞争态势等，来分析自身目前的价值，确立个人长远发展的方向和目标；在平常的学习、实习实践中，注意相关岗位的职业知识，特别是那些与工作发生协作关系的岗位的相关知识，对谋职更加重要。要想轻松“谋职”，就要做好长远的规划，学会全面分析自己的“求职小环境”。

案例分析

实习故事

刘毅和张方两人来到学校推荐的实习单位实习。刘毅自我感觉良好，英语基础好、计算机操作熟练、表达能力强、写作能力好，他经常对安排给他的工作说三道四，和人说话都顶着来，所在的实习部门对他很不满意。后来他换了好几个部门，弄得大家都很烦。刘毅因为嫌工作辛苦，觉得不公平，找领导沟通，领导答复：“如果不愿意接受，就回学校吧。”后来他每天上班都迟到，最后自己放弃了实习。张方喜欢笑，整天笑嘻嘻的。他经常被上司呼来唤去，今天干这个，明天干那个，俨然是个多面手，但实习结束后张方都也没有在实习单位留下来入职工作。

思考：

1. 刘毅和张方没有在实习单位留下来正式入职的原因有哪些？
2. 我们在就业之前需要做哪些准备？

二、就业准备

良好的就业和职业发展的关键在于要把握好每个时期就业的新形势和自身的条件，做好规划和准备。

（一）角色转换

职场是大学生发展与获取成功体验的重要场所。职场与学校在活动内容、行为方式、人际交往等方面有很多的不同，可能会使一些毕业生在短时间内难以适应新的环境，甚至影响职业生涯的顺利发展。能否顺利完成从“学校人”到“职业人”的角色转变，对每一个大学生能否迈好职业生涯的第一步非常重要。

什么是“职业人”呢？职业人是指有职业的人或是从事职业活动的人，也就是在职业领域中从事社会活动的人。职业人是作为职业活动的主体而存在的人，他（她）处于职场中，与职业岗位相联系，通过自己的职业知识和职业技能，完成相应的工作职责，从中获得一定的经济报酬。此外，在职业人身上还体现了职业精神。行有行规，职业人从事某种职业，就应遵守该职业的基本准则和约定俗成的规则。

实现角色转换的 4 个重点：

1. 从成长导向向职业导向转变

“学校人”的主要任务是努力汲取知识，德、智、体、美、劳全方面发展，掌握在职业生活中奋勇搏击的本领，是一个接受教育、储备知识、培养能力的成长过程。“职业人”以特定的身份去履行自己的职责，依靠自己的本领为社会服务，完成社会分工中自己应尽的职责。“职业人”承担并履行职业责任是关键。责任心强不强，是用人单位考核员工的重要内容。

从“学校人”完成“职业人”的角色转换，是承担职业角色责任的基础。为顺利完成这一角色转换，大学生在学生时代应把每一项实验、实训当作真正的职业活动来完成，有意识地培养自己的责任感。毕业后步入职场，在面对琐碎、单调、重复的工作时，要调整不安心工作的心态，尽快熟悉新环境，找准职业角色的定位，爱岗敬业。

2. 从个性导向向团队导向的转变

学校中的人际关系简单，学生以完成学习任务为主，虽然学生在集体中生活，但学习活动主要由个人完成。在多种形式的学习活动中，学校鼓励学生主动发展自己，个性发展在学校教育中受到特别重视。步入工作岗位后，人际关系会变得相对复杂，这时，具有团队意识就成为“职业人”应具备的素质之一。

个人只有融入团队，才能在团队中得到发展。因此，在学生时代，学生应该热爱集体、融入集体，积极参加集体活动，在活动中培养集体主义精神，在实践中提高自己的团队意识。毕业后进入职场，要积极熟悉所在团队的特点，使自己尽快进入角色。

3. 从思维导向向行为导向的转变

“学校人”的学习活动以思维为主，主要特点是“想”。思维活动是用头脑去想、去记、去理解活动，主要表现在意识领域。“职业人”的职业活动以行为为主，主要特点是“做”。有行为就有相应的后果，基本上不允许犯错，一旦犯了错就将带来不良的后果。

行为不允许出错，是对“职业人”的基本要求。大学生在学生时代，应该在学习理论知识和实操训练时，养成一丝不苟、精益求精的习惯，为思维导向向行为导向的转变做好铺垫。

4. 从智力导向向品德导向转变

“学校人”以学习为主，虽然学校工作以德育为首，但学习好的学生往往是人们心目中的佼佼者。“职业人”以职业为主，企业效益的提高更多的是依靠员工对企业的忠诚，依靠员工之间的精诚合作，因此企业十分重视员工如何处理“做人”和“做事”的关系。

职业道德是用人单位特别看重的品质。大学生在学生时代不应当只重智、重技而轻德，必须要学习如何做人，为职业生涯的顺利起步做好准备。学生毕业后初入职场，要珍惜职业生涯中的第一份工作，尽快了解行业、职业道德行为标准，并以此来规范自己的行为，尽快适应工作，在学习做事的同时也要学习如何做人，如何做一名优秀的职业人。

如果大学生能在学生时代为上述角色转换做好充分的准备，又在就业后为之努力，就能较好地完成角色转换，迈好职业生涯的第一步。

案例分析

谋事在人：过五关

在职场中要想有所作为，就一定要过好下面五关。

第一关：领悟并认同单位的企业文化（核心价值观）。

企业文化是一个企业由其价值观、信念、仪式、符号、处事方式等组成的特有的文化形象，是在一定的条件下，企业生产经营和管理活动中所创造的具有该企业特色的精神财富和物质形态。领悟并认同单位的企业文化，是大学生顺利融入单位和工作岗位要过的第一关。

第二关：理解单位工作的方法论。

方法论就是思考问题和解决问题的方法。对方法论的理解、领悟和强化执行可以提升学生的工作能力，防止工作中的随机性和随意性。

第三关：掌握单位工作的战术原则。

单位工作的战术原则就是“做什么、不做什么以及怎么去做”。清楚了能做什么、不能做什么，就能清楚地知道自己该做什么。

第四关：了解自己的领导。

领导是一个单位或部门的决策者和领导者，对单位或部门负有重大的责任。一般情况下，领导由一些德才兼备、经验丰富的人来担任。因此要了解领导、熟悉领导，维护领导的威信，遵从领导的意见，尊重领导的职权，体谅领导的难处，要正确领会、贯彻、执行领导的意图，要正确看待领导的缺点，做到补台不拆台，增强办事能力、树立沟通意识，学会建言献策。

第五关：团结身边的同事。

现代社会强调分工，更注重合作。一个单位或部门就如同一个小型社会。各部门之间的工作相对独立，但要把每项工作都做好，就需要各个部门同事互相团结、协作，形成合力。在团队中处理好同事关系，对助力自己的职业发展尤为重要。同事之间除有竞争外，要合作，要灵活，更要有原则，要示弱更要自信，要索取更要给予，要同意更要学会拒绝，要亲密但各自还要保留一定的空间。

思考：

1. 你怎么看“认同企业文化”？
2. 你怎么看“谁人背后不被说，谁人背后不说人”？

（二）调整求职心态

实现了角色转化，明确了求职目标，大学生开始找工作了。在找工作的过程中，要及时调整自己的求职心态。

1. 恰当的自我定位，不好高骛远

各类工作单位各有利弊，绝对的好工作是不存在的。在现实生活中，很多人有从众心理，会认为没找到热门的、公认的“好工作”就是自己的失败。其实，只要找到适合自己的工作，能够充分发挥自己的优势，从长久的职业发展来看就是有利的。因此，只要在求职过程中尽心尽力，不出现大的失误，把握住各种机会，找到的工作都应该是不错的。

2. 求职是持久战，保持平和的心态

一本著名的《求职宝典》中有句很经典的话：找工作就是一个别人不断地跟你说“不行！”“不行！”“不行！”……最后终于说“行，来吧！”的过程。对于这一点，很多已经踏上工作岗位的毕业生深有同感。所以，同学们要保持平和的心态，做好打持久战的准备。

3. 培养抗挫折能力，做好接受“失败”的准备

由于学生的求职目标是一长串潜在雇主的名单，而且往往本着“求法其上，得乎其中”的想法，确定的求职目标往往比较高远，只有在自己能力发挥到极致的情况下才能够达到，因此很多同学在求职中体验到挫败感。事先要告诉自己：失败并不可怕，失败是成功之母。

4. 及时总结经验和教训，灵活应对变化

“找工作本身就是一份工作”，你不会一无所获，即使一封拿不到 offer，也将收获求职经验。在求职过程中要不断总结，发现自己的不足，以调整、提升自己，不断地接近目标。在求职中还有可能出现新情况，如理想的雇主因故停止招聘新人，发现非常接近自己理想的新雇主。往往很多同学终接受的满意的 offer 来自自己不太关注的公司。

5. 一步到位是理想，多步到位更现实

真正能获得自己理想的职位的同学是极少数，大部分人带有遗憾地接受了次优的 offer。只要同学们获得的职位与理想职位不是南辕北辙的，所要求的任职素质与能力交叉比较多，通过在工作中不断地积累经验提升能力，在不久的未来就能抓住机会，接近自己的理想职业状态。

（三）收集和整理求职信息

信息是决策的重要依据，全面、准确的职业信息，能够确保毕业生做出正确的职业决策。如果毕业生耳目闭塞、信息不灵，很难找到理想的工作。因此，毕业生要重视信息的收集和整理。

收集职业信息的渠道主要包括职业介绍机构、招聘洽谈会、报刊、网络、自己的观察，亲友、邻居、校友的介绍以及学校就业指导部门。在收集信息后，毕业生还需要对信息进行分类整理，找出有价值、可利用的信息，摈弃那些无用的、冗余的信息以及错误的、虚假的信息。

（四）选择合适的求职渠道

收集和整理详细的求职信息，接下来就要选择合适的求职渠道。目前，大学生常用的求职渠道如下：

1. 网申

可以通过智联招聘、前程无忧、中华英才网的“校园招聘”频道获取信息、投递简历，也可以通过各用人单位自己的网站提交申请。

2. 校园招聘会

这是在校大学生最有效的求职渠道。从每年9月份开始，有应届毕业生聘用计划的用人单位会分期分批地进驻各大高校，开展针对应届毕业生的招聘活动。这其中，既有多家用人单位同时进驻的校园招聘会，也有一家公司单独前往的招聘宣讲会。不论形式如何，招聘会都会有实际的用人需求，而且不要求求职者有工作经验，还省去了交通成本，是学生非常有效的求职渠道。同时提醒大家：这里所说的校园招聘会不限于本校主办的，本地区其他高校举办的校园招聘会往往会对所有应届毕业生开放。有不少同学是在其他高校举办的校园招聘会上投递简历的，最终通过层层筛选被录用。

3. 社会招聘会

社会招聘会往往比校园招聘会规模大，动辄有上百家乃至上千家用人单位同时参加，工作机会也多得多。不过，社会招聘会上的职位可能强调工作经验，会令没有工作经验的在校生感到“很受歧视”。因此，前往求职时一定要做好心理准备。

4. 学校就业指导中心

学校就业指导中心往往与很多用人单位保持着密切联系，有些有招聘应届毕业生计划的用人单位，由于种种原因不能前往校园举办宣讲会及参加招聘会，会将招聘需求发给学校的就业指导中心或者院系的职业发展中心。因此，求职的同学要经常关注学校就业指导中心及院系职业发展中心发布的信息，以免错过机会。

5. 社会关系

根据近年来的调查数据，通过社会（人脉）关系获得招聘信息及推荐，最终顺利通过面试、获得录用的比例在逐年上升。出现这种现象的原因在于很多用人单位为了节约招聘成本、提高筛选效率，会请内部员工推荐应聘者；被推荐者需要参加各种考试、测试及面试，而非有些人想象的“走后门”。因此，在找工作期间，同学们要尽可能将自己大致的求职目标告知亲戚、朋友、校友等，争取更多的面试机会。

大学生的求职准备并非到大四或者研二才开始，而是在更早甚至大一时就开始了。谁也不能在大一就保证自己三年之后获得保研资格或者通过出国留学的各项考试，而且即使读研或留学，将来也要就业。因此从大一开始为了就业积极准备是十分必要的。所以，学生从大一开始，就应尽力参与学生工作、社会工作，初步接触社会，锻炼自己的综合能力。这样才能在提高学习成绩的同时丰富社会活动和实习经历，锻炼逻辑思维、语言表达、团队合作和随机应变等综合能力，在就业竞争中胜出。

总之，求职准备越早开始，对素质能力的培养、积累期就越长，在最后求职阶段的选择余地就会越大。在实习实践过程中，随着对职业了解的深入，会不断地产生新的想法，随着结识的人增多，也会发现新的机遇。

三、锁定求职目标

大学期间的努力决定了毕业时同学们所拥有的知识与技能。如果同学们能够提前设定职业目标，并按照目标的具体要求采取适当的方法去培养、提升能力，在毕业时基本上满足这些要求，就能较为顺利地找到满意的工作。

据统计，近一半学生投递的简历数量在 10~30 份，还有超过 20%的学生需要投递 30~50 份简历才找到工作。想要投 10 份简历拿到 7 个 offer，恐怕只能在社交平台上可见。据调查，2017 年应届生人均投递了 28 份简历才能获得一次面试机会。其中，投递简历数在 10 份以下的学生占比达 45%，占比最高；投递简历数在 10~29 份的，占比为 29%；投递量超过 50 份，占比为 16%，其余 10%的应届生投递的简历数则在 30~49 份。简历投递量超过 30 份的求职者，平均获得的面试机会 4~6 次，而简历投递量在 30 份以下的求职者，平均获得的面试机会也在此区间；2020 年双一流高校毕业生求职数据显示应届大学毕业生平均投递简历 20.35 份。来自教育部的数据显示，截至 2022 年 6 月 22 日，教育部联合相关部门举办的 24365 专题网络招聘活动显示，毕业生投递简历 1.67 亿人次。为了提高自己的就业率，“广撒网”是很多应届毕业生的求职策略之一。

大学的终点就是社会、是职场，学生适应了大学的学习和生活后，应该有意识地依据职业生涯规划理论进行自我认知与职业、职场环境的探索。随着自我认知和职业、职场环境的探索的深入，毕业期限也日益临近，同学们可以逐步锁定求职目标。具体可以遵循以下步骤：

1. 确定将对哪些职业进行研究

随着社会分工的日益细化，职业类别早已超越“360 行”的概念，《中华人民共和国职业分类大典（2022 年版）》对分类体系进行了修订。把新颁布的 74 个职业纳入《职业分类大典（2022 年版）》中。如工业机器人操作员和运维人员、农业数字化技术员和农业经理人也纳入《中华人民共和国职业分类大典（2022 年版）》当中。与《中华人民共和国职业分类大典（2015 年版）》相比，在保持八大类不变的情况下，净增了 158 个新的职业，总职业数达到了 1 639 个。如果没有侧重地对职业进行研究，工作量就太大了。

在决定对哪些职业进行研究时，建议同学们重点参照几个因素：一是选择那些与自己职业兴趣类型相近的职业。按照探索职业兴趣的方法来评估自己的职业兴趣，根据自己倾向的职业兴趣代码锁定需要进一步研究的职业范围。二是根据职业生涯人物访谈，筛选自己感兴趣的职业类型中适合应届生应聘的岗位类别。三是结合自己所学专业及所在院系推荐的应届毕业生的岗位类别进行筛选。此外，还可以对自己感兴趣且具备基本任职资格的职业进行研究。

2. 确定研究行业和功能范围

就如美国职业指导畅销书《你的降落伞是什么颜色》中指出：职业=职位+领域。因此，在对职业进行研究时，应该明确自己感兴趣的职位所处的行业及其功能范围。比如，一位同学的职业兴趣代码前两位是 SA，其感兴趣的职业是教师。他应该进一步厘清是大学教师还是中小学教师，因为大学与中小学对教师这一职位的任职资格要求差异很大。在确定是大学教师后，还要进一步确定是在大学里承担教学、研究工作的教师还是承担教学管理、行政管理工作的教辅人员。

3. 了解感兴趣的职业的最新动态

近年来，随着社会经济及新技术的迅速发展不断有新的职业涌现，原有的职业的任职资格要求也在不断变化。以大学教师为例，20 世纪 90 年代之前，具有学士学位者即有任职资格；到了 90 年代中期，绝大部分高校要求新晋教师具有研究生学历及硕士学位，只有本科学历者只能从事行政管理工作；21 世纪以来，越来越多的高校只接受博士毕业生申请教师岗位，甚至有些行政岗位也开始要求任职者具有博士学位。这些都是同学们在正式开始求职甚至在确立求职目标时就要有所了解的。

4. 收集有关的职业或专业协会的信息

为了进一步了解具体的职业信息，同学们可以通过一些行业协会及专业协会的网站来查询相关的职业信息。这些协会往往能够提供一系列职业信息，包括新入职者的任职资格、在行业或专业内发展的机会及所需的资格证书、培训课程等，有助于同学们进行职业准备。

5. 开列雇主清单，发现关键的雇主

即个人特别希望加入而且自身的素质能力等与招聘岗位的要求匹配度较高的用人单位。在正式求职前半年或一年左右，最好能够列出雇主清单，从中发现关键雇主。计划进入企业工作的同学，可以提前一年参加校园招聘会以了解用人单位的基本需求。当然，目前网络信息非常快捷、丰富，应届生求职网 www. yingjiesheng. com)、牛客网（www. nowcoder. com)、智联招聘网（www. zhaopin. com)、前程无忧网（www. 51job. com)、中华英才网（www. chinahr. com）等都是应届毕业生获取求职信息非常好的渠道。此外，还可以发动所有的社会（人脉）关系提供招聘信息。利用来自以上各渠道的信息可逐步缩小范围，锁定关键雇主。

想报考公务员的同学，除了需要提前准备笔试外，还要了解各种职位的招聘信息，尤其是资格要求等内容，以便提前准备相关考试及证书。

希望进入高校任教的同学，首先要确定自己想进入哪些类别的高校：是综合性大学还是专业性比较强的高校？首选北上广地区的高校还是首选双一流大学？在这个前提下，进一步了解符合自己专业及求职期望的各所高校当年的招聘计划，再据此准备求职材料。

大三的暑期，一些备考研究生的同学以考研为由，“理所当然”地放弃了社会实践及暑期实习等活动。殊不知，这些同学将来找工作时，很可能会因为缺乏实践经验、职业能力没有得到培养和提升而处于不利的地位。再加上大四上学期是用人单位招聘毕业生的高峰期，各类校园招聘活动也很频繁，复习考研的同学往往没有精力参加这些活动，因而错过了找工作的最佳时机。这就使得大部分考研失利的同学找工作也不顺利，颇有“赔了夫人又折兵”的尴尬。

因此，求职虽然是大四上学期或者研究生二年级下学期才开始的，但如果没有前几年的知识学习、素质与能力的提升及实践、实习经验的积累，同学们在真正的求职阶段就很可能感到无所适从。在培养能力、积累经验时，选择往往比努力更重要。如果不了解目标职位的要求，很可能投入了许多时间和精力，对达成自己目标的帮助却很有限。

四、准备简历和求职信

简历是一种个人重要信息的汇集。简历相当于一份推销自己的说明书，它不可能把求职者所有的信息和细节都告诉招聘者，但应当引起招聘者的兴趣。如何撰写吸引人的简历和求职信呢？

（一）准备简历

写简历前，首先要进行自我对话，这一点非常重要。要问自己两个问题。

第一个问题：招聘单位“图”的是什么？如果你是招聘者，为什么要招聘没有工作经验的大学生？

公司招聘新员工一般目标如下：

（1）公司规模扩大，需要人手。如果这个需求来自公司高层，是为了满足公司扩大再生产的计划，往往会先培训、再使用，会考虑没有经验的毕业生。如果这个需求来自业务一线，往往急于让新人上岗，没有工作经验的毕业生的机会就要小得多。

（2）储备人才，以备不时之需。每年都有老员工升迁、调动、退休、离职，这些岗位需要人手补充，公司也希望不断输入新鲜血液，没有工作经验但学习能力很强的应届生是一张白纸，培养一段时间后正好可以顶上空缺的岗位。

（3）提高企业知名度。这样的企业可能并没有真实的用人需求，你很认真地投递简历却得不到回复。

第二个问题：你自己“图”的是什么？分析你去某家单位的原因：是因为待遇好吗？因为能够留在大城市工作吗？因为这个行业将来的发展前景好吗？因为对方要求不高，自己能够顺利通过面试吗？

回答了这两个问题，才好确定简历的内容。由于 HR 浏览应聘者简历的时间非常有限，因此简历的内容一定要简明扼要，同时要能将自己与岗位任职资格相关联的闪光点展示出来。

1. 简历制作遵循的原则

（1）真诚原则。简历中所有的信息都应该是真实、可信的。提醒同学们既不要无中生有，将自己没有做过的事情写在简历上，也要避免夸大其词，如将一次普通的课程设计包装成一个正式的项目。这样做的后果：即使侥幸通过了简历筛选，也很可能在面试中露馅，给面试官留下非常负面的印象，以至于提早出局。

（2）具体原则。简历中应提供具体的信息：比如，提及自己成绩优秀，最好说明自己的平均成绩在班级的排名及班级同学的人数；谈到自己的爱好，写清楚是“喜欢打篮球排球/乒乓球/网球”，而非简单地写“喜欢运动”或“喜欢打球”。

（3）简短漂亮原则。目前求职格式以美式为主，一般建议将所有内容都浓缩到一张 A4 纸上。这就要求简历内容简短、格式整齐美观。有同学说：“一页纸写不下啊！”这就是内容不够简洁造成的。

（4）强调优势原则。在有限的篇幅中，注意强调自己针对应聘企业及岗位的优势，而不要面面俱到地介绍自己各个方面的情况

（5）量身定制原则。每个人都是独特的自己，不可能适合所有的岗位。撰写简历时，一定要写明求职目标，根据求职目标强调自己的优势。

2. 求职简历的结构及主要内容

（1）姓名和联系方式：写明自己的电子邮箱、手机号及通信地址。

（2）求职目标：写明希望进入的单位名称及应聘职位。

（3）教育背景：写明就读学校及学习期间、所学专业、主要的专业课程（如果专业与求职目标相关联）、学习成绩在班级的排名、获奖情况、参与学生工作情况等。

（4）实习/实践经历：说明大学期间参与的与目标职位相关的实习/实践经历，以及个人的表现（如态度与能力、承担的角色、取得的成果、经历的过程及困难、学会的方法和接受的培训等）。

（5）个人技能：电脑使用技能及获得的专业证书、认证情况等信息；所获证书要具体说明国别、公司名、证书名称等。

（6）个人信息：所获奖励、兴趣爱好、其他个人优势等。请注意：所获奖励及兴趣爱好等最好与应聘岗位任职要求有一定的相关性，否则，用人单位无法获得与岗位任职要求有关的信息，这项内容就无效了。

在上述内容中，最好能够说明：你是否有什么建议被实习单位或学校采纳？你有什么

特殊的兴趣吗？你是否处理过紧急或危险情况？你培训过其他人吗？你做过哪些给你带来满足感的事（如募捐、志愿者工作等）？你最难忘的事是什么？这些问题都能从不同方面体现应聘者与所应聘岗位相关的素质与能力。

（二）准备求职信

在求职的过程中，与求职简历几乎同样重要的是求职信。求职信不需要很长，一般为A4纸的1/2~2/3即可，主要内容应说明：你是谁？是怎么知道目标企业的？要申请什么职位？了解目标企业吗？你为什么适合这个职位？最后，表明你很希望得到面试机会，并注明联系方式。

案　例

北京极天配电自动化设备有限公司人事经理：

您好！

我是哈尔滨工业大学2020届本科毕业生马菲，我从上周六的校园招聘会得知贵公司正在招聘助理销售工程师一职，且了解到贵公司的配电设备在国际上具有领先水平，产品具有广阔的市场，特写信向您自荐。

我学的专业是电气自动化，专业知识扎实，学习成绩良好，平均成绩在年级前30%左右。我性格活泼，责任心强，办事认真，不怕吃苦，担任过学生干部，组织能力较强，特别善于与人沟通，班里同学之间发生矛盾，经我调解后双方很快就缓和了关系。大三暑假，我参加了专业实习，参与了销售系统的设计工作，专业能力和社会实践能力都得到了很大的提高。业余时间我喜欢打篮球，还喜欢旅游，每个假期都会外出自助游一次。

我自信符合贵单位所招聘岗位的要求，感谢您在百忙之中阅读我的简历（见附件）。我非常渴望能够得到贵公司的面试机会；如有可能，请以落款联络方式通知我。谢谢！

马　菲

2022年10月26日

总之，求职信要言简意赅，将前文提及的几个方面说清楚即可，详细信息以信后所附的简历上的内容为准。

在撰写简历与求职信时，请同学们注意以下事项：

（1）确保无错别字，语句通顺，版面整齐，布局合理，标点符号正确，行距统一。

（2）没有时间上、经验上的逻辑错误，所列举的信息从最近发生的事件开始描述。

（3）最好使用中性词汇陈述事件，用词不要太富感情色彩，言辞不要过于华丽。

（4）最好不要写对薪酬的要求。简历是用于赢得面试机会的，所有对赢得面试机会没有帮助的信息都属于无用信息，不必写在简历上。

（5）少说废话，多讲有用信息，反复阅读，直到满意为止。

除了求职信和简历，求职材料还应该包括自己的成绩单（尤其是目标职位与所学专业相关时），各种获奖证书、聘书及专业证书等的复印件，实践活动/实习工作的证明等，一并附在简历后面。准备好求职信、简历及各种材料后，如何送达也是需要注意的一个细节。

如果你是参加招聘会，不论是校园招聘会还是社会招聘会，都不要将简历放在招聘单位的展台上就离开，而是要等待机会与招聘人员沟通几分钟。否则，你投递的简历很可能石沉大海，得不到任何回应。

如果你是通过发送电子邮件投递简历和求职信，请务必牢记邮件的题目写明“××大学机械工程专业××应聘助理工程师”，让对方一目了然；文件名也应注明类似的内容，以使你的邮件不至于被当成垃圾邮件，也使收件人方便保留你的简历。

如果你是通过招聘网站进行简历投递的，请严格按照网站要求的格式完成所有内容。另外，不少应聘方除了自己的网申系统，还经常将招聘外包给智联招聘、前程无忧、中华英才网等，而这些招聘网站本身也有专门的“校园招聘信息”，其格式要求可能有所不同，请同学们加以关注。

如果你选择的是邮寄的方式，请务必以挂号信或快递的方式递送给用人单位负责招聘的人员，否则很难保证文件会递交至相关人手中。

如果你是经社会关系推荐、请他人递交简历，最好将求职信、简历及各种证书的复印件一起放在一个大信封中，并在信封上列出材料明细。

求职简历的内容一定要与求职目标相匹配。经常听到同学抱怨自己去招聘会投了三四十份简历，只得到了三四个面试机会。其实，这是非常正常的现象。如果你带去的简历是一个版本，针对的却是几十家不同的公司，往往只有10%的岗位需求是与简历内容比较吻合的，因此只得到部分用人单位的回复。所以，建议同学们针对不同类型的岗位准备求职简历，投递时一定要有针对性。否则，既浪费了纸张，也使你的自信心也受到不小的打击，得不偿失。

在求职过程中，求职信与简历发挥了重要的作用。然而，需要提醒同学们注意：简历是做出来的，不是写出来的。如果自己没有在学习、社团活动、社会实践、实习等各方面有所投入，简历将无内容可写。因此，首先要在“做”上下功夫，这样的简历才能吸引人。

五、面试

（一）面试准备

投递简历及求职信后，就要随时准备迎接面试了。面试前要做好以下三个方面的准备。

1. 做好心理准备

递送求职材料后，应时刻保持积极的心态，随时准备接受面试邀请。在接到不熟悉的电话时，应热情、自信地问候，因为这很可能是通知你参加面试的电话。不要在教室、图书馆及嘈杂的环境等不方便谈话的地方接听电话，以免沟通不畅影响面试信息的获取。最好在手机中设定留言信息，以免错过任何一个重要来电。

2. 准备好面试可能用到的材料

最好列出清单，以免出发前遗漏。在面试材料中，除了前面提到的各种求职材料，还应该带好学生证及各种证书、证明的原件，一方面体现你的诚意，另一方面便于招聘单位核查。此外，一定要带上签字笔及纸质笔记本。

3. 做好面试的准备

常规的面试程序中都会请应聘者进行自我介绍，用时以一分半钟至三分钟为宜（总字数少则三五百，多则七八百）。自我介绍的内容以应聘者的基本信息、学历背景、实习经历和优势为主，以及应聘该公司职位的主要原因。接下来，面试官往往会就应聘者自我介绍中的某项描述或者简历上提到的某个经历进行提问。因此，同学们应提前就可能被问到的各种问题做好准备。

为提高面试效率，越来越多的用人单位会通过电话进行初步筛选。有的公司会事先约定电话面试的时间，但更多的电话面试可能随时进行。因此，同学们接听电话时要注意时间和场合，切忌在不适合交谈的情况下勉强应对，应主动说明自己当时所处的环境，请对方等待自己几分钟，换一个安静的通话地点或者更改通话时间。

（二）面试形式

常见的面试形式有以下三个：

1. 结构化面试

结构化面试（structured interviewing）是根据特定职位的胜任特征要求，遵循固定的程序，采用专门的题库、评价标准和评价方法，通过考官小组与应考者面对面的言语交流等方式，评价应考者是否符合招聘岗位要求的人才测评方法。

近年来，结构化面试成为企业招聘考核的一种重要形式，一般包括以下七大类问题：自我认知类、人际关系类、情景模拟类、组织管理类、解决问题类、应急应变类和综合分析类。

应对结构化面试，同学们应在以下几个方面做准备：①梳理自己的优劣势、核心优势、性格特点和职业规划；②结合求职简历，丰富自己的成就故事，回顾和总结自己在专业学习/实践、团队合作、组织协调等方面的典型经历；③牢固掌握专业知识，并对专业知识进行一定的拓展；④养成博览群书、关注社会新闻热点的好习惯，多思考；⑤提升自信，训练多维辩证分析、提出解决方案的能力。

2. 情景面试

情景面试是结构化面试的一种。包含一系列与申请职位或工作相关联的场景问题，这些问题有预先确定的明确答案，主试者对所有被试者询问同样的问题，被试者同样可以问与工作关联的问题。问题可接受的答案事先由一组专家或主试者共同确定，是信度较高的一种面试方法。

应对此类面试，首先，明确你的任务是什么类型、怎样产生的，当时的情况是怎样的；其次，说明你针对这种情况做出的分析并据此决定采取的行动；最后，告诉面试官结果如何，在这种情况下你学到了什么。在招聘销售、管理等岗位的面试中，还经常采用压力面试，以考察应聘者的抗挫折能力和情绪稳定性。这些都需要同学们提前了解，做好准备。

3. 无领导小组讨论

无领导小组讨论（leaderless group discussion）是评价中心技术中经常使用的一种测评技术，采用情景模拟的方式对考生进行集体面试。无领导小组讨论是通过一定数目的考生组成一组（6~9人），用一小时左右的时间讨论与工作有关的问题，在讨论过程中不指定谁是领导，也不指定考生应坐的位置，让考生自行安排组织，评价者通过观察考生的组织协调能力、口头表达能力、辩论的说服能力等各方面的能力和素质是否达到拟任岗位的要求，以及考生的自信程度、进取心、情绪稳定性、反应灵活性等个性特点是否符合拟任岗位的团队气氛，由此来综合评价考生之间的差别。

无领导小组讨论是近年来群体面试常用的一种方法。这种面试形式的特点在于“小组”与“无领导”。“小组”意味着团队协作、陌生团队成员的融合，考察面试者的协作能力、协调性、人际融入能力（性格倾向、情绪稳定性）、活跃度（有效发言次数）；“无领导”意味着团队角色的分工，这种分工建立在团队成员的自知力的基础上，不是任命的也不是指定的，考察面试者的自我认知、自我定位和扮演特定角色的能力（沟通能力、分析能力、人际合作能力、计划性能力、自信心、组织协调能力和时间掌控能力等）。应对这样的面试，要从以下几方面做准备：

（1）提升活跃度，实现有效表达。在给定的讨论时间内，要勇于表达自己，亮出自己的观点。在倾听小组成员的观点时，可以进行一定的补充或者深化，不要做只关注自己观点的“低头族”。表达观点时，要吐字清晰、抑扬顿挫，具有一定的感染力；通过断句、停顿、强调等方式，有侧重地表达自己的观点；避免音量过小、声调过平。

（2）具备一定协调性和较强的掌控力。在讨论过程中，要关注队友，关注整个讨论的进程，对队友的观点要理性、辩证地看待，避免极端否定、人身攻击等。当讨论陷入混乱、僵局时，要注意适时掌控和引导，促使团队讨论朝预定的方向发展。

（3）有独立观点，有逻辑思维与层次。一定要有自己的观点，避免在讨论过程中

"碎片化"表达。要有自己的逻辑假设和推理过程，有创新性，包括切入点、论据等的创新。学会用逻辑层次来规范自己的语言组织，可使用"首先、其次、最后"及"第一、第二、第三"等表述。

（4）注重展示思辨能力，从多角度发散思维。分析面试题时，要尝试找出面试题本身所包含的若干假设，根据这些假设做出你的逻辑假设和推理（建立你的逻辑推演模型），避免就事论事，眼光局限于题干本身。在分析问题时，要注重发散思维，多联想、类比，要有全球化的视野。

面试结束前，面试官往往会让应聘者进行自我评价并提出问题。这也是面试中非常关键的环节。同学们要结合用人单位的组织文化及应聘职位的任职需求，尽量客观、全面又简洁地进行自我评价，不可夸大自己的优势，也不要忽略自己的劣势；提出的问题既要有针对性又要有前瞻性，避免询问工资待遇等问题。

除了准备面试中可能被问到的问题，同学们还要认真学习面试礼仪，既要注意仪表礼仪，也要注意行为礼仪。穿着整洁，尽量着职业装，准时到达面试地点，对应聘公司的工作人员和参加面试的竞争者都要有礼貌。面试中，要关闭手机，轻敲门，得到应允后再进入，开、关门要轻；坐姿要端正，态度要热诚，使用敬语，保持目光接触；回答问题声音要适中，表述简洁清楚。面试结束时，要感谢公司给予面试机会，说明自己的收获，强调信心和热情，问清楚后续事宜，确认进一步联系方式，离开前整理好物品和座位，带走所有物品（包括纸杯等杂物）。

在完成以上准备工作后，同学们还要进行模拟演练。简便的方法有对着镜子练习，或者自己录视频查找问题；也可以请同学帮忙进行角色扮演，请同学指出问题。此外，练习用英语进行自我介绍、自我评价以及回答问题也很有必要。根据近年来同学们的经验，不仅去外企求职时需要用到英语，去大型国企和民企求职也常被要求用英语进行自我介绍及回答问题。

总之，要想顺利通过面试，要靠平时扎扎实实地付出和努力，同时，自我总结、反思也非常重要。

（二）面试常见问题及其应对

在做面试做准备时，同学们一定要清楚：面试官设计面试的形式、提出的问题都是为了考察应聘者与其所申请职位的匹配程度，因此应围绕这一点来准备。一般而言，用人单位招聘新员工的面试主要考核 5 个方面：一是应聘者对自我的了解、定位、价值观以及职业规划，这些都与其求职动机相关；二是应聘者的成就、经历及体现其的能力、性格和品质；三是应聘者对专业知识的掌握；四是应聘者对社会的关注以及对社会现象的认知；五是应聘者的有效表达、逻辑思维和分析等能力。

了解所要应聘的公司及职位非常重要，这不仅能帮助你确定自己是否真正适合此岗位，以便做出正确的选择，而且能帮助你应对面试官提出的有关岗位的问题。面试官问此类问题，是为了考察者的专业度、忠诚度、岗位关注度及提前准备的能力。

若应聘的公司考查应聘者的求职动机，应对这样的问题，预先应掌握一些该公司的相关信息，会让面试官认为你加入企业的诚意毋庸置疑。收集有关企业的资料，可以参考企业发布的年报或业绩简报，如果能向该公司的员工咨询则更有利。

学习能力、创新能力、团队合作能力都是雇主看重的基本素质与能力，在很多岗位的招聘过程中都会考核。

好的学习能力有助你更快地掌握工作所需要的知识和技能，更快地开展工作。学习能力也是综合能力的一个分支，在未来就业中，当企业不断引进先进技术和知识理念时，能够帮助你更好地适应变化。

一个具有创新能力的人表现为思维灵活、有新颖的理念，并能使之转化为切合实际的计划。具备创新能力者往往会表现出以下行为：有理智的好奇心；解决一个问题常常有很多的想法和建议；对非常规的想法抱有很大的热情；能够不断地挑战自己的想法和做法；能够打破思维定式，为老问题寻求新的解决办法。

团队成员的团队合作能力表现为关注团队的整体目标而非个人利益；愿意并富有建设性地参加工作；对团队表示认同，支持团队的决策；愿意公开、坦诚地与团队共享信息；能够为了团队的利益调整自己；重视他人的看法、专长及所提供的信息，与他人合作，共同完成团队目标。

第二节　创　业

创业是就业的重要途径之一，是一种主动性的就业方式。为了鼓励创业，国家和各地政府相继出台了相当多的优惠政策。近几年来，大学毕业生依靠自身优势，创业成功的事例不胜枚举，他们在为社会做出贡献的同时也实现了自己的人生价值。

一、创业的意义

创业就是创办自己的事业。创业是利国、利己、利他的好事。对国家来说，自主创业意味着减轻社会就业压力；对个人来说，创业不仅能使自己拥有一份工作，同时也能激励和开发自己的潜能，实现个人的目标，还能为他人提供就业岗位，所以大学生创业的意义重大。

（一）创业是提高个人素质的途径

创业是一项比较艰辛和充满挑战的活动，创业者可能会遇到许多挫折和风险，但也饱含着喜悦与憧憬，使人激情迸发。创业是自我学习和探索的过程，是磨炼和提升的过程，也是发挥个人潜能的良好途径。创业成功，能给人带来信心，让创业者从中体验到快乐。

（二）创业能促进职业生涯目标的实现

每个人都在寻求达到自己职业生涯目标的道路。大学生走创业之路，有利于按照自己的意愿实现职业生涯目标。创业者有充分的自主性，可以按照自己的想法选择经营项目，按照自己的思路运作企业，从而成为自己事业的主人。创业者可以结合自己的兴趣、爱好设计职业生涯发展目标。如果创业成功，不但能获得一定的经济收益，还会向自己的职业生涯目标迈进一大步。即使创业失败，也会在创业过程中锻炼自己的能力、磨炼意志、积累经验，在挫折中学会坚强，为实现自己未来的职业生涯目标奠定基础。

（三）创业有利于社会的发展

创业不仅能充分展示一个人的价值，实现职业生涯的飞跃，而且是全面建成小康社会的需要，是提高社会科技水平的需要，是提升社会活力与就业率的需要。

（1）创业有利于缓解和解决就业问题。现代经济是以现代化和高科技为主导、新兴产业迅速发展和竞争激烈的经济，中小企业会随着社会需求的日益多样化而快速增加。在这样的大环境下，创业就成为解决就业问题的一种行之有效的办法，对缓解整个社会的就业压力起到一定作用。

（2）创业鼓励竞争，有利于社会资源更加合理配置。从行业发展角度来讲，新创办企业的加入和成功，会使行业竞争加剧，造成优胜劣汰的局面。竞争加剧有利于经营良好的企业脱颖而出，从而有利于有限的社会资源得到合理配置，促进市场经济快速发展。

（3）创业伴随着创新，有利于推动科学技术的进步和社会生产力的发展。提高企业竞争力的关键之一就是技术创新，而创业往往伴随着创新。新技术、新方法对社会科技水平的提高有着不可替代的作用，社会的发展也因创新企业的成功而被注入了新的活力。

二、创业者具备的素质和能力

创业能否取得成功，受创业者的内在因素和环境等外在因素影响。不过，创业环境等外因，归根到底还要通过创业者自身的内因起作用，所以，真正起决定性作用的是创业者的创业意识、综合素质和应用能力等内在因素。

（一）创业意识

创业意识是创业成功的前提，是创业者素质的重要组成部分，它支配着人们的创业态度和行动力度。如果没有强烈的创业意识，创业者很难克服创业道路上的重重困难。成功往往属于有准备的人，创业的成功是思想上长期准备的结果，它属于有创业意识的人。

创业意识主要包括以下几个方面：

（1）创业动机。创业是一个艰难的过程，也是一项具有挑战性的工作。创业者在创业的过程中必然会遇到数不尽的困难，若没有强烈的创业动机，没有对事业执着追求的精神，也就不会有创业的激情和热情，创业的梦想只能是昙花一现，最终的结果只能是放弃。只有具备强烈的创业动机，才能执着努力、不畏艰难，取得创业成功。

（2）风险意识。创业是有风险的，开始创业并不能保证最后一定会成功。因此，若要成为成功的创业者，必须要有风险意识。为了提高创业的成功率，创业者需要进行全面的思考、正确的筹划和细致的准备。

（3）责任性。创业是创业者为自己开创的有前途的事业，既然创业存在风险，就有可能要付出一定的代价。因此，创业者要有责任性。此外，创业者还应当有吃苦耐劳、不怕挫折和敢于尝试的精神。

（二）综合素质

创业是一种开拓性的工作，对大学生来说，更是一个全新的领域。要想成为一名成功的创业者，必须具备以下素质：

（1）专业技术知识。内行创业会事半功倍。有创业意向的学生要努力学好专业课程，同时目标明确地选修相关专业课程，有意识地捕捉与创业有关的信息。此外，还可以利用假期到企业亲身体验，在实践中锻炼自己。

（2）经济、法律与政策知识。国家针对社会经济活动制定了大量的法律、法规，出台了许多方针、政策，这有利于规范社会经济行为，为企业提供公平竞争的环境。创业者必须具备相关的法律知识，为自己的创业提供有效保护。

（3）经营管理知识。创业者必须掌握一定的企业经营与管理知识。包括需要什么样的技术和人才、需要多少资金，还包括在企业注册和经营活动中应当掌握和运用的产品质量、安全生产、环境保护、劳动合同等知识和法律法规等。

（4）创新思维。创业是一个发现机会、捕捉落实、创造出新产品、提供新服务、开拓新市场的过程。创业者若要获得成功，就应开动脑筋，勇于探索，不拘泥于现成的东西，从不同的角度看问题、想问题，走别人没有走过的路。创新是创业者成功的法宝。

（5）眼界和悟性。体现在创业者对市场的判断和经营策略的选择上，解决企业的市场定位是什么，生产经营的具体产品或提供的服务是什么的等问题。善于学习，勤于实践，对社会多加观察，对市场从多角度思考，有利于开阔创业者的眼界和提高创业者的悟性。

（三）应用能力

创业者需要具备较强的应用能力。应用能力主要包括如下几个方面：

（1）学习能力。创业者必须具备一定的学习能力，通过学习创业知识，如法律知识、财务知识、市场知识等以完善自己的知识结构，以利于做出正确决策。此外，还应当有学习行业知识与技术知识的能力。

（2）实践能力。创业过程是创业者将创业计划付诸实践的过程。在这一过程中，需要创业者具备一定的实践能力，不能眼高手低。大学生要通过有针对性的实践，从参加实习和各种活动入手，逐渐提高自身的实践能力。

（3）管理能力。管理能力包括计划能力、组织能力、领导能力、控制能力和协调能力等。创业者有效地运用管理技巧来增加对企业的掌控是必须的。另外，管理能力也不仅局限于对企业的管理，还包括对自身的管理。提升管理能力，可以避免成为一个失败的创业者。

（4）协作能力。对创业者来说，要想创业成功，需要具备很强的协作能力，主要包括人际交往能力、谈判和营销能力、协调能力、团队合作能力等。光靠“单打独斗”，不仅无法创业，而且在职场上会寸步难行。

（5）服务能力。要想在当今激烈的竞争中脱颖而出，就必须树立以客户为导向的服务意识，具备并不断地提升自己的服务能力，以优质的服务吸引客户，获得竞争优势。

总而言之，创业是就业的一种形式，大学生进行创业应以科学的职业生涯规划为前提。对潜在创业者来说，在进行职业生涯规划时接受创业教育和培训，有助于认识自己、完善自己，使自己更富有创新精神，更具有创业能力，从而实现成功创业。真正想创业的同学，首先，需要了解自己是否具备创业者素质与能力。如果不具备某些素质或能力，在大学期间就要加以培养。其次，具备一定的创业素质的同学，需要进行知识储备，为将来成功创业创造条件。因外界影响产生创业冲动的同学，则应明确个人的定位，重新规划职业生涯。

希望同学们通过个人职业生涯规划认清自己、了解环境，确认自己对创业是真正具有意向的还是出于一时的热情，根据自己的实际情况，综合考量自己的素质与能力，提前进行创业准备，既不要盲目投入创业，也不要禁锢自己的创新能力与创业意向。

三、创业想法与商业机会的识别、评估

大学生要想创业，仅有创业意向是不行的，许多相关的知识、能力及创业想法、商业机会的识别、评估等都是至关重要的。

（一）创业想法

对于成功的创业活动来说，一个好的创业项目或创业想法是基础及首要条件。

创业想法是指对个人或者组织识别计划或者发现市场或团体等的需求的回应。发现一个好的创业想法是创业者实现愿望及创造商业机会的第一步。当然，尽管创业想法是创业的首要条件，但它只是一个设想；无论想法本身有多好，对于创业成功还是远远不够的。

成功的创业都是从好的创业项目开始的。全世界有数以千万计的创业者，说明有很多

产生创业想法的资源。这些创业的资源大多如下：

1. 爱好与兴趣

很多最终成功的创业想法是在创业者追求兴趣及爱好的过程中产生的。如果你喜欢玩电脑游戏、烹饪、运动、表演等，可能将其发展成一个创业项目。比如，你喜欢旅行，就可以进入旅游行业进行创业，这是世界上最大的产业之一。

2. 个人技能及经验

全球一半以上的成功的创业想法都来源于工作经验，那些潜在的创业者的背景在决定创办企业及选择企业类型的过程中发挥了至关重要的作用。个人的技能和经验是创业者最重要的资源，不仅体现在产生想法方面，而且体现在如何利用这些想法方面。

3. 特许经营

特许经营是指特许者将自己拥有的商标商号、产品、专利和专有技术、经营模式等以特许经营合同的形式允许被特许者使用，被特许者在特许者统一的业务模式下，按照合同规定从事经营活动并向特许者支付相应的费用。20 世纪 80 年代以来，特许经营迅速发展，成为一种在欧美各国广泛使用的从事商业活动的方法。我国从 20 世纪 90 年代起开始流行这种商业模式，尤其是在餐饮、服装等行业。

4. 大众传媒

报纸、杂志、电视、互联网在内的大众传媒是大量信息、想法和机会的来源，这些传媒会介绍关于流行趋势、消费者需求变化的报告，也会发布很多关于企业转让的商业广告。这其中蕴含着一些创业机会。

5. （行业）展览会

通过参加展览会，不仅可以看到新产品和服务，还可以见到很多厂商、批发商、发行商和经销商，这其中有很多创办企业的信息；而且，展览会上也会有不少厂商、批发商等在寻找合作伙伴。

创业者通过市场调查、人们（消费者）的抱怨及头脑风暴等获取创业点子。作为大学生创业者，尽管个人技能与经验不足，但可以尝试多种方式来寻求创业想法。

（二）商业机会的识别与评估

有了创业想法后，还需要评估商业机会。寻找、发现和利用机会是任何成功创业者的特征之一，也是成功创办和管理企业的基础；创业者不仅要产生创业想法和识别机会，还要能筛选和评估它们，从而把握和利用最有价值的机会。

1. 商业机会的概念和特征

商业机会是指存在于某种特定的经营环境条件下，企业可以通过一定的商业活动发现、分析、选择、利用，并为企业创造利润和价值的市场需求。商业机会由必需品、满足需求的手段、一种应用方法来满足需求、一种有益的方法 4 个要素组成，且这些要素都在同一时间内出现。

一个好的商业机会必须是可实行和可实现的，并具备以下特征：

（1）真实的需求，即那些具有购买力和购买欲望的消费者有未被满足的需求。比如近年来大学校园内叫外卖很普遍，就是因为不少大学生生活费用宽裕，又经常想尝试一下新的口味，而学校食堂无法满足学生的需求。当然，网络的发达也为外卖餐食的盛行创造了条件。

（2）能够收回投资，即在承担风险和努力工作后，可以带来经济回报及收益。比如，前面提到的外卖餐食物美价廉，很受同学们欢迎。可由于平台费用、快递员薪酬等不断上涨，最终店铺要么提高价格（可能因丧失“价廉”优势而导致顾客减少），要么处于收不抵支的境地。

（3）具有竞争力，即消费者认为购买你的产品或服务比购买其他产品或服务能够获得更多的价值。这里强调的是产品或服务的性价比。仍以外卖餐食为例，大学生对它的要求是味美价廉，口味比食堂大锅饭好，价格又不能高太多，毕竟学生自身没有收入来源。然而，对于外企白领，同样是叫外卖，更强调食品安全且价格公道，因此大多选择一些品牌快餐，与大学生群体的消费就有所不同了。

（4）实现目标，即能满足那些冒险的人和组织的愿望。外卖餐食行业近年来商机不断。借助互联网平台，饿了么、美团外卖等打出了自己的品牌，使得传统观念中低端的外卖不断升级。这既满足了不同消费者的需求，也满足了各类富有冒险精神的创业者及其组织的愿望。

（5）有效的资源和技能，即创业者具备相应的资源、能力及法律方面的必要条件。各类外卖餐饮企业都需具有有效的资源和技能。如丽华快餐最早提出“一份起送”，就是基于其密布全城的烹制及派送网点。

2. 商业机会的识别、评估

商业机会是创业过程的核心要素，创业的核心是发现和开发机会，并利用商业机会实施创业。因此，识别与评估商业机会是创业过程的起点，也是创业过程中的一个关键阶段。

人们一旦产生了想法或发现了商业机会，就需要对其进行筛选和评估。人们是否对想法或商业机会进行识别和评估工作，将决定他们赚大钱还是亏本赔钱。当然，并非进行了识别与评估工作就能够保证成功，但如果不进行这项工作，很可能会失败。

识别与评估商业机会包括以下几个方面：

（1）前景分析。一个商业机会出现，要对这个项目进行前景分析，判断其只是新兴一时，还是会有广阔的发展前景，这非常重要。根据自己的实际情况做出选择，如果你只是想豪赚一笔，即使前景短也未尝不好。

（2）行业与市场的消费者分析。这里的市场是由购买力、购买意愿以及能够购买产品或服务的（潜在）消费者构成的，因此，要满足消费者的需求，必须考虑合适的价格与提供产品、服务的地点及时间。另外，要考虑市场的大小及行业的增长速度。理想的情况是有一个巨大且快速增长的市场，在此情况下，企业哪怕只占有很小的市场份额也会有很大的销售量。近年来我国的教育行业就有类似特点。

商业机会出现，要对这个商机项目的目标消费群体进行分析，受众是什么年龄段的人，消费能力是怎样的，接受新事物的能力如何，是否对这个商业项目存在迫切的需求等等。

（3）政策环境。新商机的出现，还要对政策环境进行考虑，政策环境会对一个项目、一个行业产生巨大的影响，这是在评估一个新商机的时候不得不考虑的问题，新的商业机会，符不符合政策以及大环境这是非常重要的一点。这里的环境是指自然环境和社会环境。社会环境包括政治、经济、地理、法律等。比如，评估经济环境时，还必须考虑国家的财政或货币政策，政治局势和政府政策等。

（4）项目的竞争力和竞争对手分析。项目的竞争力是指项目在市场中相对同类产品或服务的优势，可能是质量更高，也可能是价格更低。此外，进入市场的壁垒问题，如需要大量的资金投入、专利权保护、合同优势等，也是决定投资者是否投资的重要因素。

新的商业机会出现时，一般竞争对手会比较少，或者比较弱，但是，并不代表这个商业机会就没有竞争，要对这个项目可能存在的潜在竞争对象进行分析，借鉴其发展历程，取其精华去其糟粕。

（5）创业者的个人目标和能力。个人动机是成功创业者的本质特征。对任何投资人来说，是否愿意承担风险都是一个首要问题。此外，潜在创业者还需要具备相关的知识、技能和特质。如果他不具备某些必需的知识、技能，就需要邀请具备此类知识、技能的人加入团队。

（6）风险评估。遇到一个新的商业机会，做一个新的项目都有一定的风险，因此风险评估尤为重要。这个新商机，成功运行需要多大的成本，万一运行失败，会带来多大的损失，这些都必须要考量的，商业闯荡，要量力而行，不懂风险评估可以向专业人员寻求帮助。

（7）“机会窗”的大小。机会经常被称为“窗户”，它是真实存在的，但并非永远敞开。市场会随着时间的推移以不同的速度增长，市场越大，确定市场的难度就越大。这就需要决定“窗户”打开的时间长度及能否在“窗户”关闭之前把握机会。

（8）团队管理。在对创业项目的投资评估中，管理团队是非常重要的一个考量因素，因为团队在相同或相关行业和市场中的技能和经验通常决定了企业的成败。如果你是想法或业务机会的原创者，那么你可以选择是否成立业务管理团队。如果你仅是别人想法的投资人，那么就需要评估业务管理团队的优势和缺点。

（9）资金、技术和其他必需的资源。掌握可用的资金、技术和其他必需的资源将有助利用某个机会。如果某个想法、产品或服务在某个地区有一定的市场，那么条件越难被满足，企业就越吸引人。

上述都是识别和评估商业机会的典型问题。在平时的教学中，经常能够听到同学们讨论创业问题。很多同学在谈到创业瓶颈时，几乎异口同声地说："没有资金啊！"其实，资金只是创业项目成功的一个因素，甚至不是优先级别的最高因素；在现实社会中，一个好的创业项目往往会有好几家投资公司愿意投入资金支持。因此，学会进行全面的商业机会评估，是成功创业的重要前提。

3. 商业机会的识别与评估方法

在识别与评估商业机会的过程中，一种重要的工具是七步决策法：①定义主要问题；②找出问题的主要原因；③确定可能的解决方案；④评估可能的解决方案；⑤选择最佳方案；⑥执行方案；⑦检验方案是否正确。

七步决策法不仅可以用于商业机会的识别与评估，还可以用于公司组建后各项项目（工作）的运行和管理。创业项目可行性分析的成果是商业计划书。商业计划书的撰写有一定的规范，同学们需要提前学习。

综合以上分析，创业的一个重要前提是对现有及潜在的商业机会的分析及把握。有志于创业的同学需要对商业环境具有高度的敏感性，同时应该学习、掌握识别与评估商业机会及撰写商业计划书（创业计划书）。

四、公司组建及运营管理

对商业机会进行评估、确定合适的创业项目后，就需要为开办公司做准备了。组建一家公司是一件很严肃的事情，需要提前了解开办公司的程序，主要包括以下几个方面。

（一）选择合适的市场

市场是一个我们耳熟能详的名词，这里指的是企业的市场，即某个地理区域内需要企业的产品或服务、愿意购买且具有购买能力的人群。每个企业都销售（或提供）某种产品或服务，企业的潜在消费者可以描述为需要企业产品或服务的人群，买得起这些产品或服务的人群，愿意购买这些产品或服务的人群。

分析市场时，还须考虑竞争因素。如果有竞争者，必须考虑该市场是否足以支撑另外一家企业；同时须考虑你所提供的产品或服务应该如何与竞争者的产品或服务区别。

创业者在进行市场分析时，首先要了解消费者。以开办外卖快餐店为例，就需要了解消费者的信息并进行分析说明。

（1）识别消费者。一般依据潜在的消费者的性别、年龄、职业、婚姻及家庭状况、收入等人口统计学要素进行分类，也可以按照其消费意图进行划分。如果选择大学生为消费者，则上述信息较为明确，但生源地不同的学生及男女同学在口味等方面存在显著差异，需调研和分析。

(2) 了解消费者的需求。通过细分市场，创业者比较容易把握各个消费群体对产品或服务的具体要求。大学生叫外卖与都市白领叫外卖的诉求有着显著差异，因此要分别进行市场定位。

(3) 了解消费者在何处购买产品或服务。创业者需要知道目前消费者的购买渠道，并确定哪些因素可以使他们转而购买你的产品或服务。大学生基本上都住在校园中，目前网络发达，一般通过网上下单订购；同时，大学校园中有价格低廉的食堂，而大学生自身又没有收入来源，因此对外卖的价格较为敏感。这些都对创业者提供的餐食及服务提出了要求。

(4) 了解消费者何时购买。了解消费者的购买时间及购买频率有利于创业者就经营时间、广告宣传时间及各个时期的备货等问题做出正确的决策。大学生的主要活动是学习，基本上每天都要上课，而且大多数同学会选择在食堂吃饭，因此，创业者需要进行专门的调查，既要了解目标校园学生餐厅的餐饮服务情况，也要调查学生对于外卖餐食的口味需求及价格承受能力。

(5) 了解消费者如何购买。了解消费者的购买方式可以使创业者就企业的信用政策及价格政策等做出正确的决策。由于大部分同学都拥有智能手机，如果创业者接受支付宝或微信支付，会极大方便同学订餐，进而增加订餐量。

以上关于消费者及潜在消费者的信息可以通过商会、政府机构、报纸和杂志、互联网等渠道获取二手数据，也可以对特定的区域进行市场调查获得原始数据。

(二) 企业选址

企业选址策略的正确与否，将左右企业60%以上的经营命运，可见企业选址的重要性。选址时需要考虑成本因素、市场因素、区位条件因素、劳动力因素、竞争因素、政府因素等。目前，在中国的大多数城市中，房地产的价位一直在攀升，而具有开店潜力的商业选点，已日趋稀少。因此，房产价值、租金、涨幅比例、租期年限等，都影响经营者在扩张和投资策略中的开发定位，更与店铺的营业额的预估和软硬件投资的成本风险密切相关。

随着互联网时代的到来，开网店成为大学生最便捷的创业方式。与此同时，各地及各高校都建立了企业孵化器，为新创企业提供足够的办公空间，使微小企业能够以更低的租金灵活租用。

(三) 了解企业的法律形式

根据财产的组织形式和所承担的法律责任，企业的法律形式有三种选择：独资企业（是指按照中国法律在中国境内设立的经营实体，由一个自然人投资，财产为个人所有）；合伙企业（是指在中国境内依法设立，所有合伙人签订合伙协议，共同出资的营利性组织，合伙经营，分享利润和风险，对合伙企业的债务承担无限连带责任）和法人企业（依法在中国设立的有限责任公司和股份有限公司）。

从目前大学生创业的实际情况来看，多为独资企业和合伙企业。

（四）计算所需资金

创业到底需要多少资金。这个问题主要依据选择项目的种类、规模大小、经营地点等情况而定。以小本投资项目为例，所需的资金主要由以下几个部分组成：

（1）项目本身的费用。这里指的是需要付给所选定项目的直接费用。比如，购买某种机器设备的费用，某一个项目费用。如果需要直接到项目方考查，还要算上差旅费用。

（2）经营设备、工具等购置费用。主要是指项目在经营过程中所需要的辅助设备和工具。比如，需要添置冰柜、锅等辅助工具。

（3）房租、房屋装修费用及流动资金。在预算这些费用时，要根据当地市场行情计算，房租一般至少要计算 3 个月的费用，因为现在租房至少一季度付一次，有的是半年或者一年付一次。房屋装修费用，视项目具体情况而定。要提醒的是，如果是开餐馆，要按照当地卫生防疫部门的规定装修，否则不能通过，领取营业执照就比较困难。流动资金也应根据具体情况计算。

（4）营业执照及其他类似的费用。个体营业执照对注册资金没有要求，工本费在 25～50 元。如果申办的是公司，按《公司法》规定需要注册资金（公司注册后，资金可以自由支配），注册个人公司需要注册资金依据公司规模大小不等，最低 3 万元。此外，还有税务登记工本费，工商行政管理费等。

（5）经营周转所需要的资金。运行一个项目，至少要准备能支付三四个月的经营周转资金，包括人员工资、水电费、电话费、材料费、广告费、维修费等。一个项目在最初运行时，需要经过至少 3 个月的市场培育期，在这 3 个月内，也许赢利很少，也许根本就没有赢利，甚至会亏本，因此，事先必须要有足够的资金准备。

很多创办企业的年轻人只考虑了购买设备、工具等所需的资金投入，往往遗漏了诸如机器设备的安装费用、员工培训费用、证照费、保险费等，以至于开业后才意识到资金准备不足。

（五）筹措创业资金

创业之前，资金的筹措相对很重要，资金够了，后期事业才能得到很好的发展。所以掌握筹措资金的方法，也是创业之前的优势。大学生创业，由于没有收入来源，资金方面显得更为紧张，所以，大学生要学会筹措创业资金，让创业之路走得更加顺畅。

一般来讲大学生筹措资金的方式有以下 6 种。

1. 寻求亲戚父母的支持

大学生不同于社会人士，朋友圈绝大部分是还在读大学的学生，因此向朋友借钱难度较大。所以要学会将你的想法和创业计划书讲给你的亲戚和父母听，能够得到他们的支持，这样做的好处是筹资速度快，成本低。但是一旦创业失败，就会影响双方的关系。

2. 政府提供的创业基金

这方面的资金一般都是免费的，极大降低了融资成本。但因为政府每年投入有限，所以需要和其他融资者竞争，并且申请创业基金的流程也格外严格。

3. 高校创业基金

在鼓励创业的背景下，大部分高校都设立了相关的创业基金或者鼓励学生创业的奖励政策，这对于想创业的同学无疑是一个好消息，可以询问辅导员并且向学校相关部门咨询。这类资金一般量都不会太大，但也是可以筹资的一个渠道。

4. 向银行或金融机构贷款

向银行或金融机构贷款一般分为两类：抵押贷款和信用贷款。抵押贷款，如果个人有抵押品如私人房产、车子、有价证券等资产，那么贷款起来就比较方便，但是大学生很少有这样的实力。信用贷款，目前能够为微型企业提供贷款的银行主要是四大国有商业银行，相对申请政府的创业基金而言，这是最普遍的筹资途径。

5. 寻求风险投资

据调查研究，我国目前专门从事风险投资的金融机构已经近百家，风险投资已经逐渐成为创业者获得资金的一种方法。不过能够拉到风险投资的项目一定是有足够的吸引力。

6. 合伙入股

创业社会化是一种趋势，由于一个人势单力薄，几个人凑在一起会更有利于创业资金的筹集。另外，合伙创业不但可以有效筹集到资金，还可以充分发挥人才的作用，而且有利于对各种资源的利用与整合。对于资金力量不够雄厚的普通创业者来说，这种合伙经营的方式还可以有效地分解风险。如果创业不成功，由此带来的风险会由几个人共同分担，相对一个人创业，个人的损失就要小得多了。

上述创业资金筹集方法，让你的创业之路走得更加顺畅。

（六）了解开办企业的途径

开办企业的正常途径有三种：购买现成企业，开办新企业，加盟特许经营。

经营一家企业，涉及员工招聘与管理、员工绩效管理（销售管理）、供应商管理、技术应用及管理、成本与财务管理等多个环节。

对创业感兴趣的同学，可以通过学习创业教育、创业实战训练等创业教育类课程，全面了解创业的基础理论知识；还可以参加校内外组织的创业大赛、创业训练营及成功创业经验分享等活动。随着对创业活动的认识的加深，可进一步结合自身的综合素质，留意可能的创业机会，尝试创业活动。

知识窗

创业模式的选择

创业模式一：网络创业

网络创业具有传统创业不具有的优势，不但可以利用现成的网络资源，而且门槛低、成本低、风险小、方式灵活，特别适合初涉商海的创业者。在互联网上注册设立网络商店是比较适合大学生创业的一个渠道。

创业模式二：加盟创业

加盟创业很普遍，加盟创业的好处与最大特点是利益共享、风险共担。创业者只需支付一定的加盟费，就能借用加盟商的招牌，并得到专业指导和配套服务，创业风险有所降低。这也是一种比较适合大学生的创业选择。但是，创业者在加盟时要注意选择有信誉的加盟商，小心加盟商“跑路”、倒闭。

创业模式三：寄生式创业

寄生式创业也称“借鸡下蛋式”创业。这种模式很普遍，其形式为在别人已经开张的公司或店铺中插入自己的创业项目。如在小区的菜店中开设一个主食窗口，在超市里设置一个维修手机柜台，在学校附近经营休闲食品的店铺中开一个小花店等。这种创业模式的好处是自己与他人互为补充，可多方面吸引顾客，充分利用门面空间，相对降低门面租金，不需要另外开拓消费群体，从而降低投资风险。

五、大学生在校期间的创业准备

大学生若想要创业，尽早实现创业，在校期间就要了解创业的各种知识，所需的各种技能，提前做好相应的准备。

（一）熟悉创业流程

熟悉创业流程是进行创业活动的基础。创业的基本流程包括进行市场调查、分析经营环境、确定具体目标、准备创业条件、进行企业登记、开始生产经营等。了解每个环节的具体操作办法，以便在创业过程中顺利地实施，提高创业活动的效率。

（二）了解市场行情

了解市场行情，就是要了解拟创业项目所在行业的经营管理特点、顾客需求的特点、原材料和人力资源等的供给渠道、竞争对手的情况、行业的发展趋势等。还应当进一步了解企业运作过程中需要与哪些企业、哪些单位打交道，并思考怎样打交道。了解市场行情，既为今后创业做了铺垫，又是自己学习知识、提高能力的重要过程，是学生在校期间为未来创业做准备的重要内容。

为了了解市场行情，要做有心人，充分利用专业学习、实习、社会实践等各种机会，或者通过网络等媒体收集相关信息，同时有目的、有意识地到相关企业顶岗实习，学习和摸索企业运作经验。

（三）构思创业方案

大学生在学校学习期间就可以开始考虑未来的创业，结合自己的职业生涯发展总体方向，对市场进行了解，思考创业的方向和具体方案。在构思创业方案时，具体内容主要有：自己未来创办的企业将为社会提供什么产品或服务？未来的顾客会是哪些人？这可以帮助创业者在开始经营企业前就能够明确自己的细分化产品和目标市场。

在构思创业方案时，要注意小而精，不要贪大求全，要本着“他人不做，我做；他人没有，我有；他人做不到，我做得到”的思路去设计。创业方案的策划，还要本着既积极大胆又务实稳妥的原则来进行。

（四）着手准备创业

有了明确的产品和目标市场后，就要进一步了解具体的经营管理环节，筹措资金，寻找场地，聘用人才，培训员工，组织进货，等等。创业必须有前期的经济投入，要想办法筹集资金。取得创业资金的主要途径有家庭出资、亲友的经济支持（或帮助）、政府的创业贷款、社会的资助等。

知识窗

2022 年国家鼓励高校毕业生就业创业新政策

高校毕业生是创新创业的有生力量，为了鼓励大学生创业，国家发布了很多高校毕业生自主创业能享受的优惠政策。主要如下：

一、一次性创业资助

普通高等学校、职业学校、技工院校学生（在校及毕业 5 年内）成功创业，自领取营业执照之日起 1 年内申请且正常经营 6 个月以上的，可申领创业补贴。按每户给予一次性创业扶持补贴 10 000 元。

二、创业企业社会保险补贴

毕业 5 年内自主创业，在本市领取营业执照或其他法定机构注册登记并正常经营的高校毕业生。

按本市（上海）现行社会保险缴费基数下限和缴费比例，给予最长不超过3年的养老、失业、工伤、医疗和生育社会保险补贴（个人缴费部分由个人承担）。

三、租金补贴

租用经营场地（含社会资本投资的孵化基地）创办初创企业并担任法定代表人或主要负责人的，可申请租金补贴。租金补贴直接补助到所创办企业，每户每年5 000元，累计不超过3年。

四、创业带动就业补贴

初创企业吸纳就业并按规定缴纳社会保险费的，按其吸纳就业（签订1年以上期限劳动合同）人数（法定代表人或主要负责人除外）给予创业带动就业补贴。招用3人（含3人）以下的按每人2 000元给予补贴；招用3人以上的每增加1人给予3 000元补贴，总额最高不超过3万元。

五、其他税收优惠政策

（1）凡高校毕业生从事个体经营的，自当地工商部门批准其经营之日起1年内免交税务登记证工本费（即免税）。

（2）新成立的城镇劳动就业服务企业（国家限制的行业除外），当年安置待业人员（含已办理失业登记的高校毕业生，下同）超过企业从业人员总数60%的，经相关主管税务机关批准，可免纳所得税3年。

劳动就业服务企业免税期满后，当年新安置待业人员占企业原从业人员总数30%以上的，经相关主管税务机关批准，可减半缴纳所得税2年。

除此之外，具体不同的行业还有不同的税务优惠：

（1）大学毕业生新办咨询业、信息业、技术服务业的企业或经营单位，提交申请经税务部门批准后，可免征企业所得税两年。

（2）大学毕业生新办、从事交通运输、邮电通讯（信）的企业或经营单位，提交申请经税务部门批准后，第一年免征企业所得税，第二年减半征收企业所得税。

（3）大学毕业生创业新办、从事公用事业、商业、物资业、对外贸易业、旅游业、物流业、仓储业、居民服务业、饮食业、教育文化事业、卫生事业的企业或经营单位，提交申请经税务部门批准后，可免征企业所得税一年。

（资料来源：二工大金海职场．大学生创业政策2022年大学生补贴标准．微信公众号：南方创新谷）

（五）进行创业体验

创业是一个亲身经历的实践过程，大学生只有亲身体验了，才能有深刻的理解和感悟。在大学读书期间，大学生也可以进行创业体验，这时的创业体验能为大学生未来真正的创业积累经验，并引发大学生思考创业中可能遇到的困难和问题。

进行创业体验时，可以采取模拟创业或者体验式创业的形式。模拟创业，即由同学们合作建立模拟企业，并模拟经营。体验式创业，即利用学校的环境和条件，进行小规模创业的尝试，如在校园内外开设花店、书摊、糕点屋、复印社等。进行体验式创业业应争取得到学校和老师的支持与指导。如果结合自己的专业进行创业体验，对于学习创业和理解专业知识都很有益处。

总之，成功创办一家企业是一项很大的工程，而成功经营一家公司更困难重重。因为世界处于不断发展变化之中，竞争无处不在且愈演愈烈。比尔·盖茨有句名言："微软公司距倒闭仅有一个月。"这句话或许有些夸张，但不无道理。百年老店柯达公司在倒闭前三年内市值蒸发了99%！这些都提醒同学们要关注市场的不确定性及创业成功的不易。

每个时代都有弄潮儿，"不易"并不意味着"不行"。关键在于同学们应根据自己的具体情况选择适宜的创业项目。

课后练习题

一、选择题

1. 大学生就业的环境是不断变化的，从政策到经济形势，从用人单位到毕业生自身，每年都有新的变化，大学生要充分利用积极的环境因素，实现就业。当前，大学生就业的积极因素有(　　)。

A. 国家出台的各种鼓励毕业生就业的新政策，如《关于实施大学生服务西部计划的通知》等

B. 用人单位用人观念的转变。近年来，用人单位更加注重考核人才的能力与素质，逐渐走出"重学历"的误区。且招聘过程更加公平合理

C. 严峻的就业形势已经促使学校改革教学模式、加强实践环节、重视就业指导、拓宽就业渠道

D. 以上都是

2. 在选择实习单位时，很多大学生都带有很大的盲目性，有的是哪里钱多去哪里，有的是哪里轻松去哪里，而有的则是看哪里有熟人再过去。这些都是实习兼职的误区，你认为大学生应该怎样选择实习企业？以下说法正确的是(　　)

A. 尽量选择感兴趣以及与专业贴边的行业

B. 要对企业的性质、产品和老板有所选择

C. 要选择你了解和知道资讯最多的单位，以便融入其中

D. 以上都是

3.（　　）是职业生涯发展的起点。

A. 了解就业形势　　B. 进行职业规划　　C. 书写求职简历　　D. 首次就业

4. 关于“先就业”“后择业”以下说法正确的是（　　）。

①首次就业完成后就可以择业了；②首次就业是职业生涯发展的起点，只有工作后才能为再择业创造条件；③要有“职业选人”的思想，先顺利完成首次就业；④体现了首次就业与职业生涯发展的关系。

A. ①②③　　B. ②③④　　C. ①②④　　D. 以上全对

5. 俗话说“隔山如隔行”指的是在构思创业项目时，应如何做（　　）？

A. 只要有资金就行　　B. 只要捕捉到机遇就行

C. 要从事自己熟悉的项目　　D. 要选择新行业

6. 下列关于职业生涯发展首次就业的认识说法不正确的是（　　）。

A. 是人生角色的一次重要转变，是真正实现人生角色的转变

B. 用人单位看重的是从业者的专业素质和道德素质，而从业经历，仅仅是个人发展的本钱

C. 只有在从业实践中，才能真正感受和理解职业内涵、职业理想、职业道德以及职业观、择业观、创业观、成才观

D. 首次就业的目标要务实，忌好高骛远

7. 下面对“学校人”和“职业人”的区别认识错误的是（　　）。

A. 从“学校人"转变为“职业人”是人生一大飞跃

B. 校园、职场之间，不但环境不同，任务有别，而且人群之间的关系也有了质的变化

C. “学校人”和“职业人”在社会上是两个不同的角色，其权利、义务、规范都存在极大的差异

D. 无论是“学校人”还是“职业人”，在人生的大舞台上，都扮演着相同的角色

8. 下面不属于面试技巧的是（　　）。

A. 要重视行为举止，掌握谈话技巧，推测对方心理，展现自身优势

B. 谈话时要口齿清晰，语言流利，语气平和，语言要含蓄、机智、幽默

C. 要明确提出自己在该单位的期望值，比如任职部门或者薪水

D. 要密切注意听者的反应

9. 一个刚开办的公司，往往需要得到各方面的帮助才能发展，具备“天时、地利、人和”才能成功。这里的“人和”指的是（　　）。

A. 和睦、同心同德的公司同事关系

B. 广泛有效的社会关系，即这个行业需要建立的人际网络

C. 健康的行业竞争关系

D. 和谐高效、人性化的公司人事管理章程

10. 下面对创业者应具备的心理素质，说法错误的是(　　)。

A. 想创业、敢创业，是创业成功的必要前提

B. 创业者的良好心理素质，只有将自己融入职业岗位上才能得到提高

C. 创业者应具有独立、合作、果断、克制、坚韧、适应性强等心理素质

D. 面对市场的复杂变化和激烈竞争，创业者能否灵活地调整自我、适应变化，成为创业成功的关键所在

二、判断题

1. 树立先就业再择业、流动就业的思想，打破一步到位、从一而终的就业观。(　　)

2. 择业观对人们的择业行为具有导向作用，指导着择业主体对未来职业进行评价和选择，做出择业决策。(　　)

3. “自我推销”是向用人单位宣传自己、展示自己，让单位了解自己、认识自己、选择自己的过程。(　　)

4. “学校人”向“职业人”角色的转换，通过两步完成。第一步是学生时代要做好两种角色的定位区别，第二步是首次就业后要争取尽快完成角色转换。(　　)

5. 在新的就业领域里，如果是不感兴趣的职业，应立马跳槽，继续向既定的长远目标努力。(　　)

6. 职业人需要的是专业能力，社会能力只是一个补充条件。(　　)

三、思考题

1. 如何实现“学校人”向“职业人”的角色转变？找找自己目前与“职业人”之间的差距。

2. 创业者需要具备哪些素质和能力？结合综合众多的创业案例，讨论创业案例带给我们哪些启示？

3. 全班同学分成几组，尝试做一个“把冰箱卖给居住在北极的因纽特人”或“把羽绒服卖给居住在赤道附近的非洲人”的创意营销方案。各组派代表介绍自己的方案并评选出最有创意的方案。

思考：这个活动对你有什么启发？你认为应该如何培养和激发创新思维？

4. 在人才交流会上，一位被一家好企业“面试”合格的大学生，在即将签约之时，竟“考”起这家企业的领导来：请问后疫情时代，企业有什么应对之策，如何面对这种机遇和挑战？这位企业领导竟被问住了。结果，大学生拒绝签约。谈谈以上事实给我们的启示。

参考文献

[1] 李国雄．大学生职业生涯发展与就业指导教程[M]．北京：中国传媒大学出版社，2012.

[2] 郑美群．职业生涯管理[M]．北京：机械工业出版社，2017.

[3] 白雪杰．大学生职业生涯规划与就业指导教程[M]．北京：中国传媒大学出版社，2014.

[4] 刘俊贤．大学生职业规划、就业指导与创业教育[M]．北京：清华大学出版社，2015.

[5] 周其洪．大学生就业指导[M]．北京：中国国际广播出版社，2008.

[6] 格林豪斯．职业生涯管理[M]．王伟，译．北京：清华大学出版社，2014.

[7] 王今朝．大学生职业发展与就业指导[M]．沈阳：辽宁教育出版社，2010.

[8] 张文双．大学生就业与创业指导教程[M]．北京：中国传媒大学出版社，2010.

[9] 张文双．大学生职业生涯与发展规划教程[M]．北京：中国传媒大学出版社，2010.

[10] 于法鸣．职业道德[M]．北京：中央广播电视大学出版社，2007.

[11] 程良越，谢珊．大学生职业生涯发展[M]．广州：广东高等教育出版社，2011.

[12] 任芳．大学生职业发展与就业指导教程[M]．北京：北京出版社，2010.

[13] RobertD. Lock. 把握你的职业发展方向（第 5 版）[M]．钟谷兰，曾垂凯，时堪，等，译．北京：中国轻工业出版社，2006.

[14] 彭聃龄．普通心理学（第 5 版）[M]．北京：北京师范大学出版社，2019.

[15] 张厚粲．实用心理评估[M]．北京：中国轻工业出版社，2005.

[16] Robert C Reardon，G Lenz，James P Sampson，et al. 职业生涯发展与规划[M]．侯志瑾、伍新春，等，译．北京：高等教育出版社，2005.

[17] 蔡红建．大学生就业指导工作研究[M]．北京：北京交通大学出版社，2015.

[18] 吴芝仪．我的生涯手册[M]．北京：经济日报出版社，2008.

[19] 侯玉波．社会心理学（第 4 版）[M]．北京：北京大学出版社，2018.

[20] 魏莉梅．大学生职业生涯规划与就业指导教程[M]．北京：经济日报出版社，2008.

[21] 邹少军．大学生职业生涯规划与就业指导教程[M]．北京：中国传媒大学出版社，2011.

[22] 苗丽芬．大学生职业规划与就业指导[M]．广州：华南理工大学出版社，2014.
[23] 金环，刘平．职业生涯规划[M]．北京：清华大学出版社，2013.
[24] 殷智红，邱红．职业生涯规划[M]．北京：北京大学出版社，2010.
[25] 尹文芬．MOOCS 背景下的高校就业指导课程教学改革[J]．湖南城市学院学报（自然科学版），2015，24（3）：204-205.
[26] 韩柳妍．高校职业生涯规划课程的现状与优化——以河南大学为例[D]．开封：河南大学，2014.
[27] 孙志新．高职院校就业指导课程现状调查及实施策略研究[D]．石家庄：河北师范大学，2014.
[28] 唐蕾，徐芃，韩劢，等．大学生职业发展与就业指导课程的创新与实践——以情景模拟教学法为例[J]．湖南科技学院学报，2016，37（8）：121.
[29] 乐虞董，张定华．高职院校学生职业发展与就业指导教育的实践——以宁波职业技术学院海天学院为例[J]．宁波职化技术学院学报，2014（4）：22-25.
[30] 姚裕群，曹大友．职业生涯管理（第 4 版）[M]．大连：东北财经大学出版社，2018.
[31] 苏文平．职业生涯规划与就业创业指导（第 2 版）[M]．北京：中国人民大学大学出版社，2022.
[32] 周莉．职业生涯规划（第 2 版）[M]．北京：中国人民大学出版社，2022.
[33] 柳君芳，姚裕群．职业生涯规划与就业创业指导（第四版）[M]．北京：中国人民大学出版社，2022.
[34] 单庆益，邬琰．大学生职业生涯规划与发展[M]．北京：中国人民大学出版社，2022.